JN303678

フランス語を知らなくても使える

Dictionnaire de poche de la cuisine française

ポケット・グルメ仏和事典

森本 英夫

駿河台出版社

は じ め に

　フランスに旅行したときの楽しみの一つは「食べる」ことでしょう。滞在中に一度は一流のシェフのフランス料理を味わってみたいと思っておられる方も多いことでしょう。高級レストランでなくてもさすがにフランスは食の国、どんなレストランに入っても、美味しいフランス料理が味わえます。自分の知っている料理を注文するだけではなく、献立表を読んで、そのなかから自分で選んで注文することができたら、食べる喜びはより一層大きなものとなるはずです。この事典は、そんな皆さんの願望を叶える手助けを目的として編纂されたものです。

　一般の仏和辞典には、残念ながら料理名はほとんど採録されていません。食材として使われる動植物についての記載も説明も乏しいのが普通で、いざというときに思ったほど役に立ちません。だからと言ってフランス料理の専門書は、どうしても作り方を中心として書かれているのと、フランス語を読むという視点から編集されていませんし、一般に大判で持ち運びに不便、旅行者向きではありません。

　この『ポケット・グルメ仏和事典』は、ルセット、つまり料理の作り方を書いたレシピではありません。＜食べる立場＞からの料理事典です。皆さんがフランスのレストランに入って、あるいはフランス料理に出会ったときに、仮にフラ

ンス語を知らなくてもアルファベットさえ読めたら、あるいはメニューを見たら、何を材料にしたどんな料理であるのかがほぼ分かるように、料理名と素材を説明した事典です。しかし単なる素材や料理名の一覧リストにならないように、＜食べる立場＞から、料理の一般的な主材料と調理法についても、簡単にまとめてあります。

また食にかかわる文化の基本的な説明も入れて、読むだけでも楽しい文化事典となることも心がけました。

献立表（キャルトcarte）は、コース（ムニュmenu）でも、単品（ア・ラ・キャルトà la carte）でも、多くの場合まずアントレ（ないしはオードブル）、つぎに魚料理、そして肉料理、最後にチーズ、デザートという順番に並んでいます。本事典もほぼこのサーヴィスの順番になっていますが、たとえばアントレですと、ポタージュ（スープ）系のものとその他の料理、魚料理では淡水魚と海水魚、肉ではその種類によって牛、子牛、羊と子羊、豚、等々に下位区分してあります。

料理書に書かれているルセットは、基本的にはどれもほぼ同じです。ここに採録した料理の項目は、様々の文献に共通にみられるごく一般的な料理のなかから選びました。したがってフランスの有名シェフの考案した料理、シェフがアレンジしたものなど特殊なものには触れておりません。確かにレストランで手渡される献立表には、シェフの創意工夫が加えられていたり、季節によって多少異なった素材が用いられている場合があります。しかし基本は変わりません。同じ素材を同じ方法で調理しても、作る人によってまったく別ものに

なってしまいます。料理の美味いまずいはルセットそのものの問題ではなくシェフの腕次第。これが料理の奥深さであると言えます。

フランス語にはカタカナで発音を示してあります。字間中央の黒い点は区切りを示します。日本語での料理名はカギカッコで表し、つぎにどんな料理なのかを簡単に説明してあります。料理を作るためのレシピではありませんので、スパイスの種類だとか、加熱時間だとか、細かい調理法については、最小限必要な程度に留めてあります。またフランス料理には、その料理と縁の深い人名、レストラン名、国名、地方名などがついていることがあります。それらについてもできるかぎり説明してあります。

なお本事典編纂にあたり、個人的なメモ、若干のレストランのメニューのほかに、つぎの文献を参照しました。

Bertrand,É.,*Cuisinez 1000 recettes A à Z*, Solar, 2002

Carpentier,G.,*Cuisine bourguignonne d'hier et d'aujourd'hui*, Éditions Ouest-France, 2001

Charlon,R., *Crêpes et galettes*, Éditions Ouest-France, 1997

Charlon,R., *Desserts de Bretagne*, Éditions Ouest-France, 2000

Gayet,M. et al.,*Poissons, je vous aime*, Le Sureau, 2004

Gringoire,Th.et Soulnier,L.,*Le répertoire de la cuisine*, Flammarion, 2002

Höfler, Manfred, *Dictionnaire de L'Art culinaire français, Etymologie et Histoire*, EDISUD, 1996

磯川まどか著『フランスチーズA.O.C.から始めるフロマー

ジュの旅』、駿河台出版社、2002

L'encyclopédie du potager, Actes Sud, 2003

La cuisine de A à Z (sous la direction de F. Burgot), Livre de Poche, 1975

Larousse gastronomique (sous la direction de J.Courtine), Larousse, 1984

Larousse gastronomique (sous la direction de J.Robuchon), Larousse, 1996（『新ラルース料理大事典』I-IV、同朋舎1999）

Lebédel, C., *Cuisine française d'hier et d'aujourd'hui*, Éditions Ouest-France, 2001

Les 1000 meilleurs vins de France et du monde, édition 2001 / 2002, Le Bottin Gourmand（『フランスと世界の優良ワイン1000本』、駿河台出版社、2002）

Les Recettes de Robert Carrier, Hatier, s.d.

Les Terrines 100 recettes, Éditions Ouest-France, 2002

Les viandes, Hatier, s.d.

Monette, S., *Dicitonnaire des aliments*, Livre de Poche, 2001

Petit Larousse de la cuisine, Larousse, 2004

Plantade, J-M.et David, Y., *Gibiers*, Hachette, 1999

Poissons 256 illustrations en couleurs, Gründ, 1987

Poissons et fruits de mer, EDL, 2003

Soupes et potages, 100 recettes, Editions Ouest-France, 2000

Vergne, É., *Volailles*, Hachette, 2001

Viandes et Volailles, EDL, 2003

も く じ

はじめに

1 Amuse-gueule　アミューズ＝グール …………9

2 Potage et soupe　ポタージュとスープ …………15

3 Entrée　アントレ …………37

4 Poisson　魚 …………69

　4−1　淡水産の魚介類……71

　4−2　海水産の魚介類……79

　4−3　Escargot et grenouille
　　　　エスカルゴとカエル……111

5 Viande　肉 …………113

　5−1　Bœuf　牛……115

　5−2　Veau　子牛……130

　5−3　Agneau et mouton　子羊と羊……151

　5−4　Porc　豚……159

　5−5　Cheval　馬……167

　5−6　Gibier à poil　体毛のあるジビエ……167

table des matières

6 Volaille 鳥 ……………………………………171

7 Œuf 卵 …………………………………………195

8 Légume et champignon 野菜とキノコ …………205

9 Fromage, fruit et dessert
   チーズ、果物とデザート……………………………229

   9-1 Fromage チーズ……231

   9-2 Fruit 果実……236

   9-3 Dessert デザート……242

10 Boisson 飲み物 ………………………………259

付録1 基本的な調理用語………………………………272

付録2 調理用具と食器…………………………………275

   索引1 …………………………………………279

   索引2 …………………………………………307

   あとがき

Amuse-gueule
～アミューズ＝グール～

パーティや食事の前に、食前酒アペリティフapéritifの「おつまみ」として出されるものを言います。正式の料理ではありませんが、一口か二口で食べられる塩味のきいたオール・ドゥーヴルhors-d'œuvre（オードブル）です。なおアペリティフとは「食欲を増進させるもの」の意味です。レストランではアペリティフは注文しなくても食事をすることができますが、これを注文するとアミューズ＝グールが楽しめます。なお、グールというのは口のことですが、同じ口を表すブッシュboucheを用いて、アミューズ＝ブッシュamuse-boucheという人もいます。

Acras
アクラ:「アクラ」。魚の身や野菜をすり潰して油で揚げたベニェ beignet(揚げ物)の一種。

Acras de morue
アクラ・ドゥ・モリュ:「塩鱈のアクラ」。塩出しをした鱈を煮てから身をほぐし、オリーヴ油、刻んだエシャロットと葱を加えてベニェ生地と混ぜ、油で揚げたもの。

Bâtonnet au cumin
バトネ・オ・キュマン:「クーミン入りバトネ」。クーミンの種を混ぜた砂糖の入った生地を棒状に切り、溶き卵を塗ってオーヴンで焼いたもの。

Boudin antillais
ブーダン・アンティエ:「アンティル風ブーダン」。豚の血の腸詰(ブーダン)を網で焼いたり、炒めたり、ゆでたりしたつまみで、カリブ海のアンティル諸島のクレオール料理(フランスの影響を受けた土着の料理)。

Brioche
ブリオッシュ:「ブリオッシュ」。小さなブリオッシュの上部を切り取り、パンの身を出してなかに具を詰め、冷やしたもの。

Brioches aux anchois
ブリオッシュ・オ・ザンショワ:「アンチョビ入りブリオッシュ」。アンチョビとパンの身を混ぜて詰めたもの。

Brioches aux rillettes
ブリオッシュ・オ・リエット:「リエット詰めブリオッシュ」。リエットにマスタードを混ぜたものを詰め、ピクルスを添えたもの。

Brioches fourrées
ブリオッシュ・フーレ:「チーズ詰めブリオッシュ」。クリームチーズと生クリームを混ぜて詰めたもの。

Canapé
キャナペ:「カナッペ」。薄切りのパン(焼く場合もあります)の上に具をのせたつまみ。アミューズ=グールでは冷たいものが一般的です。

Canapés à l'anguille fumée
キャナペ・ア・ランギュイーユ・フュメ：「燻製ウナギのカナッペ」。パンにマスタードバターを塗り、ウナギの燻製の薄切り、刻んだ固ゆで卵の黄身とシブレット葱をのせ、レモン汁をかけたもの。

Canapés à la bayonnaise
キャナペ・ア・ラ・バイヨネーズ：「バイヨンヌ産生ハムのカナッペ」。パンに香草入りバターを塗って、その上にバイヨンヌハムをのせたもの。

Canapés à la langouste
キャナペ・ア・ラ・ラングスト：「イセエビのカナッペ」。パンにイセエビ風味のバターを塗り、イセエビの輪切りをのせてパセリをかけたもの。

Canapés à la parisienne
キャナペ・ア・ラ・パリズィエンヌ：「パリ風のカナッペ」。パンにチャーヴィル風味のバターを塗り、鶏の胸肉の薄切りとトリュフをのせ、マヨネーズをかけたもの。

Canapés au homard
キャナペ・オ・オマール：「オマールエビのカナッペ」。パンにオマール風味のバターを塗り、オマールエビの輪切りをのせ、パセリを散らせたもの。

Canapés au saumon fumé
キャナペ・オ・ソーモン・フュメ：「燻製サーモンのカナッペ」。パンにバターを塗り、燻製のサーモンをのせて、レモンの輪切りを飾ったもの。

Canapés aux anchois
キャナペ・オ・ザンショワ：「アンチョビのカナッペ」。アンチョビのフィレと、刻んだ固ゆで卵、パセリをのせたもの。

Canapés aux crevettes
キャナペ・オ・クルヴェット：「小エビのカナッペ」。パンに小エビ風味のバターを塗り、小エビを飾って、周りにパセリを散らしたもの。

Canapés aux laitances
キャナペ・オ・レタンス：「魚の白子のカナッペ」。バターを塗ったパンの上に、鯉かニシンの白子のムニエルをのせ、レモンの輪切りを飾ったもの。

Caroline
カロリーヌ：「カロリーヌ」。シュー生地を小さいエクレア風に焼き、なかにムース状の具を入れたもの。

Carolines à la hollandaise
カロリーヌ・ア・ロランデーズ：「オランダ風カロリーヌ」。塩漬けニシンのフィレのムースを入れたもの。

Diablotin
ディアブロタン：「ディアブロタン」。パンを薄い輪切りにしてベシャメルソースを塗り、おろしチーズをかけてオーヴンで焼いたもの。

Diablotins au fromage
ディアブロタン・オ・フロマージュ：「チーズのディアブロタン」。薄く輪切りにしたフィセールパンにソースを塗り、チーズをのせてオーヴンで焼いたもの。

Diablotins aux noix et au roquefort
ディアブロタン・オ・ノワ・エ・オ・ロックフォール：「クルミとロックフォール・チーズのディアブロタン」。バターとロックフォール・チーズを混ぜ、クルミを加えてパンに塗り、焼いたもの。

Gougère
グージェール：「グジェール」。甘くないシュー生地に卵とすり下ろしたグリュイエール・チーズを入れ、リング状に搾り出して、上に溶き卵を塗り、チーズの薄切りをのせて焼いたもの。

Pruneaux au bacon
プリュノ・オ・ベコーヌ：「干しプラムのベーコン巻き」。干しプラムの種を抜いてピスタッチオを詰め、薄切りのベーコンで巻いてオーヴンで焼いたもの。熱いうちに供する。

Pruneaux au roquefort
プリュノ・オ・ロックフォール：「ロックフォール・チーズ

詰め干しプラム」。干しプラムのなかに、ロックフォール・チーズ、刻んだヘーゼルナッツ、発酵クリームなどを合わせて詰め、冷蔵庫で冷やしたもの。

Purée d'anchois froide
ピューレ・ダンショワ・フロワッド：「冷製アンチョビのピューレ」。塩出しをしたアンチョビ、ゆで卵の黄身、バターを合わせてピューレにして、固ゆで卵の白身の容器に詰めて、冷やしたもの。

2

Potage et soupe
～ポタージュとスープ～

ポタージュやスープは「アントレ」に属する料理です。あらゆる素材でスープやポタージュが作られます。フランス語ではポタージュは日本語で言う一般的なスープに当たります。もともとポタージュとは、庭先の野菜畑ポタジェpotagerで採れる野菜と肉を土鍋ポpotで煮込んだ料理を指しました。他方スープsoupeは野菜や肉の煮出し汁ブイヨンbouillonに浸したパンそのものを指しました。フランス語でも英語でも、スープは「食べる」マンジェmangerと言い、「飲む」ボワールboireとは言わない理由はここにあるのです。

　なお同じ素材を用いたものが、ポタージュと呼ばれたり、スープと呼ばれたりすることがよくあることです。

Albondigas
アルボンディガス:「アルボンディガス」。牛肉のミンチとソーセージの肉団子をトマトに詰めて、野菜と煮込んだメキシコ料理。

Billy Bye
ビリビ（ビリバイ）:「ビリビ」。ムール貝を白ワインで煮て、クリーム味にしたスープ。

Bisque
ビスク:「ビスク」。甲殻類の殻をすり潰したスープで、冷製も温製もあります。

Bisque d'écrevisses
ビスク・デクルヴィッス:「ザリガニのビスク」。ニンジン、玉葱、セロリと腸を抜いたザリガニを炒めて白ワインとブイヨンで煮込み、ブイヨンで煮た米、ザリガニの殻、煮汁をすり鉢で潰し、裏漉しにしたスープにザリガニの身を散らしたもの。

Bisque d'étrilles
ビスク・デトリーユ:「ガザミのビスク」。小型のガザミ（渡りガニ）を使ったビスク。

Bisque de crevettes roses
ビスク・ドゥ・クルヴェット・ローズ:「クルヴェット・ローズのビスク」。クルヴェット・ローズ（ピンク色の中型のエビ）を使ったビスク。

Bisque de langoustines
ビスク・ドゥ・ラングスティーヌ:「ラングスティーヌのビスク」。アカザエビ（ラングスティーヌ）を使ったビスク。

Bortsch (Borchtch)
ボルチュ:「ボルシチ」。牛の脛肉、髄の入った骨、ニンニク入りソーセージと野菜を煮込んだウクライナ料理。

Bouillabaisse
ブイヤベース:「ブイヤベース」。様々な種類の魚を野菜と一緒に煮込んだ南フランスの料理。なおサバを使ったbouillabaisse de maquereauxブイヤベース・ドゥ・マクロ、イワシを使ったbouillabaisse de sardinesブイヤベース・ドゥ・サルディーヌも

あります。

Bouillon
ブイヨン：「ブイヨン」。もともと肉や野菜の煮出し汁ですが、これがスープの名前となっているものもあります。

Bouillon aux herbes
ブイヨン・オ・ゼルブ：「葉野菜のブイヨン」。オゼイユ、サラダ菜、チャーヴィルなど葉野菜を煮込んだもの。

Bouillon d'escargot
ブイヨン・デスカルゴ：「エスカルゴのブイヨン」。エスカルゴと子牛の頭肉を加えて煮込んだもの。

Bouillon de légumes
ブイヨン・ドゥ・レギューム：「野菜のブイヨン」。ポロ葱、ニンジン、パセリなどの野菜を、形を崩さずに煮込んだもの。

Bouillon de queue de bœuf aux morilles
ブイヨン・ドゥ・クー・ドゥ・ブフ・オ・モリーユ：「牛のテールのモリーユ茸入りブイヨン」。牛のテールと脛肉を野菜と一緒に長時間煮込み、炒めたモリーユ茸を加えたもの。

Bouillon de volaille Henri IV
ブイヨン・ドゥ・ヴォライユ・アンリ・カートル：「鶏のブイヨン、アンリ4世風」。煮詰めた鶏のスープにパプリカとコショウ、クルトンと切ったチャーヴィルを浮かべたもの。アンリ4世（1553-1610）はカトリックとプロテスタントがいがみ合うなかで、信教の自由を認めるナントの勅令を発した国王ですが、今でも地元の人々からモン・ノンクルmon oncle「オジサン」と呼ばれ、親しまれています。

Bourride
ブーリッド：「ブーリッド」。プロヴァンス地方特有のアイヨリソースで食べる、ボラ、スズキ、鱈などを用いた魚のスープ。

Bourride sétoise
ブーリッド・セトワーズ：「セート風ブーリッド」は材料にアンコウを用いたもの。地中海に面した港町セートSèteは、20世紀の詩人ポール・ヴァレリーPaul Valéry（1871-1945）や、シャンソン歌手ジョルジュ・ブラッサンスGeorges Brassens（1921-81）

の生地としても知られており、河岸に魚専門のレストランがたくさん並んでいて、訪れる人も多い観光地です。

Bullinade à la catalane
ビュリナード・ア・ラ・カタラーヌ：「カタルーニャ風ビュリナード」。カサゴとアンコウを野菜と煮込んだスープで、フランスとの国境に接し、スペインの地中海側にあるカタルーニャ地方Catalogneの料理。

Caldeirada
カルデイラーダ：「カルデイラーダ」。ポルトガル料理で、貝、イカ、魚を主材料にした具の多いブイヨン。

Caudière
コーディエール：「コーディエール」。アナゴ、ホウボウ、マトウダイ、ムール貝などを、ジャガイモ、玉葱、ニンニクなどと一緒に白ワインで煮込んだ魚のスープ。

Chaudrée
ショドレ：「ショドレー」。小さなエイ、甲イカ、舌ビラメなどを使った、大西洋沿岸のヴァンデ県Vendéeやサントンジュ地方Saintongeの料理。

Cominée de gélines
コミネ・ドゥ・ジェリーヌ：「雌鶏のコミネ」。雌鶏をクーミン風味で煮込んだスープ。コミネとはクーミンを用いた中世以来の伝統的な煮込み料理。

Consommé
コンソメ：「コンソメ」。一般に澄んだブイヨンで、牛肉、ジビエ肉、鶏肉、魚を煮込んだブイヨンがベースになります。

Consommé à l'essence de céleri
コンソメ・ア・レッサンス・ドゥ・セルリ：「セロリ風味のコンソメ」。牛肉ないしは鶏肉のスープにセロリの味をきかせたもの。

Consommé à l'estragon
コンソメ・ア・レストラゴン：「エストラゴン風味のコンソメ」。牛肉ないしは鶏肉のスープに、エストラゴンの風味をきかせたもの。

Consommé à l'impériale
コンソメ・ア・ランペリアール:「皇帝風コンソメ」。雄鶏の小さな鶏冠と睾丸(腎臓)を浮かべた鶏のスープ。

Consommé à la madrilène
コンソメ・ア・ラ・マドリレーヌ:「マドリード風コンソメ」。鶏肉とアバティ(abattis「鶏の手羽、首、足など」)と野菜を煮込んだスープ。

Consommé à la reine
コンソメ・ア・ラ・レーヌ:「王妃風コンソメ」。鶏のコンソメに鶏の胸肉とロワイヤル(royale:卵でつないだ野菜や家禽のピューレ)をあしらい、タピオカでとろみをつけたもの。

Consommé aux nids d'hirondelle
コンソメ・オ・ニ・ディロンデール:「ツバメの巣のコンソメ」。中国では鴨のコンソメを、フランスでは鶏のコンソメを用います。

Consommé aux œufs de saumon
コンソメ・オ・ズー・ドゥ・ソーモン:「イクラ入りコンソメ」。イクラにシェリー酒を振りかけコショウを振ってスープ皿に入れ、熱いウミガメのスープを注いだもの。

Consommé Bizet
コンソメ・ビゼー:「ビゼー風コンソメ」。エストラゴンの入った鶏肉の小さなクネル(quenelleすり身の団子)とチャーヴィルをあしらったもの。歌劇『カルメン』や『アルルの女』の作曲家として知られるジョルジュ・ビゼーGeorges Bizet (1838-75)の名前のついたスープ。

Consommé Brillat-Savarin
コンソメ・ブリヤ・サヴァラン:「ブリヤ=サヴァラン風コンソメ」。鶏のスープにとろみをつけ、チャーヴィルをあしらったもの。『味覚の生理学』の著者ブリヤ=サヴァラン(1755-1826)に因んだもの。

Consommé Florette
コンソメ・フロレット:「フロレット風コンソメ」。ポロ葱をバターで炒め、牛肉ないしは鶏肉のスープを加えたもの。

Consommé Nesselrode
コンソメ・ネッセルロード：「ネッセルロード風コンソメ」。ジビエのコンソメに、甘くないシュウ生地に栗とマッシュルームを詰めた小さなプロフィットロールを浮かべたもの。ロシアのアレクサンドル１世およびニコライ１世に仕えた外交官ネッセルロード伯爵（1780-1862）に因んだスープ。

Consommé princesse
コンソメ・プランセス：「プリンセス風コンソメ」。鶏のコンソメにアスパラガスの穂先と鶏のクネルをあしらったもの。

Cotriade
コトリヤード：「コトリヤード」。玉葱、ジャガイモと魚を一緒に煮込んだブルターニュ地方の料理。ドルメンやメンヒルなど先史時代の巨石が残っており、またヨーロッパ文化の基層であるケルト文化が偲ばれるブルターニュ地方Bretagneは、魚だけではなく、塩やジャガイモも美味しい所です。

Coulis
クーリ：「クーリ」。一般には野菜や甲殻類をすり潰して加熱し、液状にしたものを言います。

Coulis de crevettes
クーリ・ドゥ・クルヴェット：「小エビのクーリ」。小エビをすり潰して漉したスープ。

Coulis de tomates
クーリ・ドゥ・トマート：「トマトのクーリ」。皮を剥いたトマトにレモン汁を加え、ミキサーにかけ、オリーヴ油を混ぜ、刻んだバジリコを散らしたもの。

Court-bouillon
クール・ブイヨン：「クールブイヨン」。水にスパイスや香草の味をつけた、ブイヨンの素。主として魚と甲殻類の煮込みに使います。

Cousinette
クジネット：「クジネット」。ホウレン草、サラダ菜、オゼイユなどの青菜を用いたフランス南西部ベアルン地方Béarnのスープ。

Crème-Potage
クレーム・ポタージュ：「クリームスープ」一般を指します。色々な素材がクリームスープとなります。

Crème aux marrons
クレーム・オ・マロン：「栗のクリームスープ」。

Crème d'endive
クレーム・ダンディーヴ：「アンディーヴ（チコリとも呼ばれる苦味のある葉野菜）のクリームスープ」。

Crème d'orge
クレーム・ドルジュ：「大麦のクリームスープ」。

Crème d'oursin
クレーム・ドゥルサン：「ウニのクリームスープ」。

Crème de champignon
クレーム・ドゥ・シャンピニョン：「マッシュルームのクリームスープ」。

Crème de chou-fleur
クレーム・ドゥ・シュー・フルール：「カリフラワーのクリームスープ」。なお白いカリフラワーを軟らかくゆでて潰したものは、Crème Du Barry クレーム・デュ・バリ：「デュ・バリ風クリームスープ」と呼ばれています。デュ・バリは、フランス革命で処刑された、ルイ15世に愛された公爵夫人。現在デュ・バリ公夫人を店名にしている有名な加工食品店があります。

Crème de crevettes
クレーム・ドゥ・クルヴェット：「小エビのクリームスープ」。

Crème de fenouil
クレーム・ドゥ・フヌイユ：「フヌイユ（ウイキョウ）のクリームスープ」。

Crème de fèves
クレーム・ドゥ・フェーヴ：「ソラマメのクリームスープ」。

Crème de haricots verts
クレーム・ドゥ・アリコ・ヴェール：「莢インゲンのクリームスープ」。

Crème de maïs
クレーム・ドゥ・マイス：「トウモロコシのクリームスープ（コーン・クリームスープ）」。
Crème de navet
クレーム・ドゥ・ナヴェ：「カブのクリームスープ」。
Crème de poireaux
クレーム・ドゥ・ポワロー：「ポロ葱のクリームスープ」。
Crème de pommes de terre
クレーム・ドゥ・ポム・ドゥ・テール：「ジャガイモのクリームスープ」。
Crème de radis
クレーム・ドゥ・ラディ：「ラディッシュのクリームスープ」。
Crème de tomate
クレーム・ドゥ・トマート：「トマトのクリームスープ」。

Garbure
ガルビュール：「ガルビュール」。白インゲン豆と肉と野菜を煮込んだポテpotée（土鍋煮込み料理）の一種。スペインとの国境にあるベアルン地方の料理です。

Gaspacho（**Gazpacho**）
ガスパッチョ：「ガスパッチョ」。日本でもおなじみのキュウリ、トマト、緑のピーマン、玉葱などを材料とした冷製野菜スープ。スペインのアンダルシア地方の古都セビリヤSévillaのスープ。

Gaudes
ゴード：「トウモロコシのスープ」。トウモロコシの粉を水で溶き、徐々に牛乳を加えながら長時間煮込んだ、素朴なスープ。

Goulache
グーラッシュ：「グーラッシュ」。玉葱と牛肉のスープにジャガイモを加え、パプリカの風味を出したハンガリー料理。豚肉を使ったものはgoulache de porcグーラッシュ・ドゥ・ポールと言います。

Gratinée
グラティネ：「グラタンスープ」。もち手のついたポワロンpoêlon（1人用の素焼きの土鍋）にスープを入れて、パンをの

せ、上から削ったチーズ(主としてグリュイエール・チーズgruyère)を振りかけてオーヴンで焼いたもの。一般的にはオニオン・グラタンスープのことを指しますが、種々のグラティネがあります。なおオニオンスープはフランスの食の都リヨンLyonの名物ですが、オニオン・グラタンスープの誕生はパリで、夜食として考案されたものです。

Gratinée à l'auvergnate
グラティネ・ア・ロヴェルニャート:「オーヴェルニュ風グラティネ」。ニンジン、カブ、ジャガイモ、キャベツやポロ葱などの野菜を鶏のアバティと煮込んで、パンをのせ、グリュイエール・チーズを刻んでオーヴンで焼いた、フランス中央山岳地帯Massif centralのオーヴェルニュ地方Auvergneのグラタンスープ。

Gratinée à la bière
グラティネ・ア・ラ・ビエール:「ビール味のグラティネ」。ニンニクを細かく刻んで油とバターで炒め、これにビールを入れて沸騰させ、輪切りのパン、グリュイエール・チーズを振りかけてオーヴンで焼いたもの。

Gratinée aux noix
グラティネ・オ・ノワ:「クルミ入りグラティネ」。牛の脛肉ジャレjarretと野菜でブイヨンをとり、脛肉のサイコロ切りとクルミをあしらったもの。

Gratinée de champignons
グラティネ・ドゥ・シャンピニョン:「マッシュルームのグラティネ」。レモン汁に浸したマッシュルームを、色づくまでバターで炒めたエシャロットと合わせ、ブイヨンと白ワインを加えて煮立て、焼きなおしたパンに注ぎ、グリュイエール・チーズを振りかけて焼いたもの。

Gratinée lyonnaise
グラティネ・リヨネーズ:「リヨン風グラティネ」。玉葱と白ワインと卵黄を用いたもの。

Gratinée parisienne
グラティネ・パリズィエンヌ:「パリ風グラティネ」。玉葱をバターで炒め、鶏のブイヨンを加えたものを、クルトンとおろしチ

しチーズを入れた土鍋に注いで、チーズをたっぷりかけてオーヴンでグリエしたもの。

Midia plaki
ミディア・プラキ:「ミディア・プラキ」。ムール貝moulesとジャガイモのスープ。トルコ料理。

Minestrone
ミネストローヌ:「ミネストローネ」。日本でもよく知られているイタリアのスープ。白インゲン豆に、ニンジン、玉葱、トマト、ジャガイモ、葱、ズッキーニなどの野菜を加えて、牛のブイヨンで煮込んだもの。

Minestrone à la génoise
ミネストローヌ・ア・ラ・ジェノワーズ:「ジェノヴァ風ミネストローネ」。莢インゲン、グリンピースなど生の豆を用い、細いヴェルミッセルを入れたもので、中世に栄えたイタリアの港町ジェノヴァGenovaの料理。

Panade
パナード:「パン粥」。パンを熱湯に浸し、鶏がらスープの素を加えて煮込んだもの。

Panade royale
パナード・ロワイヤル:「国王風パナード」。パンに水、卵黄を加えて煮込み、牛乳とバター、クリームでまとめたもの。

Potage
ポタージュ:「ポタージュ」。とろみのきいたものばかりでなく、澄んだものもあります。

Potage à l'œuf
ポタージュ・ア・ルフ:「卵入りポタージュ」。肉のエッセンスを入れて煮立てたスープにセモリナ粉を入れ、卵黄でとろみを出したもの。

Potage à la dauphinoise
ポタージュ・ア・ラ・ドフィノワーズ:「ドフィネ風ポタージュ」。子牛の脛肉を、玉葱、ニンジン、ポロ葱の白首、トマト、白インゲン豆と煮込んだもので、プロヴァンス地方の北にあるドフィネ地方Dauphinéのポタージュ。

Potage à la provençale
ポタージュ・ア・ラ・プロヴァンサル:「プロヴァンス風ポタージュ」。トマト、玉葱、ニンニク、米、グリュイエール・チーズを使ったポタージュ。

Potage au basilic
ポタージュ・オ・バズィリック:「バジリコ風味のポタージュ」。生のソラマメ、ニンジン、玉葱、トマトをバジリコのブーケを入れて煮込んだもの。

Potage au cerfeuil
ポタージュ・オ・セルフィーユ:「チャーヴィルのポタージュ」。チャーヴィルとニンジンを使ったもの。

Potage au cresson
ポタージュ・オ・クレソン:「クレソンのポタージュ」。クレソンに小麦粉を振りかけ、マーガリンでどろどろになるまで炒め、水を加えて沸騰させたもの。

Potage aux cèpes
ポタージュ・オ・セップ:「セップ茸のポタージュ」。肉のエッセンスを入れて煮立てたスープに大麦のクリームを溶かし、セップ茸を加えてクリーム味にしたもの。

Potage aux haricots blancs
ポタージュ・オ・アリコ・ブラン:「白インゲン豆のポタージュ」。白インゲン豆を燻製豚脂と煮込んだもの。

Potage aux haricots verts
ポタージュ・オ・アリコ・ヴェール:「莢インゲンのポタージュ」。莢インゲンをジャガイモやトマトと煮込んだもの。

Potage aux légumes
ポタージュ・オ・レギューム:「野菜のポタージュ」:ニンジン、ジャガイモ、ポロ葱、カブ、ニンニク、トマト、セロリなどを煮込んで潰したもの。

Potage de poule aux champignons frais
ポタージュ・ドゥ・プール・オ・シャンピニョン・フレ:「雌鶏のポタージュ、生マッシュルーム入り」。バターで炒めた生のマッシュルームとエシャロットに小麦粉をまぶして、雌鶏のブイヨ

ンで煮込んだもの。

Potage Doria
ポタージュ・ドリア:「ドリア風ポタージュ」。白葱、キュウリ、ジャガイモを用いたスープ。19世紀に栄えていたパリのカフェ・アングレCafé Anglaisの顧客であった、イタリアはジェノヴァの名門ドリア家に因む名前のポタージュ。

Potage en julienne
ポタージュ・アン・ジュリエンヌ:「野菜の千切りポタージュ」。ニンジン、カブ、セロリ、莢インゲン、玉葱、トマトなどの野菜を千切りにして煮込んだもの。ジュリエンヌとは、野菜の切り方（千切り）を表しています。

Potage froid à la russe
ポタージュ・フロワ・ア・ラ・リュッス:「冷製ロシア風ポタージュ」。生のビーツ（甜菜）、ピックルス、レタスなどを使ったもの。

Potage portugais
ポタージュ・ポルテュゲ:「ポルトガル風ポタージュ」。トマト、ピーマン、ポロ葱の白首、ジャガイモのポタージュ。

Potage Saint-Germain
ポタージュ・サン・ジェルマン:「サン＝ジェルマン風ポタージュ」。干して2つ割ったエンドウ豆、ニンジン、玉葱、骨付きハムを煮込んだポタージュ。サン＝ジェルマン風とは、干したエンドウ豆を使った料理に使います。

Pot-au-feu
ポ・ト・フ:「ポトフ」。野菜と肉とスープを同時に味わうフランス独特の料理です。何種類かの肉、ニンジン、玉葱、ポロ葱、蕪、セロリ、ニンニクにブーケガルニを入れて大鍋で煮込んだもの。

Pulpe de tomates cerises glacée
ピュルプ・ドゥ・トマート・スリーズ・グラセ:「冷製プチトマトの果肉スープ」。プチトマトの果肉を潰して、モッツァレラ・チーズを入れた冷たいスープ。

Sobronade
ソブロナード:「ソブロナード」。豚肉ないしはハムと、白インゲン豆やカブなどを煮込んだペリゴール地方Périgordのスープ。

Soupe
スープ:「スープ」。具のたくさん入った、原則として暖かいもの。スープはその素材で地方色が鮮明になりますが、素材だけではなく、国名や地方名がつけられている場合も少なくありません。

Soupe à l'oignon traditionnelle
スープ・ア・ロニョン・トラディシヨネル:「伝統的オニオンスープ」。もっぱら玉葱だけを材料としたオニオンスープで、脂っこい食べ物でもたれた胃を休めるために、もってこいのスープです。

Soupe à la grecque
スープ・ア・ラ・グレック:「ギリシア風スープ」。羊ないしは子羊の肩肉に、玉葱と生ハムを加えて牛のブイヨンで煮込み、米を加えたもの。

Soupe à la perdrix
スープ・ア・ラ・ペルドリ:「山ウズラのスープ」。山ウズラと豚の脛肉と野菜を煮込んだもの。

Soupe à la queue de bœuf
スープ・ア・ラ・クー・ドゥ・ブフ:「牛のテールのスープ」。油で炒めてパスティス酒をかけた牛のテールを、一緒に蒸し煮にした野菜をミキサーにかけて作ったスープと煮込んだもの。

Soupe albigeoise
スープ・アルビジョワーズ:「アルビ風スープ」。牛の骨付きバラ肉、子牛の足、塩漬け豚、細いソーセージなどを、キャベツ、ニンジン、ジャガイモなどの野菜と一緒に煮込んだもの。貴族画家トゥールーズ・ロートレックToulouse Lautrec (1864-1901)の美術館があり、日本沿岸にも立ち寄りロシアと樺太との海峡(間宮海峡)にその名を残す探検家ラ・ペルーズLa Pérouse (1741-1788)の生地として知られる南仏の都市アルビAlbiは、また歴史的にも13世紀初頭異端カタリ派の拠点として、教皇および

フランス国王からアルビジョワ十字軍の名のもとに攻撃されたことでも有名です。

Soupe allemande à l'anguille
スープ・アルマンド・ア・ランギュイーユ：「ウナギのドイツ風スープ」。ウナギと骨付きハムをリンゴ、白葱、ニンジン、白キャベツなどの野菜と煮込んだビール味のスープ。

Soupe au gruau
スープ・オ・グリュオ：「グリュオ・スープ」。挽き割り小麦を鶏のブイヨンで煮込んで、卵黄と牛乳で仕上げた粥風のスープ。

Soupe au pistou
スープ・オ・ピストゥー：「ピストゥー・スープ」。長時間煮込んだ野菜スープのなかに、ラード、バジリコ，ニンニクをすり潰したピストゥーを加えたもの。もともと南フランスのプロヴァンス地方Provenceの料理です。

Soupe auvergnate aux pois
スープ・オヴェルニャット・オ・ポワ：「エンドウ豆のオーヴェルニュ風スープ」。割った干しエンドウ豆を、豚の脛肉、細いソーセージ、ポロ葱、玉葱などと煮込んだもの。

Soupe aux boulettes de foie à la hongroise
スープ・オ・ブーレット・ドゥ・フォワ・ア・ラ・オングロワーズ：「ハンガリー風肝臓の団子入りスープ」。鶏ないしは子牛の肝臓を団子にして鶏のブイヨンで煮込んだもの。

Soupe aux cerises
スープ・オ・スリーズ：「サクランボのスープ」。正方形に切ったパン・ドゥ・カンパーニュpain de campagneにバターと小麦粉をつけて焼き、種を抜いたサクランボを赤ワインで煮込んだスープを上からかけたもの。

Soupe aux clams
スープ・オ・クラム：「クラム・チャウダー」。さいの目に切った塩漬け豚のバラ肉、セロリ、赤ピーマン、緑のピーマン、玉葱を小麦粉と一緒に炒めてから、クラム貝を細かく刻んだものと、貝の煮汁を加え、ブイヨンで煮込んだもの。

Soupe aux fèves fraîches
スープ・オ・フェーヴ・フレッシュ:「生のソラマメのスープ」。生のソラマメとエンドウ豆を、燻製の豚脂と鶏のブイヨンで煮込んだもの。

Soupe aux haricots à la niçoise
スープ・オ・アリコ・ア・ラ・ニソワーズ:「ニース風莢インゲンのスープ」。太い莢インゲン、トマト、ジャガイモに、インゲンの生の豆を煮込み、ヴェルミッセル、パルメザン・チーズを加えたもの。南仏の観光地ニースNiceのスープ。

Soupe aux haricots à la poitevine
スープ・オ・アリコ・ア・ラ・ポワトヴィーヌ:「ポワトゥー風インゲン豆のスープ」。生あるいは乾燥したインゲン豆を、ニンジン、玉葱、ポロ葱の白首、燻製豚の胸肉と煮込んだもの。ロワール河の南に位置するポワトゥー地方Poitouのスープ。

Soupe aux huîtres
スープ・オ・ズュイートル:「牡蠣のスープ」。バターで炒めたエシャロットに白ワインとクリームを混ぜ、牡蠣とそのゆで汁を加えたもの。

Soupe aux lentilles
スープ・オ・ランティーユ:「レンズ豆のスープ」。日本ではまだ日常的な食品にはなってはいませんが、直径5ミリほどの小さなレンズ豆を、玉葱、ニンニク、ニンジンなどをバターと一緒に水で煮込み、クリームで仕上げたスープ。

Soupe aux œufs de lump
スープ・オ・ズー・ドゥ・ランプ:「ランプの卵入りスープ」。よく煮込んだ鱈のスープに、ランプ(団子魚)の卵を散らしたクリーム味のスープ。

Soupe aux truffes noires
スープ・オ・トリュフ・ノワール:「黒トリュフのスープ」。まるで大きなキノコのようにフイユテ生地が盛り上がってこんがりと焼けた状態で運ばれてくる、フランス滞在中に一度はオーダーしてみたいスープです。

Soupe chinoise aux pâtes
スープ・シノワーズ・オ・パート:「麺入り中華スープ」。脂身の少ない豚肉を細く切って、エビ、クレソン、緑の玉葱、乾麺などと煮て、醤油で味を調え、ラー油で辛味を加えたもの。麺は日本では主食ですが、中国料理ではスープです。

Soupe danoise au gibier
スープ・ダノワーズ・オ・ジビエ:「ジビエ入りデンマーク風スープ」。山ウズラをぶつ切りにして、玉葱、ニンジン、ジャガイモ、セロリなどと煮込み、赤ワインで風味をきかせたもの。

Soupe de congre
スープ・ドゥ・コングル:「アナゴのスープ」。カブ、ニンジン、キャベツ、フヌイユ、ポロ葱などを煮込んだブイヨンのなかに、筒切りにしたアナゴを入れたもの。

Soupe de congre à l'indienne
スープ・ドゥ・コングル・ア・ランディエンヌ:「インド風アナゴのスープ」。玉葱、トマト、ジャガイモをアナゴと煮込み、カレー味にしたスープ。

Soupe de fèves
スープ・ドゥ・フェーヴ:「ソラマメのスープ」。ニンジン、玉葱、ポロ葱、カブを細かく刻み、ソラマメと一緒に煮込み、仕上げにチャーヴィルを入れたもの。

Soupe de Gascogne
スープ・ドゥ・ガスコーニュ:「ガスコーニュ風スープ」。牛のバラ肉とトゥールーズ産のソーセージを、白葱、玉葱、緑のキャベツ、ニンジン、カブ、ジャガイモ、トマトのピューレなどと煮込んだもの。フランス南西部ガスコーニュ地方Gascogneのスープ。

Soupe de légumes
スープ・ドゥ・レギューム:「野菜スープ」。ニンジン、カブ、ポロ葱、セロリなど野菜をさいの目に切って肉のブイヨンで煮込んで漉し、これに千切りにしたカリフラワーとトマトを加えてパセリを散らしたもの。

Soupe de lotte à la bretonne
スープ・ドゥ・ロット・ア・ラ・ブルトンヌ:「ブルターニュ風アンコウのスープ」。ジャガイモやポロ葱とアンコウを煮込んだもの。

Soupe de merlu à la basquaise
スープ・ドゥ・メルリュー・ア・ラ・バスケーズ:「バスク風鱈のスープ」。玉葱と鱈(メルルーサ)の切り身のスープ。バスクベレー帽で知られているバスク地方Basqueは、フランスとスペインの国境からスペインの大西洋沿岸にかけてのバスク人の住む一帯のことで、バスク民族は人種も言語もヨーロッパ人とは異なると言われています。

Soupe de moules à la crème
スープ・ドゥ・ムール・ア・ラ・クレーム:「ムール貝のスープ、クリーム味」。玉葱と白ワインでムール貝を煮て、煮汁を漉してレモン汁とパセリ、ニンニクを加え、卵黄と生クリームを入れたスープに、殻から出したムール貝の身を入れたもの。

Soupe de mouton
スープ・ドゥ・ムトン:「羊のスープ」。羊の首肉と野菜を煮込んだスープ。

Soupe de pois cassés à la viande
スープ・ドゥ・ポワ・カッセ・ア・ラ・ヴィヤンド:「肉入り干しエンドウ豆のスープ」。羊の胸肉、燻製塩漬け豚肉、干しエンドウ豆を煮込んだもの。

Soupe de poisson
スープ・ドゥ・ポワッソン:「魚のスープ」は魚介類をエシャロット、ニンニク、ニンジン、ポロ葱、セロリなどと白ワインで煮込んだもの。

Soupe de poisson à la mode de Crimée
スープ・ドゥ・ポワッソン・ア・ラ・モード・ドゥ・クリメー:「クリミア風魚のスープ」。鱈の身、アナゴ、舌ビラメの骨、カレイの頭を野菜と煮込んだもの。クリミアは黒海La Mer Noireに面した半島。

Soupe de poisson à la roumaine
スープ・ドゥ・ポワッソン・ア・ラ・ルメーヌ：「ルーマニア風の魚のスープ」。鱈の身と、魚の頭や骨をキュウリと唐辛子を加えて煮込んだもの。

Soupe de potiron
スープ・ドゥ・ポティロン：「カボチャのスープ」。カボチャだけでなく、ジャガイモとポロ葱も加え、生クリームをつなぎに入れたもの。

Soupe de poulet à l'anglaise
スープ・ドゥ・プーレ・ア・ラングレーズ：「イギリス風若鶏のスープ」。米を入れて煮込んだ若鶏の肉を刻んでスープに戻し、ソテした野菜を加えて煮込んだもの。

Soupe de tomate（glacée）
スープ・ドゥ・トマート（グラセ）：「冷製トマトスープ」。鶏のブイヨンに米とトマトを入れて煮込み、冷やしてから薄切りのキュウリをのせたもの。

Soupe espagnole à la langouste
スープ・エスパニョール・ア・ラ・ラングスト：「イセエビのスペイン風スープ」。玉葱、ニンジン、ポロ葱、セロリ、赤ピーマンとイセエビを、白ワインで煮込んだもの。

Soupe froide au concombre à la polonaise
スープ・フロワッド・オ・コンコンブル・ア・ラ・ポロネーズ：「ポーランド風のキュウリの冷たいスープ」。皮を剥き、種を抜いたキュウリをさいの目に切ったものに、ニンニク、ヨーグルト、レモン汁をかけた冷たいスープ。

Soupe limousine au petit salé
スープ・リムズィーヌ・オ・プティ・サレ：「塩豚のリムーザン風スープ」。野菜を塩漬け豚と煮込んだもので、ブレジョードBréjaudeとも呼ばれています。焼き物で有名なリモージュLimogesを中心都市とするリムーザン地方Limousinは、中央山岳地帯の西に位置する畜産物や淡水魚の豊かな所。

Soupe meusienne
スープ・ムーズィエンヌ：「ムーズ風スープ」。グリンピースと

塩漬け豚のスープ。ヴェルダン条約（843）や第1次世界大戦でのヴェルダンの戦い（1916）で有名なヴェルダンVerdunのあるドイツとの国境ムーズ県Meuseの料理。

Soupe normande
スープ・ノルマンド：「ノルマンディ風スープ」。鶏のアバティと野菜を煮込んだスープ。カマンベール・チーズやシードル酒で有名なノルマディ地方Normandieのスープ。

Soupe normande de mange-tout
スープ・ノルマンド・ドゥ・マンジュ・トゥー：「莢インゲンのノルマンディ風スープ」。ゆがいた莢インゲンに、オゼイユ（スイバ）と葱のピューレを加えて煮込んだ野菜スープ。

Soupe paysanne au lard
スープ・ペイザンヌ・オ・ラール：「塩漬け豚風味田舎スープ」。細かく刻んだ塩漬け豚をバターで炒め、トマト、ポロ葱、ニンジン、セロリを加えて煮込み、クルトンとクリームをあしらったもの。

Soupe paysanne aux brocolis
スープ・ペイザンヌ・オ・ブロッコリ：「ブロッコリ入り田舎スープ」。長時間水に晒した塩漬け豚を、ブロッコリ、ジャガイモ、ニンニクと煮込んだもの。

Soupe paysanne aux cosses de pois
スープ・ペイザンヌ・オ・コッス・ドゥ・ポワ：「莢エンドウの田舎スープ」。バターで炒めた燻製ハムに、莢エンドウとジャガイモを煮てミキサーにかけたピューレを注いだもの。

Soupe russe au crabe
スープ・リュッス・オ・クラブ：「カニのロシア風スープ」。子牛の骨と多種の野菜を煮込み、ゆでたカニの身と小エビを散らしたもの。

Soupe suédoise aux pois
スープ・スュエドワーズ・オ・ポワ：「エンドウ豆のスウェーデン風スープ」。玉葱と煮込んだ豚の背肉échine（エシーヌ）に、別に煮込んだ干したエンドウ豆のスープを添えた料理。

Soupe verte au poisson
スープ・ヴェルト・オ・ポワッソン:「魚のグリーンスープ」。鱈の身を使ったスープで、キュウリ、唐辛子、ニンニク、パセリなどで緑色を出したものです。

Tourin
トゥーラン:「トゥーラン」。玉葱とニンニクをガチョウか鴨の脂で炒めて作るペリゴールとボルドー地方のスープ。

Tourin à la tomate
トゥーラン・ア・ラ・トマート:「トマトのトゥーラン」は、玉葱とニンニクをガチョウの脂で炒め、トマトと鶏のブイヨンを加えたもの。

Tourin blanchi
トゥーラン・ブランシ:「トゥーラン・ブランシ」は、玉葱を色づけないように小麦粉を加えて炒め、水を入れて煮詰め、卵の白身と牛乳で白く濁らせたもの。

Velouté
ヴルーテ:「ヴルーテ」。野菜、肉、魚を材料として、煮込んで漉したものに、卵やクリームでとろみをつけ、具をあしらったスープのことを言います。

Velouté à l'oseille
ヴルーテ・ア・ロゼイユ:「オゼイユ(スイバ)入りヴルーテ」。ソラマメとエンドウ豆を煮込んで、スイバを加えたもの。

Velouté au citron
ヴルーテ・オ・スィトロン:「レモン風味のヴルーテ」。米とクリームでとろみを出したレモン味の冷たいヴルーテ。

Velouté au laitue
ヴルーテ・オ・レテュ:「レタス入りヴルーテ」。レタス,ニンジンなどの野菜を米と一緒に、鶏のブイヨンで煮込んだもの。

Velouté aux champignons
ヴルーテ・オ・シャンピニョン:「マッシュルームのヴルーテ」:マッシュルーム、玉葱、パセリ、セロリ、米を煮込んでからミキサーにかけたもの。

Velouté aux lentilles
ヴルーテ・オ・ランティーユ：「レンズ豆のヴルーテ」。レンズ豆を牛のブイヨンで煮込み、生ハムとパンを入れたもの。
Velouté aux merlans
ヴルーテ・オ・メルラン：「鱈のヴルーテ」。鱈、ムール貝、帆立貝の入ったもの。
Velouté aux navets
ヴルーテ・オ・ナヴェ：「カブ入りヴルーテ」。カブとジャガイモを鶏のブイヨンで煮たもの。
Velouté aux pointes d'asperges
ヴルーテ・オ・ポワント・ダスペルジュ：「アスパラガスの穂先入りヴルーテ」。鶏のブイヨンをエストラゴン風味のクリーム味に仕上げ、アスパラガスの穂先を入れたもの。
Velouté d'artichaut
ヴルーテ・ダルティショ：「アーティチョークのヴルーテ」。ゆでたアーティチョークの花托を材料にしたもの。

Vichyssoise
ヴィシソワーズ：「ヴィシッソワーズ」。ジャガイモとポロ葱の白首を使ったスープ。冷たくした方が美味しいという人もいます。第2次世界大戦中ペタン将軍Maréchal Pétainの政権が置かれたフランスのほぼ中央にあるアリエ川沿いの温泉保養地ヴィシーVichyのスープです。

3

Entrée
～アントレ～

ここではポタージュとスープを除いた、アントレとして出される料理を見ていきます。アントレとは食事の最初に出される料理という意味です。それぞれ肉、魚、野菜や果実、揚げ物などを材料とした比較的に軽い料理で、冷たいものアントレ・フロワッドentrée froide、温かいものアントレ・ショードentrée chaudeそれぞれに、多様な種類があります。

Asperge
アスペルジュ:「アスパラガス」。アスパラガスは古代エジプトの時代から食用に栽培されていましたが、フランスで本格的に栽培されるようになったのは17世紀頃からだと言われています。

Asperges à la flamande
アスペルジュ・ア・ラ・フラマンド:「フランドル風アスパラガス」。ゆでたアスパラガスに、ゆで卵の黄身とパセリをあしらったもの。

Asperges à la polonaise
アスペルジュ・ア・ラ・ポロネーズ:「ポーランド風アスパラガス」。皮を剥いてゆでたアスパラガスに、ゆで卵の黄身とパセリを振りかけ、バターで炒めたパン粉を振りかけたもの。

Asperges en vinaigrette
アスペルジュ・アン・ヴィネグレット:「ヴィネグレット漬けアスパラガス」。お湯に砂糖とバターを入れてアスパラガスをゆで、ヴィネグレットに漬けたものに、トマト、固ゆで卵、エシャロット、チャーヴィルを刻んでのせたもの。

Pointes d'asperges au beurre
ポワント・ダスペルジュ・オ・ブール:「アスパラガスの穂先のバターかけ」。ゆでたアスパラガスの穂先に、温かい溶かしバターをかけたもの。

Aspic
アスピック:「アスピック」。加熱加工した材料を型に入れて、ジュレgelée(ゼリー)で固めて冷やしたものを言います。

Aspic d'asperge
アスピック・ダスペルジュ:「アスパラガスのアスピック」。アスパラガスの穂先を周りに並べ、なかにフォワグラのピューレを入れ、鶏ガラのブイヨンにジュレを加えて冷やしたもの。

Aspic de crabe
アスピック・ドゥ・クラブ:「カニのアスピック」。魚の煮汁(フュメ)からジュレを作り、カニの身を加えて冷やしたもの。

Aspic de foie gras
アスピック・ドゥ・フォワ・グラ:「フォワグラのアスピック」。

マデイラ酒風味の肉のジュレに、フォワグラとトリュフの薄切りを入れたもの。

Aspic de jambon et de veau
アスピック・ドゥ・ジャンボン・エ・ドゥ・ヴォー：「ハムと子牛肉のアスピック」。角切りのハムと薄切りの子牛肉の入ったアスピック。

Aspic de poisson
アスピック・ドゥ・ポワッソン：「魚のアスピック」。魚のムースに魚の身を薄切りにして加え、ジュレで固めたもの。

Aspic de saumon fumé
アスピック・ドゥ・ソーモン・フュメ：「燻製のサーモンのアスピック」。ロシア風サラダを巻いた燻製サーモンと鮭のムースを交互に重ね、ジュレで固めたもの。

Aubergines au cumin
オベルジーヌ・オ・キュマン：「ナスのクーミン風味」。ナスを、クーミンやその他のスパイス、香草を入れた汁で煮て、レモンのきいたトマト味に仕上げたもの。ナスはヨーロッパでもよく使われる野菜です。もともとインドが原産地ですが、15世紀頃からイタリアで栽培が始まりました。フランスに知られたのは17世紀。南フランスから北に広まっていきました。なお日本でも泉州貝塚産の水ナスのクリームスープやアイスクリームを季節料理として出してくれるレストランがあります。

Avocat
アヴォカ：「アボカド」。アボカドは南アメリカ産の果実で、最近は日本でも安く手に入りますが、その昔フランスへ留学した日本人のなかに、これにワサビ醤油をつけてマグロのトロを懐かしんだ人もおられるはずです。

Avocats en salade
アヴォカ・アン・サラード：「アボカドのサラダ」。アボカドの果肉をさいの目に切って皿に盛り、レモン汁を振りかけ、オリーヴの実を2つに割ってのせたもの。

Avocats farcis à l'américaine
アヴォカ・ファルスィ・ア・ラメリケーヌ：「アメリカ風アボカ

ドの詰め物」。刻んだパイナップルとモヤシを詰めたもの。

Avocats farcis au crabe
アヴォカ・ファルスィ・オ・クラブ：「カニの身詰めアボカド」。カニの身をほぐして詰めたもの。

Barquette
バルケット：「バルケット」。小舟の意味で、小さな楕円形をしたパイに詰め物をしたもの。色々な具が詰められます。

Barquettes au fromage
バルケット・オ・フロマージュ：「チーズ入りバルケット」。

Barquettes aux anchois
バルケット・オ・ザンショワ：「アンチョビ入りバルケット」。

Barquettes aux champignons
バルケット・オ・シャンピニョン：「マッシュルーム入りバルケット」。

Barquettes aux laitances
バルケット・オ・レタンス：「魚の白子入りバルケット」。

Barquettes aux œufs brouillés et aux asperges
バルケット・オ・ズー・ブルイエ・エ・オ・ザスペルジュ：「スクランブルドエッグとアスパラガス入りバルケット」。

Beignet
ベニェ：「ベニェ」。具を衣や生地に包んで油で揚げたものを言います。

Beignets à la florentine
ベニェ・ア・ラ・フロランティーヌ：「フィレンツェ風のベニェ」。ホウレン草のピューレにグリュイエール・チーズを加えたものをベニェ生地で包んで揚げたもの。

Beignets d'aubergine
ベニェ・ドベルジーヌ：「ナスのベニェ」。皮を剥いて輪切りにしたナスに下味をつけ、衣をつけて揚げたもの。

Beignets d'huître
ベニェ・デュイートル：「牡蠣のベニェ」。予めゆでておいた牡蠣に衣をつけて揚げたもの。

Beignets de cervelle
ベニェ・ドゥ・セルヴェル：「脳味噌のベニェ」。子羊か子牛の脳味噌をゆがいて薄切りにしたものに衣をつけて揚げたもの。

Beignets de champignons
ベニェ・ドゥ・シャンピニョン：「マッシュルームのベニェ」。小ぶりのマッシュルームをレモンを入れて煮てから冷やし、衣をつけて揚げたもの。

Beignets de foie de raie
ベニェ・ドゥ・フォワ・ドゥ・レ：「エイの肝臓のベニェ」。海水魚エイの肝臓をゆでて薄切りにしたものに、下味をつけて揚げたもの。

Beignets de foie gras, caramel de Porto
ベニェ・ドゥ・フォワグラ・カラメル・ドゥ・ポルト：「フォワグラのベニェ、ポルト酒入りカラメルソースかけ」。冷やしておいたフォワグラに衣をつけて揚げ、ポルト酒で作ったカラメルソースをかけたもの。

Beignets de langoustine
ベニェ・ドゥ・ラングスティーヌ：「ラングスティーヌのベニェ」。下味をつけた皮を剥いたラングスティーヌに衣をつけて揚げたもの。

Beignets de ris de veau
ベニェ・ドゥ・リ・ドゥ・ヴォー：「子牛の胸腺のベニェ」。予めゆでた子牛の胸腺を薄く切って衣をつけて揚げたもの。

Beignets soufflés à la toscane
ベニェ・スフレ・ア・ラ・トスカーヌ：「トスカナ風ベニェ・スフレ」。ベニェ・スフレは砂糖を抜いたシュー生地を使ったベニェで、なかにパルメザン・チーズ、ハム、トリュフを刻んで入れたもの。トスカナはフィレンツェFirenzeを中心とする中央イタリア地方。

Bouchée
ブーシェ：「ブーシェ」。フイユテ生地で作った円形のパイのなかに詰め物をした一口サイズのもの。

Bouchées à la bénédictine
ブーシェ・ア・ラ・ベネディクティーヌ:「ベネディクト修道会風ブーシェ」。塩鱈とトリュフを入れたもの。
Bouchées à la moelle
ブーシェ・ア・ラ・モワール:「骨髄のブーシェ」。クールブイヨンで煮た牛の骨髄を入れたもの。
Bouchées à la reine
ブーシェ・ア・ラ・レーヌ:「王妃風ブーシェ」。鶏の胸肉、トリュフ、マッシュルームを入れたもの。なおこの王妃はルイ15世の妃マリ・レグザンスカMarie Leszczynska(1703-1768)であるとされています。
Bouchées aux champignons
ブーシェ・オ・シャンピニョン:「キノコ入りブーシェ」。モリーユ茸を入れたもの。
Bouchées aux crevettes
ブーシェ・オ・クルヴェット:「小エビ入りブーシェ」。小エビのラグーragoût(煮込み)を詰めたもの。
Bouchées aux fruits de mer
ブーシェ・オ・フリュイ・ドゥ・メール:「海の幸のブーシェ」。海の幸のラグーを詰めたもの。
Bouchées aux laitances
ブーシェ・オ・レタンス:「魚の白子入りブーシェ」。ポシェした白子を小さなさいの目に切って入れたもの。
Brouillade de truffes
ブルイヤード・ドゥ・トリュフ:「トリュフ入りかき卵」。卵を使った料理の一種で、スクランブルドエッグにトリュフを混ぜたもの。
Capucin
カピュサン:「カピュサン」。シュー生地をグリュイエール・チーズ風味に焼いたもの。カピュサンとは聖フランチェスコ修道会の分派であるカプチン会修道士のこと。
Carpaccio
カルパッチョ:「カルパッチョ」。牛のサーロインを薄く切って

冷やし、軽くマヨネーズをかけたもの。ルネサンス期のヴェネツィアの画家ヴィットーレ・カルパッチョVittore Carpaccioに因んだイタリア料理。

Caviars d'aubergine
キャヴィアール・ドベルジーヌ：「ナスのキャビア見立て」。焼きナス、トマト、玉葱、ゆで卵を使ってキャヴィアに見立てた料理。

Céleri en rémoulade
セルリ・アン・レムラード：「セロリのレムラードソースかけ」。ゆでて千切りにした根セロリに、マヨネーズ、マスタード、ピックルス、香草のみじん切りなどを加えたレムラードソースをかけたもの。

Cèpe
セップ：「セップ茸」。フランス人はキノコをよく食べます。セップ茸は外形がマツタケに似たキノコです。

Cèpes en terrine
セップ・アン・テリーヌ：「セップ茸のテリーヌ固め」。テリーヌ型にベーコンを敷き、その上に炒めたセップ茸の笠、軸、エシャロット、ニンニクを刻んでのせてオーヴンで焼いたもの。

Cèpes marinés à chaud
セップ・マリネ・ア・ショー：「セップ茸の熱いマリネ」。オリーヴ油とヴィネガーを沸騰させ、油で揚げたセップ茸をマリネして、一昼夜冷やしたもの。

Chou
シュー：「シュー」。フランス語でシューは野菜のキャベツと、なかに具を詰める軽焼のシューの2つの意味があります。アントレとしては後者です。

Choux à la mousse de foie gras
シュー・ア・ラ・ムース・ドゥ・フォワ・グラ：「フォワグラのムース入りシュー」。フォワグラのムースに生クリームを加え、シューに詰め、冷やしたもの。

Choux à la Nantua
シュー・ア・ラ・ナンテュア：「シューのナンテュア風」。ザリ

ガニのムースを詰めたもの。なおナンテュアは何となくアフリカを喚起する地名ですが、フランスはアン県Ainにある町の名前。

Choux au fromage
シュー・オ・フロマージュ：「チーズ入りシュー」。ベシャメルソースにチーズを加えたものをシューに詰めて、暖めたもの。

Choux vert-pré
シュー・ヴェール・プレ：「緑の牧場風のシュー」。グリンピース、莢インゲン、アスパラガスの穂先など緑の野菜をムースにして詰めて焼いたもの。

Citron farci
スィトロン・ファルスィ：「レモンの詰め物」。日本料理で柚子を器代わりにするように、レモンの中身をくり抜いて、マグロや鮭の水煮に黒オリーヴ、パセリ、ゆで卵の黄身、レモンの果肉を刻み、アイヨリで和えて詰めたもの。

Cocktail
コクテル：「コクテル（カクテル）」と言えばアルコール飲料を思い浮かべるかもしれませんが、料理としてのコクテルは冷製のオードブルのことです。一般にクープcoupeと呼ばれている口の広い脚付のグラスに、カニの身や（Cocktail de crabeコクテール・ドゥ・クラブ）、小エビ（Cocktail de crevettesコクテール・ドゥ・クルヴェット）を盛り付けます。カクテル・パーティは、このようなカクテルをつまみながらお酒を飲み、会話を楽しむパーティのことです。

Cornets
コルネ：「コルネ」は円錐状（角形）になったものを言い、一般に巻き煎餅を指しますが、料理ではハムや燻製のサーモンを円錐状に巻いた冷製のアントレのことです。

Cornets de saumon fumé aux œufs de poisson
コルネ・ドゥ・ソーモン・フュメ・オ・ズー・ドゥ・ポワッソン：「燻製のサーモンのコルネ巻き、魚卵添え」。燻製のサーモンの薄切りを円錐状に巻いて、なかにキャビアやイクラなど魚の卵の塩漬けを入れたもの。

Crêpe
クレープ:「クレープ」は甘いアントルメentremetとして好まれるだけではなく、アントレとしても供されます。

Crêpes à l'œuf et au fromage
クレープ・ア・ルフ・エ・オ・フロマージュ:「卵とチーズ入りクレープ」。そば粉を使ったクレープ（ガレットgalettesとも言います）を焼いて、裏返して卵とチーズをのせて四角く包んだもの。

Crêpes au jambon
クレープ・オ・ジャンボン:「ハム入りクレープ」。角切りにしたハムをベシャメルソースで和えて、チーズを加え、クレープで巻いたもの。

Crêpes au roquefort
クレープ・オ・ロックフォール:「ロックフォール・チーズ入りクレープ」。ベシャメルソースにロックフォール・チーズを混ぜて巻いたもの。

Crêpes aux champignons
クレープ・オ・シャンピニョン:「マッシュルーム入りクレープ」。甘味のないクレープ生地にベシャメルソースで和えたマッシュルームを入れ、チーズをのせて高温で焼いたもの。

Crêpes gratinées aux épinards
クレープ・グラティネ・オ・ゼピナール:「ホウレン草入りクレープのグラタン焼き」。クリームで和えたホウレン草をチーズと包んで、高温で焼いたもの。

Cromesquis
クロメスキ:「クロメスキー」。ポーランド起源のコロッケ風の揚げ物。

Cromesquis à la bonne femme
クロメスキ・ア・ラ・ボンヌ・ファム:「ボヌ・ファム風のクロメスキー」。牛肉のたっぷり入ったコロッケ。

Cromesquis à la florentine
クロメスキ・ア・ラ・フロランティーヌ:「フィレンツェ風クロメスキー」。ホウレン草を入れたもので、薄いクレープで包んで

揚げたもの。

Croquette
クロケット：「クロケット」。これは日本語のコロッケの語源に当たるもので、ソースで和えた具を丸め、小麦粉、溶き卵、パン粉をつけて油で揚げたもの。

Croquettes à la viennoise
クロケット・ア・ラ・ヴィエノワーズ：「ウイーン風のクロケット」。子羊の胸腺、ハム、マッシュルームに炒めた玉葱を入れ、ヴルーテでつないで衣をつけ、油で揚げたもの。

Croquettes de bœuf
クロケット・ドゥ・ブフ：「牛肉のクロケット」。牛肉とハムを細かく刻んでベシャメルソースと卵でつなぎ、小麦粉、溶き卵、パン粉をつけて油で揚げたもの。

Croquettes de fromage
クロケット・ドゥ・フロマージュ：「チーズのクロケット」。チーズに小麦粉、溶き卵、パン粉をつけて油で揚げたもの。

Croquettes de morue
クロケット・ドゥ・モリュー：「塩鱈入りクロッケット」。塩鱈を戻して身をほぐし、ジャガイモを入れ、ベシャメルソースでつなぎ、衣をつけて揚げたもの。

Croquettes de pommes de terre
クロケット・ドゥ・ポム・ドゥ・テール：「ジャガイモのクロケット」。ジャガイモのピューレにバターと卵黄を加え、俵状にして衣をつけて揚げたもの。

Croquettes Montrouge
クロケット・モンルージュ：「モンルージュ風クロケット」。マッシュルーム、ハム、牛乳に浸した生パン粉を卵黄でつなぎ、小麦粉、溶き卵、パン粉をつけて油で揚げたもの。モンルージュはパリの郊外にある地名で、ここでマッシュルームが栽培されていたことから、マッシュルームを使った料理にモンルージュという名前が見られます。

Croustade
クルスタード：「クルスタード」。南フランス起源の暖かいアン

トレで、様々な生地のケースに詰めた料理です。

Croustades au roquefort
クルスタード・オ・ロックフォール：「ロックフォールのクルスタード」。ロックフォール・チーズを潰し、セロリの細切り、クリームと一緒にミキサーにかけ、ケースに入れて冷やしたもの。

Croustades de foie de volaille
クルスタード・ドゥ・フォワ・ドゥ・ヴォライユ：「鶏の肝臓のクルスタード」。バターでソテした鶏の肝臓にマッシュルームとエシャロットを混ぜて詰めたもの。

Croustades Montrouge
クルスタード・モンルージュ：「モンルージュ風クルスタード」。マッシュルームとエシャロットを細かく刻んで詰め、パルメザン・チーズを振りかけてグラティネ風に焼いたもの。

Croustades vert-pré
クルスタード・ヴェール・プレ：「緑野菜のクルスタード」。ジャガイモのケースに緑のアスパラガス、莢インゲン、グリンピースなどをバターで炒めてのせたもの。

Croûte
クルート：「クルート」。本来、具を詰めるためのパンやパイ生地で作ったケースのことですが、これが料理名になっていることがあります。詰め物のアントレです。多くの場合、高温でグラティネ風に焼きます。

Croûtes à la diable
クルート・ア・ラ・ディアーブル：「悪魔風のクルート」。ヨークハムとマッシュルームが材料で、生パン粉を散らしてグラティネにしたもの。ディアーブルは悪魔のことで、パン粉を振って焼いたものに付けられています。

Croûtes à la livonienne
クルート・ア・ラ・リヴォニエンヌ：「リヴォニア風クルート」。塩漬け燻製ニシンの白子を練って詰め、グラティネ風に焼いたもの。リヴォニアLivonieはバルト海に面した地方です。

Croûtes à la moelle
クルート・ア・ラ・モワール：「骨髄入りクルート」。さいの目

切りの牛の骨髄をエシャロットと一緒に煮詰めたフォンドヴォーに混ぜて、バターで焼いたパンに塗り、さらに薄切りの骨髄を塩ゆでしてのせたもの。

Croûtes à la reine
クルート・ア・ラ・レーヌ:「王妃風クルート」。生クリームを入れた鶏肉のピューレをパンに塗り、乾燥したパン粉を振りかけ、澄ましバターをかけてグラティネにしたもの。

Croûtes Brillat-Savarin
クルート・ブリヤ・サヴァラン:「ブリヤ=サヴァラン風クルート」。18世紀の食の哲学者ブリヤ=サヴァランの名のついたクルートは、子羊か子山羊の胸腺を角切りにして、マッシュルームとソテして詰めたもの。

Croûtes cardinal
クルート・カルディナル:「カルディナル風クルート」。オマールエビとトリュフを用い、生パン粉を散らしてグラティネにしたもの。カルディナルはカトリックで枢機卿と言われる高位の称号ですが、料理では海産物、とりわけオマールエビを用いたものに付けられています。

Dartois
ダルトワ:「ダルトワ」。2枚のフイユテ生地の間に具を挟んで焼いたもの。

Dartois aux anchois
ダルトワ・オ・ザンショワ:「アンチョビのダルトワ」。アンチョビを挟んで焼いたもの。

Dartois aux fruits de mer
ダルトワ・オ・フリュイ・ドゥ・メール:「海の幸のダルトワ」。ラングスティーヌ、帆立貝の貝柱、小エビなど海の幸に下味をつけてから挟んで焼いたもの。

Dolmas
ドルマ:「ドルマ」。米、肉、ナッツなどをゆでたブドウの葉で包んで、オリーヴ油で蒸し煮にしたものを冷やして食べるトルコ起源の料理です。

Empanada
エンパナーダ:「エンパナーダ」。肉、魚、野菜などをパイ生地（あるいはパン生地）に包んで揚げた餃子風のアントレ。スペインや南米の料理。

Escargot
エスカルゴ:「エスカルゴ」。エスカルゴはブルゴーニュが有名です。下処理をした身を詰めた殻にニンニクの入ったブルゴーニュバターを入れ、香草を散らして焼いたものが一般的です。

Feuilletés
フイユテ:「フイユテ」。フイユテ生地に、チーズ、ハム、海の幸などを包んで焼いたもの。

Feuilletés de foies de volaille
フイユテ・ドゥ・フォワ・ドゥ・ヴォライユ:「鳥の肝臓入りフイユテ」。鴨か鶏の肝臓を薄く切り、バターでソテし、マデイラ酒で煮込んだマッシュルームと一緒に、温めたパイケースに入れたもの。

Figues au cabécou en coffret
フィーグ・オ・カベクー・アン・コフレ:「イチジクのカベクー・チーズ詰め」。イチジクに山羊あるいは羊の乳から作ったケルスィーQuercy地方やルエルグRouergue地方産のカベクー・チーズcabécouを詰めて、フイユテ生地にのせて焼いたもの。莢インゲンとレーズンのサラダが添えられます。

Filets de hareng marinés à l'huile
フィレ・ドゥ・アラン・マリネ・ア・リュイール:「燻製ニシンのフィレの油漬け」。牛乳に漬けておいた燻製ニシンのフィレを、さらにピーナッツ油に漬けて冷やしたもの。

Flamiche aux poireaux
フラミッシュ・オ・ポワロー:「ポロ葱のフラミッシュ」。フラミッシュ（またはフラミックflamique）は、ポロ葱を入れて焼いたフランドルFlandre地方のタルト。

Flan
フラン:「フラン」。タルトの一種。

Flan à la bordelaise
フラン・ア・ラ・ボルドレーズ：「ボルドー風フラン」。牛の骨髄、ハムの赤身を入れてパン粉を散らしてグラティネにしたもの。

Flan à la florentine
フラン・ア・ラ・フロランティーヌ：「フィレンツェ風フラン」。ホウレン草を入れてグラティネにしたもの。

Flan de foies de volaille Chavette
フラン・ドゥ・フォワ・ドゥ・ヴォライユ・シャヴェット：「シャヴェット風鶏の肝臓のフラン」。鶏の肝臓とマッシュルーム、かき卵を詰めたもの。

Foie gras (de canard,d'oie)
フォワ・グラ（ドゥ・カナール, ドワ）：「（鴨、ガチョウの）フォワグラ」。フォワグラは、生を直接処理する場合と、加工されたペーストを用いる場合があります。

Dés de bloc de foie gras et salade fraîche
デ・ドゥ・ブロック・ドゥ・フォワ・グラ・エ・サラード・フレッシュ：「フォワグラと生野菜」。生野菜にフォワグラの角切りをあしらったもの。

Foie gras chaud aux pommes de terre
フォワ・グラ・ショ・オ・ポム・ドゥ・テール：「フォワグラのジャガイモ煮込み」。ゆでてさいの目に切ったジャガイモと、同じ大きさに切ったフォワグラをフライパンで煮込んだもの。

Foie gras chaud en feuille de chou
フォワ・グラ・ショ・アン・フィーユ・ドゥ・シュー：「フォワグラのキャベツ巻き」。ゆでたキャベツの葉で薄切りのフォワグラを巻き、ココット鍋にポルト酒を注いで煮たもの。

Le pressé de foie gras
ル・プレッセ・ドゥ・フォワ・グラ：「フォワグラのプレッセ」。一般にはフォワグラの上に果実のコンポート（リンゴや黒スグリなど）をのせてプレスしたものを、細長く切ってお皿に盛ったもの。

Fondues belges au fromage
フォンデュ・ベルジュ・オ・フロマージュ：「ベルギー風チーズ入り揚げ物」。ベルギーでのフォンデュはスイスのフォンデュと違って、チーズを練り込んだ生地を四角に切って油で揚げたものです。

Fritots de foies de volaille
フリト・ドゥ・フォワ・ドゥ・ヴォライユ：「鶏の肝臓のフリト」。鶏の肝臓を油で揚げたもの。

Galantine de volaille
ガランティーヌ・ドゥ・ヴォライユ：「鶏のガランティーヌ」。鶏肉、豚の肩ロース、子牛の肩肉、豚の背脂、塩牛タンなどで作った詰め物を鶏の皮に包んで煮込み、冷やしたもの。ガランティーヌは中世から伝わる料理です。

Gâteau de foie de volaille
ガトー・ドゥ・フォワ・ドゥ・ヴォライユ：「鶏の肝臓のガトー見立て」。鶏の肝臓に鶏卵、クリーム、ニンニク、ナツメグ、パセリ、コニャックを混ぜてミキサーにかけ、型に流し込んで湯煎にかけたもの。

Gougère de céleri
グジェール・ドゥ・セルリ：「セロリのグジェール」。根セロリcéleri-rave（セルリ・ラーヴ）と茎セロリcéleri branche（セルリ・ブランシュ）を細く切ってキャビア入りクリームソースcrème de caviar（クレーム・ドゥ・キャヴィアール）で和え、チーズとコショウを加えて、シューに挟んだもの。

Goyère
ゴイエール：「ゴイエール」。フリゼ生地を空焼きにして、なかにチーズ、卵、生クリームを練ったものを入れて焼いたもの。

Harengs marinés
アラン・マリネ：「ニシンのマリネ」。白ワインとヴィネガーに長時間漬けた小ぶりのニシンを、漬け汁ともどもオーヴンで熱し、そのまま冷やしたもの。

Jambon persillé
シャンボン・ペルスィエ：「ハムのパセリ包み」。塩抜きをし

たハムを、子牛の足とエシャロット、チャーヴィル、エストラゴンを白ワインで煮込んだものと一緒にテリーヌ型に入れ、パセリをたっぷり加えて冷やして固めたもの。

Koulibiac de saumon
クリビヤック・ドゥ・ソーモン：「鮭のクリビヤック」。ロシア料理で、パイ生地に米、鮭の身を包んで焼いたパテ。

Matefaim savoyard
マットファン・サヴォワイヤール：「サヴォワ風マットファン」。チーズを振りかけて焼いたクレープで、スイスとの国境にあるサヴォワ地方Savoieの料理。このmatefaimは、スペイン語の「空腹をまぎらせろ」マータ・アンブレmata hambreを、そのままフランス語に変えたものだと言われています。Mateは「やっつけろ」、faimは「空腹を」。

Melon frappé
ムロン・フラッペ：「冷やしメロン」。果肉をくり抜いたメロンの容器に、シロップで甘くした果肉にポルト酒を入れて冷やした、典型的な夏のアントレです。フラッペは氷で冷やす場合に使います。日本では夏の「カキ氷」をフラッペと言いますが、これは、フランスで白ワインを飲むときに、グラスに盛り上げるカキ氷を見て名づけたのでしょう。

Millefeuille de betterave et maigre de chèvre
ミルフィーユ・ドゥ・ベトラーヴ・エ・メーグル・ドゥ・シェーヴル：「ビーツと山羊の赤身のミルフィーユ」。火を通したビーツの薄切りの間に山羊の赤身肉をミルフィーユ風に挟んで重ねたもの。

Mousse
ムース：「ムース」。口のなかで溶け易く滑らかにしたもの。

Mousse de foie gras de canard
ムース・ドゥ・フォワ・グラ・ドゥ・カナール：「鴨のフォワグラのムース」。フォワグラのムースを型に詰めて冷やしたもの。

Mousse de lièvre aux marrons
ムース・ドゥ・リエーヴル・オ・マロン：「栗入り野ウサギのムース」。細かく挽いて裏漉しにした野ウサギの肉に、ゆでた栗を

刻んで加え、型に入れて湯煎にしてオーヴンで焼いたもの。

Mousse de poisson
ムース・ドゥ・ポワッソン：「魚のムース」。魚のフィレをムースにして型に入れて冷やしたものを、湯煎にして熱を加えた、蒲鉾まがいのアントレ。

Mousse froide de jambon
ムース・フロワッド・ドゥ・ジャンボン：「ハム入り冷製ムース」。ハムの赤身をムースにして冷やしたもの。

Noques à l'alsacienne
ノック・ア・ラルザスィエンヌ：「アルザス風のノック」。小麦粉と卵で作った団子を熱湯でポシェしたものに、パルメザン・チーズをかけたもの。

Œufs de poisson grillés
ウー・ドゥ・ポワッソン・グリエ：「魚卵のグリエ」。魚卵に塩コショウをして油を塗り、レモン汁をかけておいたものに、バターを塗ってグリエしたもの。

Pain de poisson
パン・ドゥ・ポワッソン：「魚のパン見立て」。魚のすり身に小麦粉のパナードを加えて練り、型に入れて湯煎にしてオーヴンで焼いたもの。

Pain de viande
パン・ドゥ・ヴィヤンド：「肉のパン見立て」。肉をムースにして、型に入れて湯煎にしてオーヴンで焼いたもの。

Pamplemousses aux crevettes
パンプルムース・オ・クルヴェット：「小エビ入りグレープフルーツ」。ローズエビ、キュウリ、グレープフルーツをヴィネガーで和えて、クープに盛ったもの。

Pannequet
パヌケ：「パヌケ」。刻んだ肉やピューレなどをクレープで包んで焼いたもの。

Pannequets à potage
パヌケ・ア・ポタージュ：「パヌケ入りポタージュ」。クレープに具を挟んだパヌケを型で抜いて、コンソメに浮かべたもの。

Pannequets au fromage
パヌケ・オ・フロマージュ:「チーズ入りパヌケ」。チーズを包んで焼いたもの。
Pannequets aux anchois
パヌケ・オ・ザンショワ:「アンチョビ入りパヌケ」。アンチョビをムースにして包んで焼いたもの。
Pannequets panés et frits
パヌケ・パネ・エ・フリ:「パヌケの揚げ物」。クレープに詰め物をして細長く巻き、揚げたもの。
Pastèques à la provençale
パステック・ア・ラ・プロヴァンサル:「プロヴァンス風スイカ」。冷やしスイカのワインかけ。スイカのなかに注いで冷やしたタヴェル・ワインtavelを漉して、スイカの薄切りにかけたもの。
Pâté
パテ:「パテ」。中世では具を生地で包んで焼く場合が多かったのですが、今日ではテリーヌのこともパテと言います。フランスではどこへ行ってもその地方独特のパテがあります。パテを食べ歩くのも楽しいものです。
Pâté chaud de bécassine Lucullus
パテ・ショー・ドゥ・ベカスィーヌ・リュキュリュス:「ルクルス風タシギの熱いパテ」。タシギは水鳥の一種で、これを胸から割ってなかにフォワグラを詰め、生地に包んで焼いたもの。ルクルスは食通で有名な紀元前1世紀に生きたローマの将軍ルキウス・リキニウスLucius Liciniusのことで、フォワグラやトリュフなどを使った贅沢な料理に名を残しています。
Pâté d'alouette en terrine
パテ・ダルエット・アン・テリーヌ:「ヒバリのパテ、テリーヌ風」。ヒバリを骨ごと挽いて、テリーヌ型に詰めて加熱したもの。
Pâté d'anguille
パテ・ダンギュイーユ:「ウナギのパテ」。ウナギの身を重ねて生地に包んで焼いたもの。

Pâté de foie gras truffé
パテ・ドゥ・フォワ・グラ・トリュフェ:「トリュフ入りフォワグラのパテ」。ガチョウのフォワグラにトリュフを入れたもの。

Pâté de lamproie à la bordelaise
パテ・ドゥ・ランプロワ・ア・ラ・ボルドレーズ:「ボルドー風のヤツメウナギのパテ」。ヤツメウナギのフィレにポロ葱を挟んで焼いたもの。

Pâté de lièvre
パテ・ドゥ・リエーヴル:「野ウサギのパテ」。骨を外し、コニャックでマリネした野ウサギの肉をパテにしたもの。

Pâté de porc à la hongroise
パテ・ドゥ・ポール・ア・ラ・オングロワーズ:「ハンガリー風豚のパテ」。豚の肩ロースを玉葱、マッシュルームの上にのせて生地に包んで焼いたもの。

Pâté de ris de veau
パテ・ドゥ・リ・ドゥ・ヴォー:「子牛の胸腺のパテ」。子牛の胸腺をマッシュルームの笠と一緒に生地に包んで焼いたもの。

Pâté de saumon
パテ・ドゥ・ソーモン:「鮭のパテ」。鮭の薄切りを、エシャロット、トリュフのみじん切りと合わせて包んで焼いたもの。

Pâté de veau et de jambon en croûte
パテ・ドゥ・ヴォー・エ・ドゥ・ジャンボン・アン・クルート:「子牛とハムのパテ、クルート風」。生地を敷いたパテ型に、マデイラ酒に漬けておいた子牛の内腿肉の薄切り、豚の赤身肉、ハムのそれぞれに、子牛と豚のきめの細かいファルスを塗り、トリュフやピスタッチオを散らして重ねて焼いたもの。

Pâté pantin de volaille
パテ・パンタン・ドゥ・ヴォライユ:「家禽のパテ・パンタン」。パテ・パンタンとは、型に入れずに具を生地に包んでそのまま焼いたもの。

Pflutters
プフルトゥール:「プフルトゥール」。ジャガイモの団子を湯がいたもの。アルザス地方の料理。

Pirojki
ピロシュキ：「ピロシキ」。パイ生地に、肉、魚、野菜などを包んで揚げたロシアとポーランドの料理。

Pirojki caucasiens
ピロシュキ・コーカズィアン：「コーカサス風ピロシキ」。焼いたチーズ風味のシュー生地にベシャメルソースを塗って重ね、衣をつけて油で揚げたもの。

Pirojki feuilletés
ピロシュキ・フイユテ：「フイユテ・ピロシキ」。フイユテ生地に加熱した肉や魚を具として入れ、オーヴンで焼いたもの。

Pissaladière
ピッサラディエール：「ピッサラディエール」。玉葱、オリーヴ、トマトとアンチョビをタルト生地にのせて焼いたプロヴァンス地方のタルト。

Pizza napolitaine
ピザ・ナポリテーヌ：「ナポリタン・ピザ」。ピザの発祥の地ナポリNapoliの典型的なピザで、トマト、アンチョビ、黒オリーヴ、モッツァレラ・チーズをのせて焼いたもの。

Poire Savarin
ポワール・サヴァラン：「サヴァラン風のナシ」。ナシの芯を抜いて、ロックフォール・チーズを詰めて冷やしたもの。

Potjevlesch
ポチュヴレース：「ポチュヴレース」。子牛、豚の背脂、ウサギの3種類の肉を使ったフランス北部フランドル地方のテリーヌ。

Quenelle
クネル：「クネル」。魚や肉のすり身に、つなぎとなる小麦粉をベースとしたパナードを加えて練り、紡錘形に形を調えたもの。

Quenelles de brochet
クネル・ドゥ・ブロッシェ：「川カマスのクネル」。川カマスのフィレをすり潰してパナードを加え、熱湯でポシェしたもの。

Quenelles de brochet à la florentine
クネル・ドゥ・ブロッシェ・ア・ラ・フロランティーヌ：「フィレンツェ風川カマスのクネル」。川カマスのすり身にホウレン草

を加えて焼いたもの。

Quenelles de brochet à la lyonnaise
クネル・ドゥ・ブロシェ・ア・ラ・リヨネーズ：「リヨン風川カマスのクネル」。牛のケンネ脂を入れたパナードに川カマスのすり身を加えて、オーヴンで焼いたもの。

Quenelles de brochet mousseline
クネル・ドゥ・ブロッシェ・ムースリーヌ：「川カマスのムースのクネル」。パナードとすり身に発酵クリームを加えて滑らかにしたもの。

Quenelles de brochet Nantua
クネル・ドゥ・ブロッシェ・ナンテュア：「ナンテュア風川カマスのクネル」。川カマスのクネルを、ザリガニのソースをかけ、オーヴンで焼いたもの。

Quenelles de veau
クネル・ドゥ・ヴォー：「子牛のクネル」。ケンネ脂の入ったパナードを丸めて熱湯でポシェしたもの。

Quiche lorraine
キッシュ・ロレーヌ：「ローレーヌ風キッシュ」。溶き卵と生クリーム、細かく刻んだ塩漬け豚のバラ肉を混ぜて詰めたロレーヌ地方Lorraineのキッシュ。

Ratatouille de crustacés
ラタトゥイユ・ドゥ・クリュスタセ：「甲殻類入りラタトゥイユ」。ナス、赤ピーマン、トマト、ズッキーニなどの野菜と、エビや貝を煮込んだもの。

Rissole
リッソル：「リッソル」。リッソルは中世から伝承された、具を生地に包んで油で揚げた料理のことです。

Rissoles à la fermière
リッソル・ア・ラ・フェルミエール：「農家風のリッソル」。小さな角切りにしたハムを生地に包んで揚げたもの。

Rissoles Pompadour
リッソル・ポンパドゥール：「ポンパドゥール風リッソル」。塩漬けの牛タン、トリュフ、マッシュルームを具にして、フイユテ

生地で包み揚げたもの。ルイ15世の愛妾ポンパドゥール夫人にふさわしいいかにも贅沢なリッソル。

Roquefort aux abricots et noix
ロックフォール・オ・ザブリコ・エ・ノワ：「アンズとクルミ入りロックフォール・チーズ」。ロックフォール・チーズにアンズとクルミを入れて練ったもの。

Salade
サラード：「サラダ」。もともとは塩分を加えたという意味の南フランスのsalada（サラダ）に由来します。サラダは、生野菜あるいは火を通してから冷やした野菜の料理です。オードブルやアントレだけではなく、その他の料理に合わせることもあります。名前から材料が分かるものと、分からないものに分けてみていきます。

(1) **Salade au concombre au yaourt**
サラード・オ・コンコンブル・オ・ヤウール：「ヨーグルト味のキュウリのサラダ」。塩もみをしたキュウリの薄切りにヨーグルトをかけたもの。

Salade au roquefort ou à la fourme d'Ambert
サラード・ド・ロックフォール・ウ・ア・ラ・フルム・ダンベール：「ロックフォール・チーズまたはフルムダンベール・チーズのサラダ」。グリーン・サラダの上に、ロックフォール・チーズかフルムダンベール・チーズを生クリームとコニャックで溶いてかけたもの。

Salade aux anchois à la suédoise
サラード・オ・ザンショワ・ア・ラ・スュエドワーズ：「スウェーデン風アンチョビのサラダ」。さいの目切りにした酸味の強いリンゴに、アンチョピ、固ゆで卵を刻んでかけたもの。

Salade d'asperges au saumon fumé
サラード・ダスペルジュ・オ・ソーモン・フュメ：「アスパラガスのサラダ、燻製のサーモン添え」。ゆでたアスパラガスにマスタードソースをかけ、燻製のサーモンを飾ったもの。

Salade d'épinards
サラード・デピナール：「ホウレン草のサラダ」。ゆでてから冷

水に漬けたホウレン草の水気を抜き、固ゆで卵の黄身を振りかけ、ヴィネグレット味にしたもの。あるいはベーコンの薄切りをバターで炒め、溶けた脂ともども生のホウレン草の葉にかけたもの。

Salade de betterave à la scandinave
サラード・ドゥ・ベトラーヴ・ア・ラ・スカンディナーヴ：「スカンディナヴィア風ビーツのサラダ」。火を通したビーツをさいの目に切り、玉葱の薄切り、固ゆで卵、燻製ニシンを刻んでヴィネグレットをかけたもの。

Salade de bœuf
サラード・ドゥ・ブフ：「牛肉のサラダ」。ゆでて輪切りにしたジャガイモに、トマト、玉葱と牛肉をあしらい、マスタード入りのヴィネグレットをかけたもの。

Salade de carotte à l'orange
サラード・ドゥ・キャロット・ア・ロランジュ：「ニンジンのサラダ、オレンジ味」。細くきったニンジンに玉葱、さいの目切りにしたオレンジの果肉を混ぜて冷やしたもの。

Salade de chicorée aux lardons
サラード・ドゥ・シコレ・オ・ラルドン：「ラルドン入りシコレのサラダ」。シコレ（チコリ）に、炒めた熱々の細切りの塩漬け豚を脂ごとをかけたもの。

Salade de chou rouge
サラード・ドゥ・シュー・ルージュ：「紫キャベツのサラダ」。ゆでた紫キャベツに、煮立てた赤ワインのヴィネガーをかけて浸したもの。

Salade de choucroute à l'allemande
サラード・ドゥ・シュークルート・ア・ラルマンド：「ドイツ風シュークルートのサラダ」。シュークルートに玉葱を加えて煮込み、ビーツで飾ったもの。

Salade de haricots verts
サラード・ドゥ・アリコ・ヴェール：「莢インゲンのサラダ」。固めにゆでた莢インゲンに生の小玉葱をあしらい、ヴィネグレットをかけたもの。

Salade de lentilles tiède
サラード・ドゥ・ランティーユ・ティエード:「レンズ豆の温かいサラダ」。固めに煮たレンズ豆に、炒めた塩漬け豚のバラ肉の細切りを盛りつけてヴィネグレットをかけたもの。

Salade de pissenlit au lard
サラード・ドゥ・ピサンリ・オ・ラール:「タンポポと塩漬け豚バラ肉のサラダ」。塩漬け豚のバラ肉を炒め、タンポポの葉の上にのせ、ヴィネグレットをかけたもの。

Salade de saucisson chaud de canard
サラード・ドゥ・ソシッソン・ショ・ドゥ・カナール:「熱い鴨のソーセージのサラダ」。鴨のソーセージを加熱してほぐし、サラダ菜の上に盛り付けたもの。

Salade de topinambours aux noisettes
サラード・ドゥ・トピナンブール・オ・ノワゼット:「ヘーゼルナッツ風味のキクイモのサラダ」。キクイモを白ワインを入れた水で煮て、薄く切り、ヘーゼルナッツを散らして、マスタードとレモンの入ったヴィネグレットで和えたもの。

Salade de volaille à la chinoise
サラード・ドゥ・ヴォライユ・ア・ラ・シノワーズ:「中華風家禽のサラダ」。鴨肉、椎茸、モヤシを使ったサラダ。

⑵ Salade Ali-Bab
サラード・アリ・バッブ:「アリ=バッブ 風サラダ」。エビの剥き身と香草を刻んで、マヨネーズで和えたもの。アリ=バッブは鉱山技師で、『実践的美食学』を書いたアンリ・バルビンスキー Henri Barbinsky(1855-1907)のペンネーム。

Salade américaine
サラード・アメリケーヌ:「アメリカ風サラダ」。サラダ菜を敷いたクープに、パイナップル、コーン、キュウリ、鶏の胸肉などを盛り付けたもの。

Salade bretonne
サラード・ブルトンヌ:「ブルターニュ風サラダ」。クレソンに、炒めて脂肪分を溶かした塩漬け豚を脂ごと注ぎ、ヴィネガーを振りかけたもの。

Salade Carbonara
サラード・カルボナーラ:「カルボナーラ風サラダ」。マカロニをマヨネーズで和えたサラダ。

Salade de crudités
サラード・ドゥ・クリュディテ:「生野菜のサラダ」。トマト、レタス、セロリ、ビーツ、ピーマン、オリーヴなどを皿に盛ってヴィネグレットをかけたもの。なおメニューにcrudités とあったら、生野菜のことです。

Salade demi-deuil
サラード・ドゥミ・ドゥイユ:「ドゥミ=ドゥイユ・サラダ」。ゆでてから薄く切ったジャガイモにトリュフを細く刻んで入れ、クリームで和えたサラダ。

Salade Du Barry
サラード・デュ・バリ:「デュ・バリ風サラダ」。白いカリフラワー、ラディッシュ、クレソンのサラダ。

Salade Montfermeil
サラード・モンフェルメイユ:「モンフェルメイユ風サラダ」。マスタード風味をきかせたサルシフィ(salsifis西洋白ゴボウ)とジャガイモのサラダ。モンフェルメイユはパリの近郊、セーヌ=エ=ワーズ県Seine-et-Oiseの小村。

Salade niçoise
サラード・ニソワーズ:「ニース風サラダ」。日本でもよく知られているサラダ菜、トマト、固ゆで卵、ピーマン、アンチョビなどを入れたもの。

Salade Rachel
サラード・ラッシェル:「ラッシェル風サラダ」。セロリ、ジャガイモ、アンティチョークのマヨネーズ和え。ラッシェルとは、名悲劇女優といわれ、美食家ヴェロンVéron (1798-1867) の愛人であったエリザベット・フェリクスElisabeth Félix (1821-1858) の芸名。

Salade reine Pédauque
サラード・レーヌ・ペドーク:「レーヌ・ペドーク風サラダ」。サラダ菜にサクランボとオレンジをあしらったもの。レーヌ・ペ

Salade russe
サラード・リュッス:「ロシア風サラダ」。ジャガイモ、ニンジン、カブ、莢インゲン、グリンピースをマヨネーズで和え、塩漬け牛タン、トリュフ、オマールエビの身で飾ったもの。

Soufflé
スフレ:「スフレ」。すり潰した具を型に入れてオーヴンで焼き、生地が膨れて型よりも盛り上がった状態になったもの。

Soufflé à la volaille
スフレ・ア・ラ・ヴォライユ:「家禽のスフレ」。鶏、鳩、七面鳥などの家禽の肉を使ったもの。

Soufflé au crabe
スフレ・オ・クラブ:「カニの身のスフレ」。ゆでたカニの肉をピューレ状にして、ベシャメルソース,小麦粉,牛乳と合わせ、卵黄と泡立てた卵白を混ぜて型に入れてオーヴンで焼いたもの。

Soufflé au gibier sauce Périgueux
スフレ・オ・ジビエ・ソース・ペリグー:「ジビエのスフレ、ペリグーソースかけ」。火を通したキジや山ウズラの肉をすり潰してピューレ状にし、ベシャメルソースと卵黄を加え、裏漉しにして固く泡立てた卵白を混ぜて型に入れ、オーヴンで焼いたもの。マデイラソースにトリュフを入れたものがペリグーソース。

Soufflé aux foies de volaille
スフレ・オ・フォワ・ドゥ・ヴォライユ:「鶏の肝臓のスフレ」。バターでソテした鶏の肝臓とエシャロット、パセリの葉をピューレにしてベシャメルソースを加え、スフレにしたもの。

Soufflé de cervelle à la chanoinesse
スフレ・ドゥ・セルヴェル・ア・ラ・シャノワネス:「シャノワネス風子牛の脳味噌のスフレ」。クールブイヨンで煮た子牛の脳味噌をピューレ状にして、パルメザン・チーズやトリュフを入れたもの。シャノワネスというのはアンシアン・レジーム下の教会参事会員資格を持つ修道女のことで、彼女たちが食べていたような贅沢な料理につけられています。

Soufflé de poisson au cresson
スフレ・ドゥ・ポワッソン・オ・クレソン：「魚のスフレ、クレソンソースかけ」。白身の魚をミキサーにかけ、卵黄、生クリーム、バター、パセリ、レモン汁を混ぜたものに、撹拌した卵白を入れて焼き、白ワインでゆでたクレソンを潰して作ったクリームソースをあしらったもの。

Subrics
シュブリック：「シュブリック」。シュブリックは語源的にはレンガの上で焼いた（sur les briquesシュル・レ・ブリック）という意味で熱々のものを言います。

Subrics d'épinards
シュブリック・デピナール：「ホウレン草のシュブリック」。ホウレン草を塩ゆでして、冷ましてから細かく刻み、煮詰めたベシャメルソース、溶き卵と卵黄を混ぜて完全に熱を取り去り、これを円盤型にして両面をバターで焼いたもの。

Subrics de pommes de terre
シュブリック・ドゥ・ポム・ドゥ・テール：「ジャガイモのシュブリック」。ジャガイモをさいの目に切ってゆがき、ベシャメルソースを加え、冷めてから溶き卵と卵黄を加えて、両面をバターで焼いたもの。

Talmouse à l'ancienne
タルムーズ・ア・ランスィエンヌ：「昔風タルムーズ」。フイユテ生地にチーズを包んで焼いたもの。

Tarte
タルト：「タルト」。甘いものはアントルメですが、塩味のきいたものは、アントレとして出されます。

Tarte à l'oignon
タルト・ア・ロニョン：「玉葱入りタルト」。薄く切った玉葱を炒め、小麦粉と卵黄を混ぜ、フイユテ生地に入れて焼いたもの。

Tarte au fromage blanc
タルト・オ・フロマージュ・ブラン：「クリームチーズ入りタルト」。やわらかいクリームチーズを入れたもの。

Tarte cauchoise
タルト・コショワーズ:「コー風タルト」。玉葱と肉の残り物を入れたもの。コーCauxはノルマンディのセーヌ川河口地域。

Tartelette Agnès Sorel
タルトレット・アニェス・ソレル:「アニェス・ソレル風タルトレット」。楕円形のタルトで、薄切りの鶏の胸肉と塩漬け牛タンを周りに飾った、鶏肉のピューレのタルト。アニェス・ソレル (1422?-1450) は国王シャルル7世 (1403-1461) の愛妾で、国王の寵愛を受けるために当代随一の料理人を雇ってご馳走を振舞ったと言われている人物。

Terrine
テリーヌ:「テリーヌ」。型に入れて作ったパテ。

Terrine de caneton
テリーヌ・ドゥ・カヌトン:「子鴨のテリーヌ」。テリーヌ型に豚の網脂、子鴨の腿肉、玉葱、オレンジの皮を挽いたファルス、コニャックでマリネした細長く切った子鴨の胸肉と豚の背脂を入れて、湯煎にかけて焼いたもの。

Terrine de champignons forestière
テリーヌ・ドゥ・シャンピニョン・フォレスティエール:「マッシュルームの森番風テリーヌ」。ジャガイモ、マッシュルーム、マヨネーズが層になった素朴なテリーヌ。

Terrine de sole
テリーヌ・ドゥ・ソール:「舌ビラメのテリーヌ」。舌ビラメのフィレに、コショウ、スパイス、バターと混ぜた刻んだパセリを塗って重ねて蒸したもの。

Terrine de veau en gelée aux petits légumes printaniers
テリーヌ・ドゥ・ヴォー・アン・ジュレ・オ・プティ・レギューム・プランタニエ:「子牛と春野菜のテリーヌ、ジュレ固め」。ゆでたグリンピース、ズッキーニ、ニンジンを、クールブイヨンで煮て冷まし、切り分けた子牛の内腿肉と合わせてジュレで固めたもの。

Timbale
タンバル:「タンバル」。空焼きにした円いクルートに具を詰めたアントレ。

Petites timbales à la piémontaise
プティット・タンバル・ア・ラ・ピエモンテーズ:「ピエモンテ風小型のタンバル」。タンバルの内側に塩漬け牛タンを貼り、白いトリュフを混ぜたリゾットを入れて湯煎で火を通したもの。

Timbale de pâtes à la bolonaise
タンバル・ドゥ・パート・ア・ラ・ボロネーズ:「パスタのタンバル、ボローニャ風」。ゆでた貝殻形のパスタを、マッシュルーム、ニンニク、エシャロット、パセリ、ハムと炒めてタンバルに入れ、チーズをかけてオーヴンで焼いたもの。

Timbales de sandre aux écrevisses et mousseline de potiron
タンバル・ドゥ・サンドル・オ・ゼクルヴィッス・エ・ムスリーヌ・ドゥ・ポティロン:「ザリガニ入りのサンドルのタンバル、カボチャのムースかけ」。タンバルケースにサンドルの身をすってクリームを混ぜたムース、ゆでたザリガニの身を加えたジャガイモとカボチャのピューレを詰め、さらにサンドルのムースを上にのせてオーヴンで焼いたもの (Cf. Sandre, p.76)。

Tomate farcie
トマート・ファルスィ:「トマトのファルシ」。トマトのファルシには、温製と冷製の両方があります。

Tomates farcies chaudes à la bonne femme
トマート・ファルスィ・ショード・ア・ラ・ボンヌ・ファム:「温製トマトのファルシ、ボンヌ・ファム風」。豚の挽肉、玉葱、生パン粉、パセリをくり抜いたトマトに詰めて、パン粉を振ってバターをかけ、オーヴンで焼いたもの。

Tomates farcies chaudes en nid
トマート・ファルスィ・ショード・アン・ニ:「温製トマトのファルシ、巣篭もり見立て」。くり抜いたトマトに卵を落とし、オーヴンで焼いたもの。

Tomates farcies froides à la crème et aux ciboulettes
トマート・ファルスィ・フロワッド・ア・ラ・クレーム・エ・オ・スィブレット：「シブレット葱とクリーム入り冷製トマトのファルシ」。果肉をくり抜いたトマトに、シブレット葱、ニンニク、生クリーム、レモンを合わせたものを詰め、冷やしたもの。

Tomates farcies froides au thon
トマート・ファルスィ・フロワッド・オ・トン：「冷製トマトのファルシ、マグロ風味」。香草、レモンの果肉、マグロの油漬けをマヨネーズと和えて、トマトに詰め、オリーヴの実をのせて冷やしたもの。

Tourte
トゥルト：「トゥルト」。タルトと同じで、地方色豊かな料理。円形の生地に具を入れ、同じ生地で蓋をして焼いたもの。

Tourte de grives à la pergourdine
トゥルト・ドゥ・グリーヴ・ア・ラ・ペルグルディーヌ：「ペリゴール風のツグミのトゥルト」。背開きにしたツグミにフォワグラのテリーヌを詰め、マデイラ酒で蒸し煮にして、トゥルト生地ケースに入れ、子牛肉のクネルとトリュフを加え、蓋をして焼いたもの。

Tourte de truffes à la pergourdine
トゥルト・ドゥ・トリュフ・ア・ラ・ペルグルディーヌ：「ペリゴール風のトリュフのトゥルト」。生のフォワグラの薄切りとトリュフを生地ケースに入れてマデイラ酒の風味をつけて焼いたもの。先史時代のラスコーLascauxの壁画やクロ・マニョン人Cros-magnonsで知られるドルドーニュ川La Dordogne流域のペリゴール地方Périgordは、鴨やトリュフの産地としても有名な所です。

Tourtière saguenéenne
トゥルティエール・サグネエンヌ：「サグネ風トゥルティエール」。牛の赤身肉、豚の肩肉、ジャガイモを使ったトゥルト。サグネSaguenayとはカナダのケベック州を流れるセント・ローレンス川の支流。

Vol-au-vent financière
ヴォ・ロ・ヴァン・フィナンスィエール：「フィナンシエール風ヴォ=ロ=ヴァン」。円い大きなフイユテ生地を焼いてケースを作り、なかに子牛の胸腺、鶏のクネル、マッシュルームなどをマデイラ酒で煮込んで詰めたもの。

4

Poisson
～魚～

コースとしてのフランス料理では、アントレに続いて魚料理が供されます。

　確かにフランスは肉食の国ですが、中世以来魚は人々の食生活にきわめて重要な位置を占めてきました。特に宗教上肉食が許されなかった「肉断ちの日」ジュール・メーグルjour maigreは年間を通して少なくはなく、人々はもっぱら魚を食べました。川や湖や池で、あるいは近海で捕獲された魚だけでは足りず、大量の魚が、特にニシンや鱈が、塩漬け、干物、燻製という形で輸入されていました。フランスの魚料理はそんな状況のなかで磨かれてきました。

　魚は種類も多く、地方によって呼び方が異なっていることもあるので、とても複雑で、特定することが困難なものも少なくありません。また一般に魚は淡水魚ポワッソン・ドー・ドゥースpoissons d'eau douceと海水魚ポワッソン・ドゥ・メールpoissons de merに分けられ、市場でも売り場が異なっています。ここでは淡水産の魚と海水産の魚に分け、フランス料理では魚の範疇に入るエスカルゴやカエルの料理も見ていくことにします。

4-1 淡水産の魚介類

Alose
アローズ:「アローズ」。ニシン科の回遊魚で、純粋な淡水魚ではありません。大西洋に注ぐロワール川、地中海に注ぐローヌ川を遡上する大型のグランド・アローズgrande alose、フランス南西部で大西洋に注ぐアドゥール川の河口で獲れる小型のアローズ・ファントalose finteと2種類に分けられています。釣魚図鑑ではグランド・アローズのなかでもローヌ川で獲れるものをローヌ川のアローズAlose du Rhôneアローズ・デュ・ローヌと呼んで、他の大型の並みのアローズAlose vulgaireアローズ・ヴュルゲールと区別をしています。

Alose au plat
アローズ・オ・プラ:「皿焼きアローズ」。腸を抜いたアローズにパセリおよびエシャロットのみじん切りとバターを詰めて、皿にのせたまま焼いたもの。

Alose aux betteraves et à l'estragon
アローズ・オ・ベットラーヴ・エ・ア・レストラゴン:「アローズのビーツとエストラゴン風味」。ワイン・ヴィネガーで和えたゆでて細かく切ったビーツと刻んだエストラゴンの上に、オリーヴ油で焼いたアローズのフィレをのせたもの。

Alose grillée à l'oseille
アローズ・グリエ・ア・ロゼイユ:「アローズのグリエ、オゼイユ添え」。腸を抜き、香草やレモンでマリネしたアローズを丸のまま焼いて、火を通したオゼイユ(スイバ)をあしらったもの。

Anguille
アンギュイーユ:「ウナギ」。ウナギは中世から食卓を賑わせた食材です。ヨーロッパではウナギの燻製もあります。最も一般的な食べ方はフイユテ生地に塩ゆでしたウナギを固ゆで卵と重ね、白ワインを入れて包んで焼いたパテです。

Anguille à l'anglaise en brochettes
アンギュイーユ・ア・ラングレーズ・アン・ブロシェット:「イ

ギリス風ウナギの串焼き」。筒切りにしてマリナードに漬けたウナギに小麦粉、卵、パン粉をつけ、ベーコンの脂身と交互に串に刺して焼いたもの。

Anguille à la bière
アンギュイーユ・ア・ラ・ビエール：「ウナギのビール煮込み」。皮を剥いたウナギを筒切りにし、小麦粉をつけてバターと油で焦げ目をつけ、ビールと茶色いフォンで煮込んだもの。

Anguille à la provençale
アンギュイーユ・ア・ラ・プロヴァンサル：「プロヴァンス風のウナギ」。玉葱とオリーヴ油で炒めたウナギを、白ワインとトマトで煮込んだもの。

Anguille au vert
アンギュイーユ・オ・ヴェール：「ウナギの緑のソースかけ」。ホウレン草とオゼイユを入れて、白ワインで煮込んだもの。

Ballottine chaude d'anguille à la bourguignonne
バロティーヌ・ショード・ダンギュイーユ・ア・ラ・ブルギニョンヌ：「ウナギの温製バロティーヌ、ブルゴーニュソースかけ」。骨を抜いたウナギに詰め物をして巻いて蒸し、赤ワインのソースをかけたもの。

Matelote d'anguille à la meunière
マトゥロット・ダンギュイーユ・ア・ラ・ムニエール：「ウナギのマトロット、ムニエル風」。皮を剥いて筒切りにしたウナギをワインで蒸し煮にし、とろみのあるソースをかけたもの。マトゥロットは水夫（matelotマトゥロ）に由来するワイン蒸し。

Bondelle
ボンデル：「ボンデル」。スイスのヌシャテル湖などに棲息する淡水産の白身の鮭。

Filets de bondelle à la neufchâteloise
フィレ・ドゥ・ボンデル・ア・ラ・ヌシャトロワーズ：「ボンデルのフィレのヌシャテル風」。ボンデルのフィレを、スイスのヌシャテルNeufchâtel産のロゼワインで煮たもの。

Brochet
ブロシェ：「川カマス」。口の大きい、獰猛な面構えですが、昔

から美味で知られています。平均35センチから70センチで、川カマス科の魚です。

Brochet au beurre blanc
ブロシェ・オ・ブール・ブラン：「川カマスのブール・ブランかけ」。川カマスを、一旦冷やしたクールブイヨンcourt-bouillon（スパイスや香味野菜の入ったブイヨン）で煮て、ブール・ブラン（エシャロットを酢で煮てバターと混ぜたもの）をかけたもの。

Brochet au gratin
ブロシェ・オ・グラタン：「川カマスのグラタン風」。小麦粉をまぶしてバターで焼いた川カマスをマッシュルーム、パセリと一緒にグラタン皿に入れ、沸騰させた白ワインを注いでオーヴンで焼いたもの。

Filets de brochet chablisienne
フィレ・ドゥ・ブロシェ・シャブリズィエンヌ：「川カマスのフィレのシャブリ風味」。エシャロット、マッシュルームを刻んでフィレの上にのせ、上等のシャブリ・ワインchablisを振りかけ、クリーム風味にバターで焼いたもの。

Quenelles de brochet
クネル・ドゥ・ブロシェ：「川カマスのクネル」（Cf. Quenelle, p.57）。

Carpe
カルプ：「鯉」。鯉も中世からよく食べられた淡水魚で、鱒トリュイットtruiteは尾が美味く、鯉は頭が美味いと言われていました。

Carpe à la bière
カルプ・ア・ラ・ビエール：「鯉のビール煮込み」。鯉の腸を取り出し、玉葱の薄切りの上にのせてバターで蒸し煮にし、耐熱皿に入れてビールを注ぎオーヴンで火を通し、クールブイヨンで煮た白子をあしらったもの。

Carpe à la Chambord
カルプ・ア・ラ・シャンボール：「鯉のシャンボール風」。鯉を赤ワインで煮込み、マッシュルームやトリュフをあしらったもの。シャンボールはルネサンス初期の名城。

Carpe à la chinoise
カルプ・ア・ラ・シノワーズ：「鯉の中華風」。筒切りにして油で十分に揚げた鯉を玉葱、ショウガを入れた甘酢で煮込んだもの。

Carpe en gelée à la juive
カルプ・アン・ジュレ・ア・ラ・ジュイーヴ：「鯉の煮凝り、ユダヤ風」。筒切りにした鯉を、腹子の卵と一緒に煮込んで、ジュレで固めたもの。

Côtelettes de carpe
コットレット・ドゥ・カルプ：「鯉の骨付き切り身」。鯉の骨をつけて切り身にして、小麦粉をまぶし、バターで焼き、マッシュルーム入りのソースをかけたもの。

Filets de carpe façon meurette
フィレ・ドゥ・カルプ・ファソン・ムーレット：「鯉のムーレット風」。レモン、オレンジ、玉葱、ヴィネガーのマリナードに漬けておいた鯉のフィレを、魚の煮汁（フュメfumet）と赤ワインで煮込み、潰した焼きナスの果肉を添えて、マリナードを煮詰めたソースをかけたもの。

Écrevisses
エクルヴィッス：「ザリガニ」。日本では淡水産のザリガニは食べませんが、ヨーロッパでは中世から一般的な食材でした。17、18世紀頃から高級食材として扱われるようになりました。

Buissons d'écrevisse
ビュイッソン・デクルヴィッス：「ザリガニのピラミッド盛り」。香草の入ったブイヨンでゆでたザリガニを、ナプキンを使ってピラミッド風に盛り飾ったもの。

Écrevisses à la bordelaise
エクルヴィッス・ア・ラ・ボルドレーズ：「ザリガニのボルドー風」。頭を残し、背のワタと殻を取ったザリガニを赤くなるまでバターでソテし、コニャックでフランベしてから野菜のブイヨンで煮て、クリーム風の味にしたもの。

Écrevisses à la crème
エクルヴィッス・ア・ラ・クレーム：「ザリガニのクリーム風

味」。ザリガニをバターで色づくまで炒め、刻んだニンジンとエシャロット、白ワイン、生クリーム、香草、トマトピューレを加えて煮込んだもの。

Écrevisses à la nage
エクルヴィス・ア・ラ・ナージュ：「ザリガニのア・ラ・ナージュ」。香草風味をきかせたブイヨンで煮たもの。

Escabèche de féra du lac
エスカベッシュ・ドゥ・フェラ・デュ・ラック：「湖水産の鮭のエスカベッシュ」。小骨を抜いた鮭のフィレをオリーヴ油で軽く焼き、ソテした玉葱、ニンジン、トマトを飾り、煮詰めたシェリー・ヴィネガーをかけてマリネにしたものにバジリコ入りの手打ちのスパゲッティをあしらったもの。エスカベッシュはスペイン起源の料理で、「アジの南蛮漬け」のように、小魚などを油で揚げてから香りや味の濃いマリナードに漬けたものです。

Lamproie
ランプロワ：「ヤツメウナギ」。ウナギと並んで中世では頻繁に食べられていました。血を捨てずに利用するのが特徴です。

Lamproie à la bordelaise
ランプロワ・ア・ラ・ボルドレーズ：「ボルドー風ヤツメウナギ」。皮と中骨を取り去って筒切りにしてボルドーの赤ワインで煮込み、血を煮汁に加えて煮詰め、ソースにしたもの。

Matelote
マトゥロット：「マトロット」。魚を、香草を入れた白ワインや赤ワインで蒸し煮にしたものを言います。(Cf. Anguille, p.72)。

Meurette de poisson
ムーレット・ドゥ・ポワッソン：「川魚のムーレット」。川魚をマール・ブランデー（ブドウの搾りかすマールmarcで作ったブランデー）でフランベして、ブルゴーニュの赤ワインで煮込んだマトロットのこと。ブルゴーニュ地方の料理。

Omble chevalier
オンブル・シュヴァリエ：「イワナ」。平均25-50センチのアルプスに棲むイワナ。

Omble chevalier à l'ancienne
オンブル・シュヴァリエ・ア・ランスィエンヌ：「昔風のアルプスイワナ」。セップ茸をのせて、サヴォワ産のクレピ・ワインCrépyで煮込んだもの。

Omble chevalier à la crème
オンブル・シュヴァリエ・ア・ラ・クレーム：「クリーム味のアルプスイワナ」。牛乳に通し、小麦粉をつけ、バターで焼き、ニンニクとパセリを入れ、煮立てたクリームをかけたもの。

Perche
ペルシェ：「パーチ」。中世の昔から食膳を飾るスズキ科の淡水魚で、体長平均25-35センチ。縞模様のある魚です。

Filets de perche à la piémontaise
フィレ・ドゥ・ペルシュ・ア・ラ・ピエモンテーズ：「パーチのフィレ、ピエモンテ風」。リゾットの上にバターで焼いたパーチをのせたもの。ピエモンテPiémonteはイタリアの北西部。

Perche rôtie à la broche
ペルシュ・ロティ・ア・ラ・ブロッシュ：「パーチの串焼き」。細い串に刺したパーチを溶かしバターをかけながら炭火で焼いたもの。

Pochouse
ポシューズ：「ポシューズ」。ブルゴーニュ地方の川魚のワイン煮込み料理のこと（マトロットと同じ）。

Sandre
サンドル：「サンドル」。淡水産のスズキで、川カマスと同じく大型の白身の魚です。体長1メートルを越すものもいます。

Sandre grillé au cardon, filet d'huile d'olive et citron
サンドル・グリエ・オ・カルドン・フィレ・デュイール・ドリーヴ・エ・スィトロン：「オリーヴとレモン風味のサンドルのグリエ、カルドン添え」。ニンニク、レモン、オリーヴ油にマリネしておいた切り身を網で焼いて、煮込んだカルドン（朝鮮アザミ）の上にのせたもの。

Saumon
ソーモン：「鮭」。鮭は純粋な淡水魚ではありませんが、魚のな

かでは、最もポピュラーで、料理の種類も多い素材です。

Chaud-froid de saumon
ショ・フロワ・ドゥ・ソーモン：「鮭のショフロワ」。筒切りにした鮭をまず煮込み、その煮汁のなかで冷ましたもの。ショフロワ（原義は「熱い＝冷たい」）は、熱を加えた料理を冷まして、ジュレなどでつやを出して供する料理のことをいいます。

Côtelettes de saumon à la florentine
コトレット・ドゥ・ソーモン・ア・ラ・フロランティーヌ：「フィレンツェ風鮭のコットレット」。筒切りを半分に切って煮込んだ鮭に、刻んで炒めたホウレン草をのせたもの。

Côtelettes de saumon glacées au chambertin
コットレット・ドゥ・ソーモン・グラセ・オ・シャンベルタン：「シャンベルタン風味の鮭の冷製コットレット」。煮汁にシャンベルタン・ワインchambertinを加えて煮込んで冷やし、煮汁でジュレを作り散らしたもの。

Côtelettes de saumon Pojarsky
コットレット・ドゥ・ソーモン・ポジャルスキー：「ポジャルスキー風鮭のコットレット見立て」。生の鮭の身とパンを合わせて挽いたものでコットレットをまねたコロッケ。ポジャルスキーはロシアの皇帝ニコライ1世が贔屓にした宿屋の主人の名前。

Darnes de saumon Nantua
ダルヌ・ドゥ・ソーモン・ナンテュア：「ナンテュア風鮭のダルヌ」。鮭の筒切りを煮てザリガニのソースをあしらったもの。

Saumon en croûte
ソーモン・アン・クルート：「鮭のパイ包み焼」。鮭丸々一尾をフイユテ生地で包み、上側に模様をつけて卵黄を塗って焼いたもの。

Saumon en vessie de porc
ソーモン・アン・ヴェスィ・ドゥ・ポール：「鮭の豚の膀胱包み」。よく洗った豚の膀胱に、鮭、輪切りのズッキーニ、ニンジン、白ワイン、コショウ、クリームなどを詰めて口を縛り、煮込んだもの。

Saumon froid à la sauce mousseline au cresson
ソーモン・フロワ・ア・ラ・ソース・ムスリーヌ・オ・クレッソン：「冷たい鮭のクレソンソース風味」。鮭の輪切りを香草の煮汁で煮て冷まし、クレソン入りのクリームソースを腹に詰めたもの。

Saumon glacé à la parisienne
ソーモン・グラセ・ア・ラ・パリズィエンヌ：「パリ風冷やし鮭」。一尾丸ごと煮込んだ鮭を煮汁のなかで冷ましてから取り出して皮を剥き、ゼラチンを加えた煮汁をかけながら冷やしたもの。

Saumon mariné
ソーモン・マリネ：「鮭のマリネ」。鮭のフィレを斜めに薄く切り、オリーヴ油とレモン汁でマリネして、マスタード入りのクリームソースを添えたもの。

Suprême de saumon de l'Atlantique
シュプレーム・ドゥ・ソーモン・ドゥ・ラトランティーク：「大西洋産の鮭のシュプレーム」。薄く切ったフィレで小エビと帆立貝のムースを包み、さらにローマレタスで包んで蒸したもの。

Waterzoï de saumon et de brochet
ワーテルゾイ・ドゥ・ソーモン・エ・ドゥ・ブロシェ：「鮭と川カマスのワーテルゾイ」。鮭と川カマスを一緒に煮込んで、クリーム味に仕上げたもの。フランドル地方Flandreの料理。

Truite
トリュイット：「鱒」。鱒は棲息する場所によって大きさが違います。川に棲む鱒は最大でも70センチほどですが、湖のものは1メートルを越えるものもあり、標高の高いところでは20センチ前後にしか成長しません。現在は養殖ものが出回っています。鯉と違って鱒は尾が美味であると言われています。

Truite de rivière au Riesling
トリュイット・ドゥ・リヴィエール・オ・リースリング：「川鱒のリースリング煮込み」。ココット鍋にマッシュルームとエシャロットのみじん切りを敷いて鱒を入れ、リースリングに浸して煮込んだもの。付け合せはクレソン入りのマッシュポテト。

Truite meunière
トリュイット・ムニエール：「鱒のムニエル」。小麦粉をつけてバターで焼き、パセリとレモンを添えたもの。

Truite saumonée Beauharnais
トリュイット・ソモネ・ボーアルネ：「サーモンピンク色の鱒、ボーアルネ風」。トリュイット・ソモネは身がサーモンピンク色の鱒のこと。この鱒に、鱈の身をすり潰したものを詰めて、白ワイン入りの煮汁で煮込んだもの。ボーアルネとはナポレオン・ボナパルトNapoléon Bonaparte（1769-1821）の最初の后ジョゼフィーヌJoséphineの前夫ボーアルネ子爵Vicomte Beauharnais。

Truites à la bourguignonne
トリュイット・ア・ラ・ブルギニョンヌ：「ブルゴーニュ風の鱒」。マッシュルームの笠、玉葱、ニンジンの薄切りを入れて赤ワインで煮込んだもの。

Truites au bleu
トリュイット・オ・ブルー：「鱒のオ・ブルー」。酢をたっぷり入れて沸騰させたお湯で鱒を煮てから取り出し、生のパセリを添えて溶かしバターをかけるごく一般的な料理。オ・ブルーというのは酢を入れて煮ると鱒の肌が青く変色するため。

Truites aux amandes
トリュイット・オ・ザマンド：「鱒のアーモンド風味」。小麦粉をまぶしバターで焼いた鱒に、アーモンド、バター、酢で作ったソースをかけたもの。

Truites frites
トリュイット・フリット：「鱒のフライ」。小ぶりの鱒の内臓を抜き、小麦粉を振って油で揚げたもの。

4-2　海水産の魚介類

Anchois
アンショワ：「カタクチイワシ、アンチョビ」。塩漬けにしたアンチョビは、南仏料理には欠かせませんが、生のカタクチイワシ

も食材として用いられます。

Anchois frits
アンショワ・フリ：「生のカタクチイワシのフライ」。頭を落として内臓を抜いた生のカタクチイワシを牛乳に浸して小麦粉をまぶし、高温の油で揚げたもの。

Anchois marinés
アンショワ・マリネ：「生のカタクチイワシの南蛮漬け」。塩を振った生のカタクチイワシをそのまま油で揚げ、玉葱、ニンニクを炒め、酢と水を加えて煮た熱いマリナードに長時間漬けたもの。

Filets d'anchois à la silésienne
フィレ・ダンショワ・ア・ラ・スィレズィエンヌ：「アンチョピのフィレのシレジア風」。ポシェしたニシンの白子をムースにしてエシャロットやパセリと合わせた上に、マリネにしたアンチョピのフィレをのせたもの。シレジアSilésieはポーランドの地方名。

Filets d'anchois à la suédoise
フィレ・ダンショワ・ア・ラ・スュエドワーズ：「アンチョピのフィレ、スウェーデン風」。リンゴとゆでたビーツの上に、塩出しをして細く切ったアンチョピのフィレをのせ、ゆで卵とパセリをあしらったもの。

Anon
アノン：「メルルーサ」。バス・ノルマンディとブルターニュではメルルーサのことをアノンと呼んでいます。

Filets d'anon façon grenouilles
フィレ・ダノン・ファソン・グルヌイユ：「メルルーサのフィレ、カエル見立て」。メルルーサのフィレを5センチ角に切って鍋に入れ、フュメと白ワインで煮込み、ゆでてバターで色付けをした皮付きの小粒のジャガイモを添えたもの。

Attereaux à la niçoise
アトゥロー・ア・ラ・ニソワーズ：「ニース風の串揚げ」。オリーヴ、マッシュルーム、マグロの切り身、塩出しをしたアンチョピを串に刺して衣とパン粉をつけて揚げたもの。

Bar
バール:「スズキ」。地中海で多く獲れる海スズキ。プロヴァンス地方では、ルーloup（狼）とも呼ばれています。

Bar à la provençale
バール・ア・ラ・プロヴァンサル:「プロヴァンス風スズキ」。小ぶりのスズキをオリーヴ油で揚げ、玉葱、ニンニク、トマトと白ワインで作ったソースをかけ、生パン粉と油を振りかけてグラタンにしたもの。

Bar aux petits oignons frais
バール・オ・プティ・ゾニョン・フレ:「スズキの生小玉葱添え」。スパイスのきいたレモン汁とオリーヴ油に浸したスズキを、トマト、玉葱、マッシュルーム、潰したニンニクを入れたオーヴン皿にのせ、マリナード、フュメ、白ワインをかけて焼いたもの。

Bar grillé
バール・グリエ:「スズキのグリエ」。スズキにオリーヴ油を塗り、グリエしたもの。

Barbue
バルビュ:「ヒラメ」。白身で癖のないヒラメやカレイは、フランス料理ではよく使われます。このヒラメは地中海ではほとんど獲れず、もっぱら大西洋岸の魚と言われています。

Barbue à la bonne femme
バルビュ・ア・ラ・ボヌ・ファム:「ボヌ・ファム風（料理上手のおばあさん）ヒラメ」。エシャロット、マッシュルームの笠、パセリをみじん切りにして、その上にヒラメをのせて、フュメと白ワインを注いで煮込み、オーヴンで仕上げたもの。

Barbue à la dieppoise
バルビュ・ア・ラ・ディエポワーズ:「ヒラメのディエップ風」。ヒラメのワイン蒸しに、ムール貝と小エビの入ったホワイトソースをかけたもの。ディエップDieppeはフランス北部大西洋岸の港町。

Barbue au chambertin
バルビュ・オ・シャンベルタン:「ヒラメのシャンベルタン風

味」。ヒラメとマッシュルームをシャンベルタン・ワインchambertinで煮込んだもの。

Barbue braisée
バルビュ・ブレゼ：「ヒラメのブレゼ」。ニンジン、玉葱、セロリ、パセリをバターで炒め、ヒラメをのせて、フュメ（魚の煮汁）、白ワインを注いで煮込んだもの。

Barbue cardinal
バルビュ・カルディナル：「ヒラメのカルディナル風」。ヒラメの中骨を外して、そのなかにオマールエビ風味にした川カマスのすり身を入れ、白ワインでポシェして、オマールエビの殻を飾ったもの。

Barbue marinée à la ciboulette et au Xérès
バルビュ・マリネ・ア・ラ・スィブレット・エ・オ・グゼレス：「ヒラメのマリネ、シブレットとシェリー酒風味」。刻んだシブレット、シェリー酒、レモン汁を入れたオーヴン皿にヒラメを浸け、パン粉をまぶして焼き上げ、トマトとオゼイユのピューレを添えたもの。

Filets de barbue à la créole
フィレ・ドゥ・バルビュ・ア・ラ・クレオル：「ヒラメのフィレ、クレオル風」。小麦粉をつけて油で焼いたヒラメのフィレに、ニンニクとパセリのみじん切りに辛味を加えて炒めたものをかけたもの。

Baudroie
ボードロワ：「アンコウ」。深海魚のアンコウで、通常はロットLotteと言います（Cf. Lotte, p.98）。また姿かたちから、クラポ・ドゥ・メールcrapaud de mer（海のヒキガエル）、ディアーブル・ドゥ・メールdiable de mer（海の悪魔）と呼ぶこともあります。

Baudroie et moules poêlées aux courgettes
ボードロワ・エ・ムール・ポワレ・オ・クルジェット：「アンコウとムール貝のポワレ、ズッキーニ入り」。潰したニンニク、青唐辛子、玉葱のみじん切りをオリーヴ油で炒め、ムール貝と輪切りにしたアンコウを加えて白ワインで蒸し煮にしたもの。煮汁に

マスタードとレモン汁を加えて、ズッキーニとパセリを散らします。

Petite bourride de baudroie
プティット・ブーリッド・ドゥ・ボードロワ：「アンコウのブーリッド」。ブーリッドは南フランスのセート特有の魚料理です（Cf. Soupe de lotte à la bretonne, p.32）。魚の煮汁を漉して、クリームとアイヨリソースを加えたスープに、フュメで煮たアンコウとジャガイモを入れ、フイユテ生地で焼いたパイを添えたもの。

Blaff de poisson
ブラフ・ドゥ・ポワッソン：「魚のブラフ」。白身の魚をレモンに漬け、玉葱とニンニク、レモンを加えて煮込み、ニンニクを煮汁のなかですり潰して、スープともども食べる料理。

Bouillabaisse
ブイヤベース：「ブイヤベース」（Cf. Bouillabaisse, p.17）。

Bouillabaisse de Marseille
ブイヤベース・ドゥ・マルセイユ：「マルセイユ風ブイヤベース」。アナゴ、鯛、アンコウ、鱈、カサゴ、渡りガニなどを、魚のスープに入れて煮て、魚とカニを大皿に盛り、スープは鉢に入れ、ルイユrouilleと呼ばれるソースと、バゲットをオーヴンで焼いたクルトンを添えたもの。

Cabillaud
カビヨー：「（大西洋）鱈」。やや茶色みを帯びた大型の鱈。鱈の種類は多く、この他にコランcolin、アドックhaddock、メルランmerlan、メルリューmerlu（アノンanon）、リユーlieu、モリューmorue、ストックフィッシュstockfischなどがあります。

Cabillaud à l'indienne
カビヨー・ア・ランディエンヌ：「鱈のインド風」。鱈のカレー煮込み。

Cabillaud braisé à la flamande
カビヨー・ブレゼ・ア・ラ・フラマンド：「フランドル風鱈のブレゼ」。パセリとエシャロットで風味付けをして、白ワインに浸してオーヴンで蒸し焼きにしたもの。

Cabillaud étuvé à la crème
カビヨー・エテュヴェ・ア・ラ・クレーム：「鱈の蒸し煮、クリーム味」。玉葱のみじん切りをバターで炒め、そこに鱈の切り身を入れて表面を焦がし、白ワインを加えて煮詰め、さらにクリームを入れたもの。

Cabillaud mariné rôti
カビヨー・マリネ・ロティ：「鱈の照り焼き」。マリナードに浸した鱈を焼いたもの。

Cabillaud rôti
カビヨー・ロティ：「鱈のロースト」。中どころの鱈を串に刺して、バターを塗りながら強火で焼いたもの。

Cabillaud sauté à la crème
カビヨー・ソテ・ア・ラ・クレーム：「鱈のクリーム煮」。鱈の切り身をバターでソテしてからクリーム煮にしたもの。

Calmar
カルマール：「ヨーロッパ槍イカ」。カラマールcalamar、アンコルネencornetと呼ばれることもあります。

Calmars à l'andalouse
カルマール・ア・ランダルーズ：「イカのアンダルシア風」。イカ、ピーマン、玉葱、トマト、パン・ドゥ・カンパーニュを細かく切ってオリーヴ油で炒め、白ワインで味付けをしたもの。

Calmars à la romaine
カルマール・ア・ラ・ロメーヌ：「イカのローマ風」。イカの胴を大き目の輪切りにして、白ワイン、ニンニク、パセリ、オリーヴ油、レモン汁、バジリコを入れて煮込んだものに、トマトの角切りを添えたもの。

Calmars au citron
カルマール・オ・スィトロン：「イカのレモン風味」。輪切りにしてレモン汁に漬けたイカを、トマト、エシャロット、ニンニク、バジリコ、ワイン、マリナードを入れて、煮込んだもの。

Calmars farcis
カルマール・ファルスィ：「イカの詰め物」。小ぶりのイカに、足、玉葱などを刻んで炒めたものを胴に詰め（ラングスティーヌ

を詰めることもあります)、ピーマン、トマト、オリーヴなど野菜と煮込んだもの。

Calmars sautés à la basquaise
カルマール・ソテ・ア・ラ・バスケーズ：「バスク風イカのソテ」。細切りにしたイカをピーマン、トマト、玉葱、ニンニクと炒め煮にしたもの。

Carrelet
カルレ：「カレイ」。カレイの種類も鱈と同じように多く、カルディーヌcardine、フレflet、フレタンflétan（オヒョウ）、リマンドlimande、プリplie、テュルボturbotなどがあります。カルレはプリの別名だと言われています。

Carrelet à la niçoise
カルレ・ア・ラ・ニソワーズ：「カレイのニース風」。フィレを牛乳に通し、ニンニク、パセリ、レモンの皮を刻んで混ぜたパン粉をつけ、溶かしバターをかけてオーヴンで焼いたもの。

Carrelet en matelote à la normande
カルレ・アン・マトゥロット・ア・ラ・ノルマンド：「カレイのマトロット、ノルマンディ風」。カレイを、牡蠣、ムール貝、エビと一緒に白ワインで煮て、シードル酒で煮込んだリンゴと炊いた米を添えたもの。

Cassoulet de supions à la sétoise
カスーレ・ドゥ・スュピヨン・ア・ラ・セトワーズ「小イカのカスーレ、セート風」。白インゲン豆、生ハム、塩漬けの豚の皮脂、トマト、玉葱、ニンニクなどをオリーヴ油で炒めてから煮込み、ソテした小イカを加えたもの。

Chinchard
シャンシャール：「アジ」。アジは、地方により33の呼び方があるといわれています。

Chinchard à la moutarde à l'ancienne
シャンシャール・ア・ラ・ムタルド・ア・ランスィエンヌ：「昔風アジのマスタード焼き」。アジの両面にたっぷりマスタードを塗り、少量のオリーヴ油と白ワインを注いだオーヴン皿に入れて、パン粉を振りかけて焼いたもの。クリーム味のレンズ豆を添えま

す。
Choucroute aux poissons
シュークルート・オ・ポワッソン:「魚のシュークルート」。シュークルートというと酸っぱいキャベツと豚肉とソーセージという、アルザス地方の料理を思い浮かべる人が多いと思いますが、ブルターニュ地方では酸っぱいキャベツに、鮭、アンコウ、ムール貝、イカなどのクリーム煮をのせたものを魚のシュークルートと呼んでいます。

Cigale de mer
スィガール・ドゥ・メール:「セミエビ」。地中海産のものは大型。

Cigales de mer au safran en brochette
スィガール・ドゥ・メール・オ・サフラン・アン・ブロッシェット:「セミエビの串焼き、サフラン風味」。サフラン、オリーヴ油、ニンニク、レモン汁、パセリなどのなかに漬けておいたセミエビの身を串刺しにしてグリエしたもの。

Cocochas
ココチャス:「ココチャス」。メルルーサ(メルリュmerlu)のココチャス(下あご)を、ムール貝の煮汁にパセリを加えて煮込んだもの。バスク地方の料理。

Colin
コラン:「コラン鱈」。表皮の青黒いメルルーサmerluの通称。

Colin à la boulangère
コラン・ア・ラ・ブーランジェール:「コラン鱈(メルルーサ)のブーランジェール風」。コラン鱈をジャガイモと玉葱と一緒にバターを入れてオーヴンで焼いたもの。ア・ラ・ブーランジェールとは「パン屋さん風の」の意味。

Colin aux deux poivrons
コラン・オ・ドゥー・ポワヴロン:「コラン鱈の二色ピーマン添え」。クールブイヨンで煮込んだ鱈のフィレに、蒸したジャガイモを添え、ミキサーにかけた赤と緑のピーマンと玉葱のソースをかけたもの。

Tranches de colin à la duxelles
トランシュ・ドゥ・コラン・ア・ラ・デュクセル：「コラン鱈の切り身、デュクセル風」。エシャロットとマッシュルームを刻んで炒め、コラン鱈の切り身をのせて、白ワインと魚の煮汁をかけてオーヴンで煮込んだもの。デュクセルはエシャロットとマッシュルームを刻んで炒めたもの。

Congre
コングル：「アナゴ」。海のウナギと呼ばれているアナゴはウナギと同様に、古くから食卓を賑わせている魚です。

Congre au bacon et sa chapelure d'herbes
コングル・オ・ベコーヌ・エ・サ・シャプリュール・デルブ：「アナゴの香草入りパン粉焼き、ベーコン添え」。アナゴのフィレに香草を入れたパン粉をまぶし、バターでポワレし、アンディーヴとベーコンを添えたもの。

Coquillage
コキヤージュ：「貝類」。フランスでは牡蠣ユイートルhuîtres、ムール貝moules、帆立貝コキユ・サン・ジャックcoquilles Saint-Jacques以外にも、様々な貝が食べられます。とりわけ夏場の「海の幸のお盆盛り」プラトー・ドゥ・フリュイ・ドゥ・メールplateau de fruits de merには生のままで、あるいは塩ゆでして冷やしたものが供されます。

Bigorneaux ビゴルノー：「ヨーロッパタマキビ貝」、タニシのような巻貝（塩ゆで）。Bulots ビュロー：「ヨーロッパエゾバイ貝」、巻貝（塩ゆで）。Clams クラム：「クラム貝」、ハマグリに似た二枚貝（生）。Coques コック：「ヨーロッパザル貝」、二枚貝（加熱）。Palourdes パルルド：「ヨーロッパアサリ貝」、二枚貝（生）。Pétoncles ペトンクル：「ニシキ貝」、小型の帆立貝（加熱）。Praires プレール：「カブトノシコロ貝」、二枚貝（生）。Tellines テリーヌ：「ベニ貝」、カマルグ地方特産の小さな二枚貝（加熱）。Vernis ヴェルニ：「ヨーロッパワスレ貝」、二枚貝（加熱）。

Coquille chaude de poisson à la Mornay
コキーユ・ショード・ドゥ・ポワッソン・ア・ラ・モル

ネー：「魚の熱いコキーユ、モルネーソース和え」。これは料理としてのコキーユ（コキール）です。煮た魚の身を卵黄、グリュイエール・チーズ、ベシャメルソースで和えたものを、帆立貝の殻に入れてオーヴンで焼いたもの。

Coquille Saint-Jacques
コキーユ・サン・ジャック：「帆立貝」。サン＝ジャックはキリスト教の12使徒の一人大ヤコブのこと。中世に聖地巡礼が流行り、イベリア半島の先端にあるサンチャゴ・デ・コンポステーラ Santiago de Compostelaは3大聖地の一つでした。ここをお参りした証拠として帆立貝の貝殻を持ち帰ったことから、帆立貝を聖ヤコブ貝と言うようになりました。

Brochettes de coquilles Saint-Jacques et d'huîtres à la Villeroi
ブロッシェット・ドゥ・コキーユ・サン・ジャック・エ・デュイートル・ア・ラ・ヴィールロワ：「帆立貝と牡蠣の串揚げ、ヴィールロワ風」。ゆでた帆立貝と牡蠣を交互に串に刺して、フュメで作ったヴィールロワソースに漬け、衣をつけて油で揚げたもの。

Coquilles Saint-Jacques à la nage
コキーユ・サン・ジャック・ア・ラ・ナージュ：「帆立貝のア・ラ・ナージュ」。野菜を白ワインで煮込み、このブイヨンでゆでた帆立貝の貝柱とワタの上から、煮汁を煮詰めたソースをかけたもの。

Coquilles Saint-Jacques au gratin
コキーユ・サン・ジャック・オ・グラタン：「帆立貝の殻入りグラタン」。細かく刻んだ身とワタを、白ワイン、エシャロット、クリームを混ぜて煮込み、つなぎのバターと小麦粉、卵黄を入れて殻に盛り、グラタン風に焼いたもの。

Coquilles Saint-Jacques crues
コキーユ・サン・ジャック・クリュー：「生の帆立貝」。生の帆立貝を薄く切ってオリーヴ油を塗ったもの。

Saint-Jacques rôties aux cèpes
サン・ジャック・ロティ・オ・セープ：「帆立貝のロースト、セ

ップ茸添え」。バターで炒めた帆立貝とセップ茸に、生クリームにトマトピューレと刻んだシブレット葱を入れたソースをかけたもの。

Crabe
クラブ:「カニの総称」。フランスで見かけるカニは、甲羅のかたい、大きいイチョウガニ（トゥルトーtourteau）、小ぶりのイソワタリガニ（クラブ・ヴェルトcrabe verte）、とげのあるケアシガニ（俗称クモガニ）（アレニェ・ドゥ・メールaraignée de mer）、ガザミ（エトリーユétrille）などです。一般にカニといえばイチョウガニのことです。塩ゆでしたトゥルトーのかたい殻をペンチで割って身を出し、マヨネーズをつけて食べるのが最高です。

Crabe à la bretonne
クラブ・ア・ラ・ブルトンヌ:「カニのブルターニュ風」。カニを香草風味のブイヨンでゆで、身を甲羅に盛り付けたもの。

Crabe créole aux gombos
クラブ・クレオール・オ・ゴンボ:「オクラ入りカニのクレオール風」。バターと油で玉葱、唐辛子、オクラを炒め、小麦粉を混ぜ、ほぐしたカニの身、小エビ、トマトを入れて煮立てたもの。

Crabe en bouillon
クラブ・アン・ブイヨン:「カニの煮込み」。イチョウガニをさっと塩ゆでし、捌いて玉葱、トマト、ニンニクと煮込んだもの。

Crabe farcie à la martiniquaise
クラブ・ファルスィ・ア・ラ・マルティニケーズ:「カニの詰め物、マルティニック風」。カニの身をほぐして、ハム、エシャロット、ニンニクと炒め、甲羅に詰めてオーヴンでグラティネにしたもの。マルティニック島はフランスの海外県の一つ。

Crevette
クルヴェット:「小エビの総称」。種類としては、体長10センチ前後でピンク色で美味しいクルヴェット・ローズcrevette rose、やや小ぶりで味のよい赤いクルヴェット・ルージュcrevette rouge、体長5センチほどの、ゆがくと鼠色になるクルヴェット・グリーズcrevette grise、日本のアマエビに当たる北海産のクルヴェット・ノルディックcrevette nordique、エビの王様大型

のクルヴェット・ロワイヤルcrevette royaleなど多くの種類が見られます。

Crevettes royales vapeur, crème de haricots
クルヴェット・ロワイヤル・ヴァプール・クレーム・ドゥ・アリコ：「蒸した王様エビ、インゲン豆のクリームソースかけ」。白インゲン豆、玉葱、トマト、ニンジン、セロリを煮込み、白インゲン豆を潰してクリーム状にしたソースに、蒸した王様エビを盛ったもの。

Crevettes sautées au whisky
クルヴェット・ソテ・オ・ウイスキー：「小エビのソテ、ウイスキー風味」。クルヴェット・ローズまたはクルヴェット・グリーズを油でソテして、ウイスキーをかけてフランベしたもの。

Crustacés
クリュスタセ：「甲殻類一般」を指します。

Ragoût de crustacés
ラグー・ドゥ・クリュスタセ：「甲殻類の煮込み」。甲殻類をぶつ切りにして、刻んだマッシュルームを入れて煮込んだもの。

Daurade (dorade)
ドラード：「鯛」を表しますが、音は同じでも2種類のスペルがあります。一般にドラード・ロワイヤルdaurade royaleはヨーロッパヘダイ（王様鯛）、ドラード・ローズdorade roseはスペインダイ（ピンクの鯛）、ドラード・グリーズdorade griseはメジナモドキ（灰色の鯛）。

Daurade royale au citron confit
ドラード・ロワイヤル・オ・スィトロン・コンフィ：「ヨーロッパヘダイ、レモンのオリーヴ油漬け添え」。オリーヴ油漬けのレモンを切って、その上に鯛をのせてオーヴンで焼いたもの。

Daurade royale en croûte de sel de Guérande
ドラード・ロワイヤル・アン・クルート・ドゥ・セル・ドゥ・ゲランド：「ヨーロッパヘダイ、ゲランドの塩包み焼き」。白子にニンニクとエストラゴンを混ぜて腹に戻した鯛を、ゲランドの塩で包んでオーヴンで焼き、フヌイユの蒸し煮を添えたもの。ゲランドの塩は塩の花フルール・ドゥ・セルfleur de selと呼ばれてい

る海水を自然結晶させたものです。

Dorade à l'andalouse
ドラード・ア・ランダルーズ:「鯛のアンダルシア風」。これも塩包み焼きです。鱗を落とさず、腸も抜かずに塩包み焼きにした鯛をアイヨリソースで食べる料理。

Dorade à la meunière
ドラード・ア・ラ・ムニエール:「鯛のムニエル」。小ぶりの鯛を下処理し、切れ目を入れて小麦粉を振り、バターで両面をこんがりと焼いたもの。

Dorade farcie au fenouil
ドラード・ファルスィ・オ・フヌイユ:「鯛の詰め物、フヌイユ風味」。背から開いて中骨を外した鯛に、パスティス酒pastisをきかせたフヌイユや香草を包んで、白ワイン、オリーヴ油に浸してオーヴンで焼いたもの。

Dorade poêlée et tapenade de pomme de terre
ドラード・ポワレ・エ・タプナード・ドゥ・ポム・ドゥ・テール:「鯛のポワレ、ジャガイモのタプナード添え」。鯛のフィレにロマリンをのせ、アルミホイルで蓋をしてポワレしたものに、潰したジャガイモにシブレット葱、ニンニク、溶かしバター、生クリームを混ぜ、塩コショウで味付けをしたタプナードを添え、ヨーロッパザル貝(コック)のクリームソースをかけたもの。なおタプナードは本来オリーヴ油をベースにしたプロヴァンス地方の薬味ですが、このようにジャガイモに香草やスパイスを加えてペースト状にしたものも指します。

Dorade rose aux citrons confits
ドラード・ローズ・オ・スィトロン・コンフィ:「スペインダイの甘煮レモン詰め」。腸を抜いた鯛の腹にレモンの甘煮を詰め、香草の上にのせて焼いたもの。ピーマンとニンニクを添えます。

Filets de dorade à la julienne de légumes
フィレ・ドゥ・ドラード・ア・ラ・ジュリエンヌ・ドゥ・レギューム:「スペインダイのフィレ、野菜の千切り添え」。野菜の千切りの上に鯛のフィレをのせ、生クリームとレモン汁をかけてオーヴンで焼いたもの。

Éperlan

エペルラン:「キュウリウオ」。キュウリウオは大西洋岸に棲息する、鮭目キュウリウオ科の銀色の魚で、体長20センチほど。河口に産卵します。

Éperlans au champagne et radis roses
エルペラン・オ・シャンパーニュ・エ・ラディ・ローズ:「キュウリウオのシャンパン風味、赤カブ添え」。キュウリウオを、シャンパン、水、レモン、オリーヴ油を入れて煮て、バターで炒めた赤カブの輪切りを添えたもの。

Éperlans marinés
エペルラン・マリネ:「キュウリウオのマリネ」。小麦粉をつけて油で揚げ、玉葱を入れた酢でマリネにした南蛮漬け。

Estofinado

エストフィナード:「エストフィナード」。ストックフィッシュ stockfisch の南仏訛りで、干鱈のこと。オリーヴ油、ニンニク、トマト、玉葱などと煮込んだもの。

Esturgeon

エステュルジョン:「チョウザメ」。産卵期に川を遡上する体長1〜9メートルの回遊魚。卵を塩漬けにしてキャビアにするだけではなく、昔から肉も食材として食べられてきました。

Esturgeon à la Brimont
エステュルジョン・ア・ラ・ブリモン:「チョウザメのブリモン風」。小ぶりのチョウザメのフィレにアンチョビを刺し、野菜のバター炒めの上にのせ、トマトとマッシュルームを刻んでフィレに被せ、白ワインを注いで焼いたもの。ブリモン風とは、昔風の飾り立ての多い料理につけられています。

Fricandeau d'esturgeon à la hongroise
フリカンドー・デステュルジョン・ア・ラ・オングロワーズ:「ハンガリー風チョウザメのフリカンドー」。チョウザメを筒切りにして、豚の背脂を刺してバターで焼いたものを、さらに白ワインを煮詰めて魚のスープを加え煮込んだもの。フリカンドーとは、一般には子牛の腿肉に豚の背脂を刺して蒸し煮にしたものを言います。

Flet

フレ:「カレイ」。淡水にまで遡上するカレイです。

Filets de flet au gingembre

フィレ・ドゥ・フレ・オ・ジャンジャンブル:「カレイのフィレ、ショウガ味」。刻んだエシャロットとショウガの上にカレイのフィレをのせ、ココナッツミルク、クリーム、レモン汁を注いで蒸し煮にしたもの。ジャガイモとカブのピューレを添えます。

Flétan

フレタン:「オヒョウ」。大型のカレイです。

Flétan en sauce d'olives

フレタン・アン・ソース・ドリーヴ:「オヒョウのオリーヴソースかけ」。オヒョウのフィレをオリーヴ油で焼き、エシャロット、トマト、黒いオリーヴ、フュメ、ヴェルモット、フォンドヴォーで作ったソースをかけたもの。ジャガイモとカボチャのピューレを添えます。

Fricassée de mer

フリカセ・ドゥ・メール:「海魚のフリカセ」。カレイ、マトウダイ、アンコウ、エビなど数種類の魚介類をバターとオリーヴ油で炒め、ワインを加えて煮込んだもの。なお魚を用いずにエビや貝だけのものは、fricassée de fruits de merフリカセ・ドゥ・フリュイ・ドゥ・メール:「海の幸のフリカセ」と言います。

Fruits de mer

フリュイ・ドゥ・メール:「海の幸」。甲殻類と貝類全体を言います。ソースの場合には小さなイカとタコなどが入ることもあります。

Brochettes de fruits de mer

ブロッシェット・ドゥ・フリュイ・ドゥ・メール:「海の幸の串焼き」。帆立貝の貝柱、ムール貝、牡蠣、ラングスティーヌの身、大型のエビなどを香草やオリーヴ油になじませ、串に刺して焼いたもの。

Couronne de riz aux fruits de mer

クーロンヌ・ドゥ・リ・オ・フリュイ・ドゥ・メール:「ご飯のリング盛り、海の幸のソースかけ」。塩を入れて炊いた米をリン

グ状に盛り、その中央にムール貝、帆立貝、小エビをフュメで煮込み、カレー風味のとろみをつけたソースを入れたもの。

Plateau de fruits de mer
プラトー・ドゥ・フリュイ・ドゥ・メール：「海の幸のお盆盛り」。生牡蠣、イチョウガニ、クルヴェット・ローズ、ラングスティーヌ、その他の生またはゆでて冷やした貝類を、氷を敷いたお盆にのせたもの。夏の最高の贅沢が味わえます。

Spaghetti aux fruits de mer
スパゲッティ・オ・フリュイ・ドゥ・メール：「海の幸のスパゲッティ」。スパゲッティにクリーム味、あるいはトマト味の海の幸のソースをかけたもの。

Grondin
グロンダン：「グロンダン」。ホウボウ類の総称で、フランスの沿岸地方に広く棲息している体長は20-60センチの魚。

Grondins au four
グロンダン・オ・フール：「ホウボウのオーヴン焼き」。玉葱、エシャロットのみじん切りに、白ワインを注いで、オーヴンで焼いたもの。

Grondins aux amandes
グロンダン・オ・ザマンド：「ホウボウのアーモンド風味」。腸を抜いてレモンとタイムを入れ、オーヴンで焼いたホウボウの上に、煎ったアーモンドのスライスをのせ、ラム酒を振りかけたもの。

Haddock à l'indienne
アドック・ア・ランディエンヌ：「インド風ハドック鱈」。燻製のハドック鱈を牛乳で戻し、四角に切って骨を抜き、バターと玉葱で炒め、カレー風味のインドソースで煮たもの。ハドックはモンツキダラの燻製。

Haddock finois à la crème
アドック・フィノワ・ア・ラ・クレーム：「ハドック鱈のフィンランド風クリーム煮」。燻製のハドック鱈を牛乳で戻して、クリーム煮にしたもの。

Hareng

アラン:「ニシン」は塩漬け、燻製、生のすべてが食材として用いられます。中世からすでに北海産の塩漬けニシン、燻製のニシン、生のニシンが大量にパリの市場に運ばれてきました。

Filets de hareng marinés à l'huile

フィレ・ドゥ・アラン・マリネ・ア・リュイール:「ニシンのフィレの油漬け」。燻製のニシンを牛乳で戻してから、玉葱の薄切りと一緒にオリーヴ油に漬けたもの。

Gratin de hareng

グラタン・ドゥ・アラン:「ニシンのグラタン」。グラタン皿にジャガイモの輪切りを並べ、その上にニシンのフィレを置き、さらにジャガイモをのせ、バターを散らしてパン粉を振りかけて焼いたもの。

Hareng au coulis de fenouil

アラン・オ・クーリ・ドゥ・フヌイユ:「フヌイユのクーリ添えニシン」。背開きにしてバターを塗り、フヌイユの葉で包み、オリーヴ油を塗ってグリエしたニシンに、焼きトマトを飾り、別にフヌイユの根で作ったパスティス入りのソースを添えたもの。

Harengs à la diable

アラン・ア・ラ・ディアーブル:「ニシンの悪魔風」。生のニシンを鰓から腸を抜き、眞子、白子は腸に戻し、マスタードを塗り、パン粉を振って、油をかけながら網で焼いたもの。なおニシンの白子レタンスlaitanceも鯉の白子と同様にバターやオリーヴ油でソテして食べます。

Homard

オマール:「オマールエビ」。爪が平たくて大きい、甲殻類の王様だけに、その料理も多様です。

Aumonières de homard aux morilles

オモニエール・ドゥ・オマール・オ・モリーユ:「オマールエビとモリーユ茸の巾着仕立て」。子牛の胸腺、オマールエビ、モリュー茸を巾着風の生地に包んでオーヴンで焼いたもの。

Civet de homard

スィヴェ・ドゥ・オマール:「オマールエビのシヴェ」。オマー

ルエビを筒切りにして赤ワインで煮込んだもの。シヴェは中世で流行った煮込み料理。

Coquilles froides de homard
コキユ・フロワッド・ドゥ・オマール：「オマールエビの冷製コキユ」。ヴィネガーをなじませたサラダ菜の細切りの上にオマールと固ゆで卵をのせ、マヨネーズをかけたもの。

Homard au court-bouillon
オマール・オ・クール・ブイヨン：「オマールエビのクールブイヨン煮」。オマールエビを、香味野菜とワイン、酢の入ったブイヨンで煮たもの。

Homard cardinal
オマール・カルディナル：「オマールエビのカルディナル風」。クールブイヨンでゆでたオマールエビを2つに割って身を取り出して刻み、刻んだマッシュルーム、トリュフとオマールソースで和えて殻に戻し、グラティネ風にオーヴンで焼いたもの。

Homard grillé
オマール・グリエ：「オマールエビのグリエ」。オマールエビをさっと熱湯にくぐらせて2つに割り、サンゴ色の部分（コライユ）を取り出して作ったソースをかけて焼いたもの。

Huître
ユイートル：「牡蠣」。随分と昔から食べられていた貝類の一つで、ギリシア時代から養殖されていたことも知られています。現在は生で食べますが、中世では熱を加えて食べるのが普通でした。

Attereaux d'huîtres
アトゥロー・デュイートル：「牡蠣のアトロー」。ゆでた牡蠣と炒めたマッシュルームを串に刺して衣をつけて揚げたもの。

Huîtres à la Boston
ユイートル・ア・ラ・ボストン：「ボストン風牡蠣」。殻に牡蠣の身をのせ、グラタン風に焼いたもの。

Huîtres frites
ユイートル・フリット：「牡蠣フライ」。牡蠣に衣をつけて油で揚げたもの。

Langouste
ラングスト:「イセエビ」。触覚が長く、爪がないのが特徴で、オマールエビに比べて味に特徴が無く、淡白だとされています。

Langoustes grillées au porto
ラングスト・グリエ・オ・ポルト:「イセエビのグリエ、ポルト酒風味」。生きたイセエビをコショウの粒を入れた熱湯でゆで、縦に2つに割り、溶かしたバターにポルト産の白ワイン、カイエンヌペッパー、パプリカを加えて混ぜたソースを浸み込ませ、グリエしたもの。

Langoustes Termidor
ラングスト・テルミドール:「イセエビのテルミドール」。縦に2つに割った殻に、クリームソースをベースにして、シェリー酒、マスタード、ウスターソースで味を調え、刻んだ身を加えて火を通したものを殻に戻し、チーズをかけてオーヴンで焼いたもの。

Langoustine
ラングスティーヌ:「ラングスティーヌ」。和名アカザエビ。長い小さな爪があり、尻尾が平べったい中型のエビ。

Langoustines au poivre vert
ラングスティーヌ・オ・ポワーヴル・ヴェール:「ラングスティーヌの緑のコショウ風味」。ワインに、月桂樹の葉、エシャロット、緑のコショウを入れ、ラングスティーヌをゆで、殻を剥いて、煮汁を漉してクリームを加えたソースで和えたもの。

Langoustines frites aux légumes
ラングスティーヌ・フリット・オ・レギューム:「ラングスティーヌと野菜の天婦羅」。ラングスティーヌの身、ニンジン、ズッキーニ、玉葱など野菜に衣をつけて揚げたもの。

Langoustines Ninon
ラングスティーヌ・ニノン:「ニノン風ラングスティーヌ」。バターで炒めたラングスティーヌの身を、頭を煮込んで作ったソースをかけ、ポロ葱をあしらったもの。ニノン風とは、19世紀に誕生した古典的な料理につけられています。

Lieu
リュ:「リュ鱈」。肌の色によってリュ・ジョンヌlieu jaune「茶

色肌」とリュ・ノワールlieu noir「黒肌」の2種類があります。白身の魚で、地方によってこれをメルルーサ（colin, merlu）と呼んでいるところもあるようです。

Lieu jaune en écailles de pommes au calva
リュ・ジョーヌ・アン・ネカイユ・ドゥ・ポム・オ・カルヴァ：「カルヴァドス風味の茶色肌のリュ鱈、ジャガイモの鱗見立て」。鱗風に切ってレモン汁に浸けたジャガイモを卵黄で鱈のフィレに貼り付け、溶かしバターでこんがりと焼き、カルヴァドス風味をきかせたエシャロットのクリームソースをかけたもの。

Limande
リマンド：「カレイ」。リマンドはブルターニュではフォ・カルレfaux carrelet（偽カルレ）、ヴァンデ地方ではカルディーヌcardineと呼ばれています。地中海には棲息せず、もっぱら大西洋の北東部で獲れるカレイです。

Filets de limande aux deux raisins
フィレ・ドゥ・リマンド・オ・ドゥー・レザン：「カレイのフィレ、2種のブドウの実添え」。カレイのフィレをヴェルモット風味の魚の煮汁を注いでオーヴンで焼き、白黒2種類のブドウの実をあしらったもの。

Lotte
ロット：「アンコウ」。アンコウ鍋やアンキモは、海洋国日本の冬の絶品ですが、フランスでもアンコウはよく使われる食材です（Cf. Baudroie, p.82）。

Cari de lotte à la créole
カリ・ドゥ・ロット・ア・ラ・クレオール：「アンコウのカレー煮、クレオール風」。アンコウのぶつ切りを玉葱、トマトと煮込み、カレー風味にしたもの。

Couronne de lotte à l'aïoli
クローヌ・ドゥ・ロット・ア・ライヨリ：「アンコウの茶碗蒸し、アイヨリソース添え」。クールブイヨンでポシェしたアンコウの身をほぐし、トマトソースと一緒に溶き卵のなかに入れてよくかき混ぜ、円い型に流し込んで湯煎で熱を加え、冷やして固めたもの。アイヨリソースを添えます。

Lotte à l'américaine
ロット・ア・ラメリケーヌ：「アンコウのアメリカンソースかけ」。皮を剥いたアンコウのぶつ切りをラングスティーヌの殻と煮込んだもの。なおエビ類の殻から作るソースをソース・アメリケーヌと言いますが、ブルターニュのケルト名アルモリケーヌArmoricaineが訛ったものと言われています。

Loup
ルー：「ルー（スズキ）」（海のオオカミ）。スズキbarのプロヴァンス地方の別称（Cf. Bar, p.81）。

Mariné de loup de mer, saumon et noix de Saint-Jacques
マリネ・ドゥ・ルー・ドゥ・メール・ソーモン・エ・ノワ・ドゥ・サン・ジャック：「ルー、鮭、帆立貝の貝柱のマリネ」。薄く切った具を皿に盛り、ショウガ味のオリーヴ油をかけたもの。

Maquereau
マクロー：「鯖」。フランス近海で1年中獲れる鯖は、中世から大衆魚として親しまれてきた魚です。

Brochettes de maquereau au citron vert
ブロッシェット・ドゥ・マクロー・オ・スィトロン・ヴェール：「鯖の串焼き、青いレモン風味」。鯖のフィレを、ナス、ズッキーニと同じ大きさに切り、ニンニク、タイム、ロマリンを入れたオリーヴ油に漬け、野菜と鯖を交互に串に刺し、最後にプチトマトtomate ceriseを刺して、オーヴンでグリエしたもの。

Filets de maquereau à la dijonnaise
フィレ・ドゥ・マクロー・ア・ラ・ディジョネーズ：「鯖のフィレのディジョン風」。ディジョン産のマスタードを鯖のフィレに塗って煮込んだ料理。ブルゴーニュの中心都市ディジョンDijonはマスタードが有名。

Maquereaux à la boulonnaise
マクロー・ア・ラ・ブーロネーズ：「鯖のブーローニュ風」。筒切りにして酢のきいたクールブイヨンで煮た鯖にムール貝を添え、ムール貝の煮汁で作ったソースをかけたもの。このブーローニュBoulogne（sur-mer）は北フランスのパ=ド=カレー県Pas-

de-Calaisにある都市。

Maquereaux froids à la basquaise
マクロー・フロワ・ア・ラ・バスケーズ：「冷たい鯖のバスク風」。エシャロット、トマト、ピーマン、レモンの輪切りをヴィネガー、白ワイン、オリーヴ油で煮込んだブイヨンを鯖にかけ、オーヴンで焼いてから冷ましたもの。

Merlan
メルラン：「メルラン」。鱈の一種。髭のない、体長25～40センチの小ぶりの鱈。

Merlan au vin blanc
メルラン・オ・ヴァン・ブラン：「メルランの白ワイン蒸し」。玉葱の薄切りの上にメルラン鱈をのせて、白ワインとフュメを注いで蒸し、煮汁を煮詰めてクリームを加えたソースをかけたもの。

Merlan frit
メルラン・フリ：「鱈のフライ」。鱈丸々一匹を油で揚げたもの。学生食堂では時々ピラフを添えて出されることがあります。

Merlans farcis à la provençale
メルラン・ファルスィ・ア・ラ・プロヴァンサル：「メルランの詰め物プロヴァンス風」。ホウレン草を刻んでバターで炒め、その上に炒めたホウレン草を挟んだ鱈のフィレをのせ、パン粉を散らしてオーヴンで焼いたもの。

Merlu
メルリュ：「メルルーサ」(Cf. Colin, p.86)。

Merlu aux petits oignons
メルリュ・オ・プティ・ゾニョン：「メルルーサの小玉葱添え」。メルルーサをぶつ切りにして、予め火を通しておいた小カブと小玉葱と一緒に、レモン風味のタイムを入れて、オーヴンで煮込んだもの。

Mérou
メルー：「メルー」。白身で美味な、ハタ科の大型の魚。

Morue
モリュー：「モリュー」。鱈の一種。一般には塩鱈、干鱈を指し

ますが、生鱈も食材として使われます。生のモリュー鱈は普通カ ピヨーCabillaudと称されます。

Brandade de morue nîmoise
ブランダード・ドゥ・モリュー・ニモワーズ：「ニーム風塩鱈の ブランダード」。塩出しをした鱈をポシェしてから皮と骨を外し て身をほぐし、オリーヴ油で炒め、牛乳を加えてペースト状にし たもの。「ニーム風」にはニンニクをすり込んだクルトンを添え ます。ニームNîmesはローマ時代の遺跡の残っている南仏の都 市。

Filets de morue maître d'hôtel
フィレ・ドゥ・モリュー・メートル・ドテル：「塩鱈のフィレの メートル・ドテル風バター添え」。塩鱈のフィレを塩出しをして、 細長く切ったものを叩いて伸ばし、小麦粉、溶き卵、パン粉をつ けてバターで焼き、コショウ、レモン、パセリを入れて練ったメ ートル・ドテル風バターを添えたもの。なおメートル・ドテルは 司厨長の意味。

Morue à la bénédictine
モリュー・ア・ラ・ベネディクティーヌ：「塩鱈のベネディクト 修道会風」。塩出しをして身をほぐし、皮と骨を外した鱈をジャ ガイモと煮込んですり潰し、牛乳、オリーヴ油を入れてオーヴン で焼いたもの。

Morue à la créole
モリュー・ア・ラ・クレオール：「塩鱈のクレオール風」。トマ トのフォンデュの上に、塩出しをしてポシェした鱈をのせ、ピー マンとトマトを被せてオーヴンで焼いたもの。

Morue à la livournaise
モリュー・ア・ラ・リヴルネーズ：「塩鱈のリヴォルノ風」。塩 出しをした鱈をぶつ切りにし、小麦粉をまぶして油で揚げたもの を、ニンニク、オリーヴ油、トマトソースを煮込んだものに入れ て、味をなじませたもの。リヴォルノLivornoはイタリアのトス カナ地方の港町。鶏のレグホーン種は、この町の英語読み Leghornに由来します。

Morue à la provençale
モリュー・ア・ラ・プロヴァンサル:「プロヴァンス風塩鱈」。塩出しをした鱈をトマトのフォンデュで煮込んだもの。

Mouclade
ムークラード:「ムークラード」。クリーム味のムール貝の白ワイン煮。オーニス地方Aunisとサントンジュ地方Saintongeの養殖ムール貝を使った料理。

Moule
ムール:「ムール貝」。ローマ時代には養殖されていましたし、フランスでも13世紀頃から養殖が始まっていました。極めてポピュラーな貝で、ゆでたムール貝にジャガイモのフリットを添えたムール・フリットmoules fritesは、簡単で美味しい昼食です。なおムール貝は、最初に食べたムール貝の殻をピンセット代わりにして、食べていきます。

Attereaux de moules
アトゥロー・ドゥ・ムール:「ムール貝のアトロー」。ムール貝の串刺しを揚げたもの。

Moules à la poulette
ムール・ア・ラ・プーレット:「ムール貝のプーレット風」。ムール貝をゆでて身を取り出し、パセリとレモン汁を入れたソースでからめたもの。

Moules frites
ムール・フリット:「ムール貝のフライ」。火を通して殻から外したムール貝を冷まして、オリーヴ油、レモン汁でマリネし、揚げ生地をつけて油で揚げたもの。

Moules marinières
ムール・マリニエール:「ムール貝のマリニエール風」。ムール貝にエシャロット、刻んだパセリ、白ワイン、バターを加えて煮込んだもの。

Moules Victoria
ムール・ヴィクトリア:「ムール貝のヴィクトリア風」。白ワインで煮たムール貝に、パセリ、ニンニク、エシャロット、シブレット葱を刻んでバターで練ったものをのせて、グラタン風に焼い

たもの。ヴィクトリア風は64年間にわたってイギリスを統治したヴィクトリア女王（1819-1901）に因んだもの。

Ormeau
オルモー：「アワビ」、別名オレイユ・ドゥ・メールoreille de mer（海の耳）。アワビやトコブシは一般に身を加熱し、ワタをソースにして食べます。

Pétoncle
ペトンクル：「ニシキ貝」。小ぶりの帆立貝と似た貝。

Nage de pétoncles au thym citron
ナージュ・ドゥ・ペトンクル・オ・タン・スィトロン：「ニシキ貝のナージュ、レモンタイム風味」。さいの目に切った野菜とニシキ貝の貝柱を、白ワイン、タイム風味のレモンクリームで煮込んだもの。

Pétoncles grillés et huîtres sautées au whisky canadien
ペトンクル・グリエ・エ・ユイートル・ソテ・オ・ウイスキー・カナディアン：「グリエしたニシキ貝とソテした牡蠣のカナディアンウイスキー風味」。焦げ目をつけて焼いたニシキ貝とバターでソテした牡蠣をウイスキーでフランベして、この煮汁にクリームを加えてソースを作り、かけたもの。

Poissons marinés à la grecque
ポワッソン・マリネ・ア・ラ・グレック：「ギリシア風魚のマリネ」。塩をしたヒメジかイワシを油で焼き、玉葱の薄切りをオリーヴ油でさっと炒め、ニンニク、ピーマンを加え、白ワインに水とレモン汁で作ったマリネ液に漬けて冷やしたもの。

Porée charentaise
ポレ・シャランテーズ：「シャラント風のポレ」。ポレとは中世の料理で野菜のピューレのこと。ポロ葱を魚の煮汁とクリームで軟らかく煮て、このなかに魚介類を加えて蒸し煮にし、卵黄でとろみをつけたもの。大西洋岸に面したシャラント地方Charenteの料理。

Poulpe
プールプ：「真ダコ」。ヨーロッパではタコは食べないと言われ

ていますが、市場ではよく見かけますし、地中海沿岸では一般的な食材です。タコを塩でゆがいて薄く切ったサラダ「タコのサラダ」(salade de poulpeサラード・ドゥ・プールプ)はアントレですが、それ以外に、poulpe à la provençaleプールプ・ア・ラ・プロヴァンサル：「タコのプロヴァンス風煮込み」もあります。トマト、玉葱、ニンニクと一緒に白ワインで煮込んだものです。

Raie
レー：「エイ」。エイは中世でもよく食卓にのった魚です。

Raie au beurre noisette
レー・オ・ブール・ノワゼット：「エイのブール・ノワゼット風味」。酢と塩を入れた水でエイをゆで、ブール・ノワゼット（バターを、狐色になり香ばしい匂いがするまで火にかけたもの）をかけたもの。なおエイの肝臓 Foie de raie（フォワ・ドゥ・レー）も食材として用いられます。

Raiteaux frits
レトー・フリ：「小さなエイのフライ」。牛乳に漬けておいた皮を剥いだ小ぶりのエイに、小麦粉をまぶして油で揚げたもの。

Rascasse
ラスカッス：「カサゴ」。カサゴとして市場で売られているのはラスカッス・ルージュrascasse rouge（赤カサゴ）、ラスカッス・ブリュンヌrascasse brune（茶カサゴ）それにセバスト・シェーヴルsébaste chèvre（赤メバル）の3種類です。

Rascasse au fenouil
ラスカッス・オ・フヌイユ：「カサゴのフヌイユ風味」。トマト、ジャガイモ、玉葱の薄切りと一緒に、腹にフヌイユの枝を差し込んで、白ワインを注いで煮たもの。

Rouget
ルージェ：「ヒメジ」。

Rouget au four au fenouil
ルージェ・オ・フール・オ・フヌイユ：「ヒメジのオーヴン焼き、フヌイユ風味」。玉葱とフヌイユを細かく刻んで火を通し、ヒメジをのせてパン粉とオリーヴ油をかけてオーヴンで焼いたもの。

Rouget en papillote
ルージェ・アン・パピヨット:「ヒメジのパピヨット包み」。腸を抜かない小ぶりのヒメジにアンチョビ味の詰め物をして、紙に包んでオーヴンで焼いたもの。

Saint-Pierre
サン・ピエール:「マトウダイ」。海水魚で最も美味しいと言われている魚で、矢の的のような黒い斑紋があります。日本近海でも獲れます。サン・ピエール(聖ペトロ)という名前の由来は、ペトロが教会に献上したこの魚の口から金貨が出てきたという故事に因むものだと言われています。

Filets de Saint-Pierre poêlés
フィレ・ド・サン・ピエール・ポワレ:「マトウダイのフィレのポワレ」。マトウダイのフィレを、エシャロットをオリーヴ油で炒め、白ワイン、タイム、パセリを加えたなかで煮込み、レモンとオレンジ風味のアーティチョークの芯を添えたもの。

Saint-Pierre rôti, moelle et figue
サン・ピエール・ロティ・モワール・エ・フィーグ:「焼きマトウダイ、骨髄とイチジク添え」。マトウダイのフィレを焼いて、牛の骨髄とイチジクを添えたもの。

Sardine
サルディーヌ:「イワシ」。イワシは焼いたり、油で揚げたり、色々な調理法がありますが、足が速いので、オイルサーディンは別にして、産地で食べるのが一番です。最近ではオイルサーディンもトマト味、レモン味などが出回っています。安いので、お金のないときは大いに助かります。

Sardines au plat
サルディーヌ・オ・プラ:「イワシの皿焼き」。バターを塗りエシャロットを散らした耐熱皿にイワシを並べ、レモン汁、白ワイン、バターをかけて焼いたもの。

Sébaste
セバスト:「アカウオ」。赤色の、メバルに近い種類で、大西洋や北海で獲れる魚です。ドラード(鯛)として市場で売られていることもあります。

Tarte de sébaste à la tapenade
タルト・ドゥ・セバスト・ア・ラ・タプナード：「タプナード風アカウオのタルト」。一口大に切ったアカウオのフィレを、タルト生地の上に敷いたオリーヴのピューレ、ニンニク、バジリコの上にのせて、オリーヴ油を振りかけて焼いたもの。

Sole
ソール：「舌ビラメ」。舌ビラメといえばムニエルを喚起する人が多いかと思いますが、それだけではなく、料理の種類も多く、ポピュラーな食材です。

Filets de sole à la cancalaise
フィレ・ドゥ・ソール・カンカレーズ：「舌ビラメのフィレ、カンカル風」。牡蠣と小エビをあしらった牡蠣風味の煮物。カンカルCancaleはブルターニュのサン=マロSaint-Malo近くの漁村で、牡蠣の産地。

Filets de sole à la panetière
フィレ・ドゥ・ソール・ア・ラ・パヌティエール：「舌ビラメのフィレ、パンケース入り」。小麦粉をつけてバターで焼いた舌ビラメのフィレを、中身の3分の2をくり抜いてバターを塗って焼いたパンのケース（パヌティエール)に入れ、マッシュルーム入りのクリームソースをかけてオーヴンで焼いたもの。

Filets de sole à la Riche
フィレ・ドゥ・ソール・ア・ラ・リッシュ：「舌ビラメのフィレ、リッシュ風」。舌ビラメのフィレと、オマールエビとトリュフで作ったリッシュソースをかけたもの。リッシュソースとは19世紀に文人たちが集まったカフェ・リッシュCafé Richeで考案されたソース。

Filets de sole à la vapeur au coulis de tomate
フィレ・ドゥ・ソール・ア・ラ・ヴァプール・オ・クーリ・ドゥ・トマート：「舌ビラメのフィレの蒸し煮、トマトのクーリ風味」。バジリコの葉にのせて蒸した舌ビラメのフィレに、トマトのクーリを添えたもの。

Filets de sole au basilic
フィレ・ドゥ・ソール・オ・バズィリック：「舌ビラメのフィレ、

バジリコ風味」。舌ビラメのフィレをバジリコ風味の白ワインで煮たもの。

Filets de sole au vermouth
フィレ・ドゥ・ソール・オ・ヴェルムート：「舌ビラメのフィレ、ヴェルモット風味」。ヴェルモット酒を入れて煮込んだ舌ビラメのフィレに、マッシュルームの入ったソースをかけたもの。

Filets de sole Daumont
フィレ・ドゥ・ソール・ドーモン：「舌ビラメのフィレ、ドーモン風」。舌ビラメのフィレにザリガニのソースを挟んで蒸し焼きにしたもの。ドーモンは王政復古時代のドーモン公Duc d'Aumontに因む名前で、ザリガニソースと関係があります。

Filets de sole frits en goujon
フィレ・ドゥ・ソール・フリ・アン・グージョン：「舌ビラメのフィレのフライ、川ハゼ見立て」。舌ビラメのフィレを細く切って衣をつけて揚げ、川ハゼのフライに見立てたもの。

Filets de sole Joinville
フィレ・ドゥ・ソール・ジョワンヴィール：「舌ビラメのフィレ、ジョワンヴィール風」。フュメでポシェしたフィレに、マッシュルーム、小エビ、トリュフを使ったノルマンディソースをかけたもの。国王ルイ＝フィリップLouis-Philippeの第3子ジョワンヴィール王子Prince Joinville（1818-1900）に因む名前か？

Filets de sole Marguery
フィレ・ドゥ・ソール・マルグリ：「舌ビラメのフィレ、マルグリ風」。オーヴンで蒸し焼きにしたフィレに、ムール貝と小エビのクリームソースをかけたもの。ニコラ・マルグリNicolas Margueryは19世紀の料理人。

Filets de sole Mornay
フィレ・ドゥ・ソール・モルネー：「舌ビラメのフィレ、モルネーソースかけ」。焼いた舌ビラメのフィレに、グリュイエール・チーズと卵黄で作ったソースをかけたもの。

Sole à la dieppoise
ソール・ア・ラ・ディエポワーズ：「舌ビラメのディエップ風」。白ワインと魚の煮汁で煮込んだ舌ビラメに、小エビ、マッシュル

ーム、ムール貝のクリームソースをかけたもの。ディエップDieppeは北フランスの漁港。

Sole à la meunière
ソール・ア・ラ・ムニエール：「舌ビラメのムニエル」。舌ビラメといえばムニエルです。皮を剥き、内臓とエラを外して小麦粉をつけ、バターに油を混ぜて焼き、レモン汁とパセリを振りかけたもの。

Sole à la normande
ソール・ア・ラ・ノルマンド：「舌ビラメのノルマンディ風」。黒い皮を剥き、牡蠣、ムール貝、マッシュルームを煮た汁で煮込み、中骨を抜いて盛り付け、牡蠣、ムール貝、マッシュルームをあしらったもの。

Sole à la paysanne
ソール・ア・ラ・ペイザンヌ：「舌ビラメのペイザンヌ風」。ニンジン、玉葱、ポロ葱、セロリなど野菜を加えた蒸し煮。

Sole à la portugaise
ソール・ア・ラ・ポルテュゲーズ：「ポルトガル風舌ビラメ」。ニンニク味のトマトのフォンデュにのせてオーヴンで焼いたもの。

Sole au chablis
ソール・オ・シャブリ：「シャブリ風味の舌ビラメ」。舌ビラメのフィレをバターを塗った耐熱皿に入れ、エシャロットとパセリを散らし、シャブリとフュメを入れて蒸し煮にしたもの。

Sole diplomate
ソール・ディプロマット：「舌ビラメ、ディプロマットソースかけ」。舌ビラメの皮を剥き、縁側まで身をおろして中骨を抜き、メルラン鱈のすり身にクリーム、トリュフを混ぜたものを塗って、フュメで煮込み、オマールエビ、トリュフなどを混ぜたソースをかけたもの。ディプロマットは外交官の意味。

Sole Dugléré
ソール・デュグレレ：「舌ビラメのデュグレレ風」。玉葱、エシャロット、パセリ、ニンニク、トマトを刻んで耐熱皿に敷き、舌ビラメを切ってのせ、白ワインを注いで蒸し煮にしたもの。デュ

グレレは、ロスチャイルド家の厨房を預かった19世紀の料理人。有名なカレームの弟子。

Sole sur le plat
ソール・シュール・ル・プラ：「皿焼き舌ビラメ」。観音開きにしてバターを挟んだヒラメをグラタン皿に入れ、フュメを入れてオーヴンで蒸し煮にしたもの。

Soufflé de filets de sole aux asperges
スフレ・ドゥ・フィレ・ドゥ・ソール・オ・ザスペルジュ：「舌ビラメのフィレのスフレ、アスパラガス風味」。舌ビラメのフィレでムースを作り、卵白を混ぜ、内側にフィレを貼り付けた器に入れて蒸し、ゆでたアスパラガスに卵とクリームで作ったムース状のソースをかけたもの。

Thon
トン：「マグロ」。マグロは古代ギリシャの時代から食べられてきた魚です。マグロもイワシと同じで一般には缶詰として売られていますが、生で売られているものは主としてクロマグロ（トン・ルージュthon rouge）か、メバチマグロ（トン・オベーズthon obèse）です。

Tartare de thon
タルタール・ドゥ・トン：「マグロのタルタル」。小さな角切りにしたマグロのフィレに、エシャロット、コリアンダーの葉、シブレット葱を細かく刻み、オリーヴ油で和えて冷やしたもの。

Thon en cocotte
トン・アン・ココット：「マグロの鍋物」。唐辛子を入れたレモン汁にマリネしたマグロを、ココット鍋に油を入れて玉葱と燻製の塩豚と一緒に炒め、色づいたらトマト、ズッキーニ、マリナード、油を加えてとろ火で煮込んだもの。

Thon en daube à la provençale
トン・アン・ドーブ・ア・ラ・プロヴァンサル：「プロヴァンス風マグロのドーブ」。マグロの輪切りにアンチョビのフィレを刺して、オリーヴ油とレモン汁でマリネしたものを、トマトを入れた白ワインで煮て、オーヴンで仕上げたもの。

Thon frais grillé aux herbes
トン・フレ・グリエ・オ・ゼルブ:「生のマグロの香草焼き」。マグロの切り身にレモン汁とオリーヴ油を塗り、プロヴァンス産の香草の粉末を振りかけてグリエしたもの。

Thon sauce aux amandes
トン・ソース・オ・ザマンド:「マグロのアーモンドソースかけ」。小麦粉をつけたマグロの切り身をバターで焼き、パン粉、ニンニク、アーモンド、パセリをヴィネガーで練ったソースをかけたもの。

Tourteau
トゥルトー:「イチョウガニ」。爪が大きくて、甲羅もかたい、フランスで最もポピュラーなカニ。

Tourteaux en feuilletés
トゥルトー・アン・フイユテ:「イチョウガニのフイユテ」。野菜、コニャック、白ワインで煮たカニの身を、焼いたフイユテ生地に挟んだもの。

Turbot
テュルボ:「テュルボカレイ」。大型のカレイ。イシビラメということもあります。

Turbot au champagne
テュルボ・オ・シャンパーニュ:「テュルボカレイのシャンパン風味」。テュルボカレイのフィレを、炒めたエシャロットとマッシュルームと一緒にシャンパンで煮込み、クリームソースをかけたもの。

Turbot rôti à l'arête gourmande de laurier
テュルボ・ロティ・ア・ラレート・グルマンド・ドゥ・ロリエ:「骨付きテュルボのローリエ挟み焼き」。背びれを落とし、骨のついたままの切り身にローリエ(月桂樹)の葉を挟み、オリーヴ油とバターで焼き、クリーム味のモリーユ茸のソースをかけ、アスパラガスを添えたもの。

Vieille
ヴィエイユ:「ベラ」。熱帯魚のように派手な色のベラは、小骨が多く、身が柔かく、日本ではあまり美味しいと言える魚ではあ

りませんが、フランスでは大西洋で獲れるもの（ヴィエイユ・ペルレvieille perlée）は焼き、地中海のもの（ラーブル・ヴェール labre vert, メルルmerle）はブイヤベースの材料になります。

4-3　Escargot et grenouille　エスカルゴとカエル

Escargot
エスカルゴ：「カタツムリ」。先史時代の遺跡からカタツムリの殻が出土していることから、人類はその誕生からこれを食べていたことが証明されています。フランスでは14世紀末の『メナジエ・ド・パリ』という家政の書に、初めて食材としてescargolzという語が現れますが、これは貝殻、殻という意味のラテン語コキリウムcochylium（=コキーユcoquille）に由来するものだと説明されています。本来養殖が難しく、自然のものを捕獲していたこと、さらに中世的なゲテモノを忌避する風潮のために、16世紀以降は食材として避けられてきましたが、19世紀になって高級食材として復活しました。

Escargots à la bourguignonne
エスカルゴ・ア・ラ・ブルギニョンヌ：「ブルゴーニュ風エスカルゴ」。ごく一般なエスカルゴ料理で、下処理をした身を殻に戻して、ニンニク、パセリを入れたブルゴーニュバターを詰めてオーヴンで焼いたもの。エスカルゴ皿に6個あるいは12個をのせて出すアントレ。

Potée d'escargots
ポテ・デスカルゴ：「エスカルゴのポテ」。ニンニク、玉葱、トマト、アンチョビを細かく切ってオリーヴ油で炒め、白ワインを注いだなかに、缶詰のエスカルゴを入れて煮込み、生クリームで味を調えたもの。

Profiteroles de petit-gris à l'oie fumée
プロフィットロール・ドゥ・プティ・グリ・ア・ロワ・フュメ：「エスカルゴのプロフィットロール、ガチョウの燻製添え」。砂糖を抜いたシューを焼き、煮込んだエスカルゴ（プティ＝グリ種）

とガチョウの胸肉の燻製を詰めて、アスパラガスとエスカルゴの入ったソースをあしらったもの。

Grenouille
グルヌイユ：「カエル」。カエルの腿肉は中世から食べられていた食材です。長時間水に晒して、小麦粉をつけて油で揚げるのが一般的な食べ方でした。この下処理の方法は現在も同じです。

Cuisses de grenouilles aux fines herbes
キュイッス・ドゥ・グルヌイユ・オ・フィーヌ・ゼルブ：「カエルの腿肉香草風味」。バターかオリーヴ油でソテにするか、衣をつけて油で揚げたカエルの腿肉に、パセリとレモン汁をかけたもの。

Fricassée de grenouilles aux escargots
フリカセ・ドゥ・グルヌイユ・オ・ゼスカルゴ：「エスカルゴとカエルのフリカセ」。牛乳に浸し、小麦粉をつけてバターでソテし、ニンニクのピューレをかけたカエルの腿肉に、白ワイン、香草を加えて温めた缶詰のエスカルゴを盛り付けたもの。

5

Viande
~肉~

肉を指す一般的な名称はヴィアンドViandeです。これはもともと「食べ物一般」を意味していました。昔は、肉はcharシャール（現代のフランス語ではchairシェール）と称されていましたが、14世紀ころからviandeが肉を指すようになり、今ではこれが肉の総称になっています。

　ここでは家畜の肉（牛、子牛、羊、子羊、豚、馬）および、体毛のあるジビエの肉、それらのアバ（abats内臓）および加工品の料理を採り上げます。

5-1 Bœuf ブフ：牛肉

　日本では肉はしゃぶしゃぶ用、すき焼き用、焼肉用、ステーキ用シチュウとカレー用といった料理の種類に合わせた切り方（厚さ、薄さ）が基準で売られており、肉の部位に関しては、等級をつけるか、せいぜいサーロインだとかバラ肉という程度で、ほとんど問題にしません。しかし古くから肉食生活を送っているヨーロッパでは、肉は部位別に売られています。つまり料理によって用いる部位が違っているからです。

【牛肉の部位】

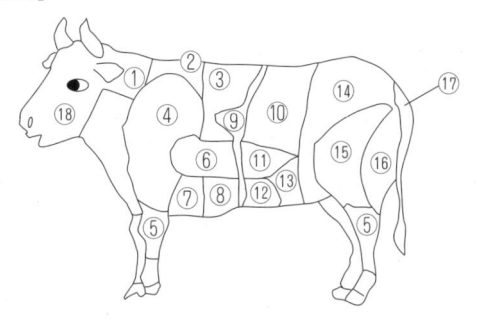

①ヴェーヌveine（首肉）　②ペルスィエpersillé, バス・コートbasses côtes（肩ロース）　③コートcôtes, アントルコートentrecôtes　④ジュモーjumeau, マクルーズmacreuse, パルロンpaleron　⑤ジャレjarret（脛肉）　⑥プラ・ドゥ・コートplat de côtes（骨付きバラ肉）　⑦ポワトリーヌpoitrine（胸肉）　⑧タンドロンtendron　⑨オングレonglet, アンプhampe　⑩フォ・フィレfaux filet（サーロイン），フィレfilet　⑪バヴェット・ダロワイヨbavette d'aloyau　⑫フランシェflanchet　⑬バヴェット・ドゥ・フランシェbavette de flanchet　⑭エギュイエットaiguillette, ロムステックromsteck（ランプ）　⑮トランシュtranche（シンタマ）　⑯ジットgîte　⑰クーqueue（テール）　⑱ジューjoue、ポモーpommeau（頬肉）

Abats de bœuf
アバ・ドゥ・ブフ：「牛のアバ」。

アバには臓物の色により「白いアバ」アバ・ブランAbats blancsと「赤いアバ」アバ・ルージュAbats rougesという分け方もありますが、ここでは食材となる部位の名前を示すにとどめておきます。

Amourettes アムーレット：「脊髄」。Animelles アニメル：「睾丸」。Cervelle セルヴェル：「脳味噌」。Cœur クール：「心臓」。Gras-double グラ・ドゥーブル：「グラ＝ドゥーブル」。Joue ジュー：「頬肉」。Langue ラング：「タン」。Moelle モワール：「骨髄」。Museau ミュゾー：「鼻面」。Panse パンス：「パンス」（第1胃ミノ）で作った加熱食品。Pied ピエ：「足」。Queue クー：「テール」。Ris リ：「胸腺」。Rognon ロニョン：「腎臓」。Tête テート：「頭肉」。Tripesトリップ：「胃と腸」。

Aiguillette
エギュイエット：「エギュイエット」。腿の付け根の部分の肉。

Aiguillette de bœuf à l'escarlate
エギュイエット・ドゥ・ブフ・ア・レスカルラット：「牛のエギュイエット、牛タン入り」。牛のエギュイエットと緋色の牛タンにトリュフを刺し、子牛の足、骨、野菜などと煮込んだもの。

Aiguillette de bœuf en gelée
エギュイエット・ドゥ・ブフ・アン・ジュレ：「牛のエギュイエットのジュレ寄せ」。エギュイエットを子牛の足、骨、野菜などと白ワインで煮込んでから冷やし、ジュレで固めたもの。

Aloyau à la d'Albufera
アロワイヨー・ア・ラ・ダルブフェーラ：「アロワイヨーのアルブフェラ風」。蒸し煮にしたアロワイヨーの周りに、子牛の胸腺、塩タン、マッシュルームの入った煮汁をかけ、肉の上に飾りつけたもの。19世紀初頭、スペインのヴァレンシア近郊の潟湖アルブフェラでイギリス軍を破ったシュシェSuchet元帥に、料理人アントナン・カレームAntonin Carêmeが捧げた料理だといわれています。

Amourettes
アムーレット：「脊髄」。
Amourettes en fritos
アムーレット・アン・フリト：「脊髄のフリト」。オリーヴ油とレモン汁に漬けておいた脊髄に衣をつけて揚げたもの。
Animelles
アニメル：「睾丸」。アメリカでは黄金の牡蠣golden oysterと呼ばれ、珍味とされていますが、フランスでも食べられます。
Animelles à la crème
アニメル・ア・ラ・クレーム：「睾丸のクリーム煮」。ゆでて水に漬け、皮を剥いて薄く切った睾丸をクリームで煮込んだもの。
Animelles frites
アニメル・フリット：「睾丸のフライ」。香草を入れたオリーヴ油に漬けておいた睾丸の薄切りを小麦粉をつけて揚げたもの。
Baekenofe
ベクノフ：「ベクノフ」。牛、豚、羊を使ったアルザス地方の肉のごった煮。
Bavette à l'échalote
バヴェット・ア・レシャロット：「エシャロット風味のバヴェット」。フライパンで刻んだエシャロットとバヴェットを焼き、酸味のきいたソースをかけたもの。
Bifteck
ビフテック：「ビフテキ」。18世紀後半に英語のbeefsteakから借用され、19世紀になってbifteckと呼ばれるようになりました。ビーフステーキとはもともと牛肉の薄切りの意味です。なお英語のbeefはフランス語のbœufに由来しています。
Bifteck à l'ancienne
ビフテック・ア・ランスィエンヌ：「昔風ビフテキ」。挽肉に香草と卵を混ぜ、小麦粉をつけてバターで両面を焼いた、いわゆるハンバーグのこと。
Bifteck à l'anglaise
ビフテック・ア・ラングレーズ：「イギリス風ビフテキ」。ブイヨンで煮込んだ牛肉を薄く切り、莢インゲンのピューレとジャガ

イモのピューレを添えたもの。

Bifteck grillé aux choux de Bruxelles
ビフテック・グリエ・オ・シュー・ドゥ・ブリュッセル：「牛肉のグリエ、芽キャベツ添え」。グリエした牛肉に、ゆで卵を刻んで散らした芽キャベツを添えたもの。

Biftecks à la bordelaise
ビフテック・ア・ラ・ボルドレーズ：「ボルドー風ビフテキ」。厚めに切ったフィレをバターで焼いてからエシャロットと赤ワインで軽く煮込み、セップ茸とトマトを添えたもの。

Biftecks aux oignons
ビフテック・オ・ゾニョン：「玉葱添えビフテキ」。バターで焼いた牛肉に、玉葱とジャガイモを添えたもの。

Biftecks farcis
ビフテック・ファルスィ：「ビフテキのファルシ」。パン、玉葱、ローストビーフの残りなどを混ぜて肉で包み、トマトのピューレと赤ワインで煮込んだもの。

Biftecks hachés aux céleris
ビフテック・アシェ・オ・セルリ：「ミンチのステーキ、セロリ添え」。牛のミンチに、子羊の肝臓を刻んで混ぜ、溶き卵にくぐらせて小麦粉を振りかけ、バターで両面を焼いて、セロリとジャガイモとチーズのピューレを添えたもの。

Biftecks sauce ravigote
ビフテック・ソース・ラヴィゴット：「ビフテキのラヴィゴットソースかけ」。バターで焼いた牛肉に、エシャロットをベースにして作ったピックルスとケーパー入りのソースをかけたもの。

Bœuf à la diable
ブフ・ア・ラ・ディアーブル：「牛肉の悪魔風」。切った肉の両面にマスタードを塗り、パン屑をつけて焼いたもの。

Bœuf à la ficelle
ブフ・ア・ラ・フィセール：「牛肉のア・ラ・フィセール」。子牛の骨で煮込んだ野菜に、軽く火を通したロムステックのエギュイエットを薄切りにしてのせたもの。

Bœuf à la hongroise
ブフ・ア・ラ・オングロワーズ：「牛肉のハンガリー風」。牛肉を、玉葱、トマト、ジャガイモと煮込んだクリーム味のもの。

Bœuf à la mode
ブフ・ア・ラ・モード：「牛肉のア・ラ・モード」。香草とコニャックなどに漬けておいた尻肉（キュロットculotte）を、野菜と一緒にオーヴンで蒸し煮にしたもの。

Bœuf aux asperges
ブフ・オ・ザスペルジュ：「牛肉のアスパラガス添え」。塩漬け豚、玉葱、牛肉をさいの目に切ってブイヨンと白ワインで煮込み、アスパラガスを添えたもの。

Bœuf bouilli
ブフ・ブイイ：「牛のゆで肉」。中世から伝わる大型家畜（牛、羊）の基本的な調理法です。

Bœuf bouilli à la crème
ブフ・ブイイ・ア・ラ・クレーム：「ゆで肉の薄切りにマッシュルームをのせ、クリームソースをかけてグラタン風に焼いたもの。

Bœuf bouilli à la provençale
ブフ・ブイイ・ア・ラ・プロヴァンサル：「プロヴァンス風ゆで肉」。牛の尻肉を、トマト、黒オリーヴ、玉葱などの野菜、および豚の皮と煮込んだもの。

Bœuf bouilli au curry
ブフ・ブイイ・オ・キュリ：「ゆで肉のカレー風味」。ゆで肉の薄切りにヨーグルト入りのカレーソースをかけて煮込み、ご飯を添えたもの。

Bœuf bouilli aux champignons
ブフ・ブイイ・オ・シャンピニョン：「ゆで肉のマッシュルームソースかけ」。ゆで肉の薄切りにマッシュルームの入ったトマトソースをかけて煮込んだもの。

Bœuf bouilli aux cornichons
ブフ・ブイイ・オ・コルニション：「ゆで肉のピックルス添え」。ゆで肉をさいの目に切ってバターで炒め、ピックルスの入った酸

味のきいたソースをかけたもの。

Bœuf bouilli froid à la mayonnaise
ブフ・ブイイ・フロワ・ア・ラ・マイヨネーズ：「冷製ゆで肉、マヨネーズ風味」。レタスの上にゆで肉の薄切りと、固ゆで卵をのせ、マヨネーズを添えたもの。

Bœuf bouilli gratiné au jambon
ブフ・ブイイ・グラティネ・オ・ジャンボン：「ゆで肉のハム入りグラティネ」。ゆで肉、蒸したジャガイモの輪切り、ハムに、牛乳とグリュイエール・チーズを混ぜたソースを注ぎ、オーヴンで焼いたもの。

Bœuf bouilli gratiné aux champignons
ブフ・ブイイ・グラティネ・オ・シャンピニョン：「ゆで肉のグラティネ、マッシュルーム入り」。薄切りのゆで肉に、マッシュルームと玉葱を炒めて白ワインとブイヨンで煮込んだソースをかけ、グリュイエール・チーズをのせて焼いたもの。

Bouilli de bœuf à la hongroise
ブイイ・ドゥ・ブフ・ア・ラ・オングロワーズ：「ゆで肉、ハンガリー風」。ポトフの残り肉を玉葱と一緒に炒めて、パプリカで味付けをしてクリームソースをかけたもの。

Bœuf bourguignon
ブフ・ブルギニョン：「牛肉のブルゴーニュ風煮込み」。牛のキュロットculotte（腰の部分）の赤身に、マッシュルームや玉葱を入れてブルゴーニュの赤ワインで煮込んだもの。

Bœuf braisé
ブフ・ブレゼ：「牛肉の蒸し煮」。

Bœuf braisé à la bourguignonne
ブフ・ブレゼ・ア・ラ・ブルギニョンヌ：「牛肉のブレゼ、ブルゴーニュ風」。ニンジン、玉葱、マッシュルームなどの野菜と肉を赤ワインで蒸し煮にしたもの。

Bœuf braisé à la gardiane
ブフ・ブレゼ・ア・ラ・ガルディアーヌ：「牛肉のブレゼ、ガルディアーヌ風」。エギュイエットを紐で縛って、香草を入れて煮込んだ、南仏カマルグ地方Camargueの料理。

Bœuf braisé au vin
ブフ・ブレゼ・オ・ヴァン:「牛肉のブレゼ、ワイン風味」。厚く切ったブレゼ用牛肉を、豚の皮、燻製ハム、エシャロット、玉葱、ニンニクと一緒にボルドーの赤で煮込んだもの。

Bœuf braisé aux oignons
ブフ・ブレゼ・オ・ゾニョン:「牛肉のブレゼ、玉葱添え」。牛肉を塩漬け豚、玉葱、ジャガイモと煮込んだもの。

Bœuf braisé classique
ブフ・ブレゼ・クラスィーク:「古典的牛肉のブレゼ」。ニンニク、玉葱、コニャック、白ワインに肉を浸してから、煮込んだもの。

Bœuf braisé farci
ブフ・ブレゼ・ファルスィ:「牛肉のブレゼのファルシ」。牝牛の肝臓、牛乳に浸したパン、卵黄を混ぜたものを牛肉に塗って重ね、網脂で巻いて煮込んだもの。

Bœuf braisé jardinière
ブフ・ブレゼ・ジャルディニエール:「牛肉のブレゼ、庭師風」。牛肉の表面を焦がしてから、玉葱、ニンジン、グリンピースと一緒にワインとブイヨンで煮込んだもの。

Bœuf braisé porte-maillot
ブフ・ブレゼ・ポルト・マイヨ:「牛肉の蒸し煮、ポルト=マイヨ風」。白ワインとブイヨンで煮込んだエギュイエットに、ニンジン、莢インゲン、玉葱などをあしらったもの。

Bœuf du Brandebourg
ブフ・デュ・ブランドゥブール:「牛肉のブランデンブルク風」。骨つき肩バラ肉を多量の玉葱の薄切りと煮込んだもの。ブランデンブルクはドイツのベルリン近郊地帯。

Bœuf en gelée
ブフ・アン・ジュレ:「牛肉のジュレ寄せ」。玉葱、ニンジン、ニンニク、白ワイン、コニャック、ポルト酒に漬けた肉を、子牛の足と骨と一緒に煮込み、型に入れて冷やしたもの。

Bœuf gratiné aux oignons
ブフ・グラティネ・オ・ゾニョン:「牛肉のグラティネ、玉

葱添え」。肉の上に、ヴィネガー、マスタードをきかせた玉葱、ニンニク、エシャロットをのせてグラタン風に焼いたもの。

Bœuf gros sel (bœuf bouilli)
ブフ・グロ・セル（ブフ・ブイイ）：「牛肉の粗塩添え（またはゆで肉）」。牛肉のジットgîte、頬肉pommeau、その他の部位を野菜とともに長時間煮込んだもの。粗塩とマスタードで食べます。

Bœuf mariné à l'orange
ブフ・マリネ・ア・ロランジュ：「牛肉のマリネ、オレンジ風味」。白ワイン、オレンジとレモンの絞り汁、オリーヴ油に、ニンジン、玉葱、マッシュルームと月桂樹の葉を入れたマリナードに漬けた、一口大に切ったジット（腿肉の下部）を、落花生オイルで炒め、野菜とマリナードを加えて煮込んだもの。

Bœuf miroton
ブフ・ミロトン：「牛肉のミロトン」。ポトフの残り物の牛肉に、酸味のきいたソースをかけてグラタン風に焼いたもの。

Bœuf salé
ブフ・サレ：「牛肉の塩漬け」。塩漬けにした胸肉を水で煮込み、野菜を添えたもの。

Bœuf Straganov
ブフ・ストラガノフ：「牛肉のストラガノフ風」。白ワインでマリネしたフィレ肉を、マッシュルームの笠を炒めた鍋でソテし、漬け汁を煮詰め、クリームを入れ、牛肉およびマッシュルームと合わせたもの。

Boulettes
ブーレット：「肉団子、ブーレット」。

Boulettes au curry
ブーレット・オ・キュリ：「肉団子のカレー風味」。玉葱とリンゴを刻んでカレー風味のソースを作り、肉団子の表面を焼いてから、カレーソースで煮込んだもの。

Boulettes de foie de génisse
ブーレット・ドゥ・フォワ・ドゥ・ジェニッス：「牝牛の肝臓のブーレット」。牝牛の肝臓を細かく刻んで、牛乳に浸したパンや

パセリと混ぜてゆがき、バターで焼いたもの。

Boulettes montagnardes
ブーレット・モンタニャルド：「山岳風ブーレット」。パンとパセリ、炒めた玉葱を加えた肉団子に、グリュイエール・チーズの薄片をのせてバターで焼いたもの。

Brochettes de cœur de bœuf
ブロッシェット・ドゥ・クール・ドゥ・ブフ：「牛の心臓の串焼き」。牛の心臓、マッシュルーム、玉葱、豚の皮を交互に串に刺して焼いたもの。

Brochettes de filet de bœuf mariné
ブロッシェット・ドゥ・フィレ・ドゥ・ブフ・マリネ：「マリネした牛のフィレの串焼き」。オリーヴ油でマリネしたフィレとベーコンに、玉葱、ピーマン、プチトマト、マッシュルームを串に刺して焼いたもの。

Carbonades de bœuf à la flamande
カルボナード・ドゥ・ブフ・ア・ラ・フラマンド：「フランドル風牛のカルボナード」。牛のアンプhampe（上バラ肉）ないしはパルロンpaleron（肩甲骨肉）の薄切りを、炒めた玉葱と交互に重ね、ビールで煮込んだもの。

Cervelle de bœuf en meurette
セルヴェル・ドゥ・ブフ・アン・ムーレット：「牛の脳味噌、ムーレット風」。脳味噌を洗ってヴィネガーに漬け、ニンジン、ニンニク、玉葱と一緒に赤ワインで煮込んで、卵黄を加えたソースをかけたもの。

Chateaubriand
シャトブリヤン：「牛肉のステーキ、シャトブリアン風」。ジャガイモのスフレを添えた厚いフィレ肉のステーキ。ロマン主義時代の作家シャトブリアンRené François Chateaubriand（1768-1848）に因んだもの。

Cœur de bœuf
クール・ドゥ・ブフ：「牛の心臓」（Cf. Brochettes de cœur de bœuf, p.123）。

Côte de bœuf
コート・ドゥ・ブフ：「牛のコート」。骨付きのアバラ肉。

Côte rôtie à la bouquetière
コート・ロティ・ア・ラ・ブクティエール：「コートのロースト、ブクティエール風」。骨付きのアバラ肉を焼いて、炒めた野菜を添えたもの。

Cuisson de la viande
キュイッソン・ドゥ・ラ・ヴィアンド：「肉の焼き具合」。フランスでは肉の焼き具合はつぎの4段階があります。ブルーbleue（肉の青みが残ったほとんど生の状態）、セニャントsaignante（血が滴るレアの状態）、ア・ポワンà point（ミディアム）、ビヤン・キュイットbien cuite（ウェルダーン）。

Daube de bœuf aux pruneaux
ドーブ・ドゥ・ブフ・オ・プリュノー：「牛肉のドーブ、干しプラム入り」。牛のマクルーズを、あらゆる種類のスパイスを溶かした赤ワインに漬けてから、干しプラム、オリーヴ、玉葱などと煮込んだもの。

Entrecôte
アントルコート：「アントルコート」。

Entrecôte Bercy
アントルコート・ベルスィ：「ベルシー風アントルコート」。グリルで焼いたアントルコートに、エシャロットとパセリを加えた白ワインソースをかけたもの。ベルシーはパリのセーヌ河沿いの地名。

Entrecôte grand-mère
アントルコート・グラン・メール：「アントルコート、おばあさん風」。アントルコートの両面に焦げ目をつけてから、ゆがいた玉葱とマッシュルームの笠を添えて焼いたもの。

Entrecôte grillée sauce béarnaise
アントルコート・グリエ・ソース・ベアルネーズ：「アントルコートのグリエ、ベアルンソースかけ」。グリエした牛のアントルコートに、エシャロット、チャーヴィル、卵黄、ワイン・ヴィネガーで作ったベアルンソースを添えたもの。

Entrecôte Mirabeau
アントルコート・ミラボー:「アントルコート、ミラボー風」。薄いアントルコートを焼いて、アンチョビ、ゆでたオリーヴをあしらったもの。ミラボーはフランス大革命期に活躍した人物(1749-1791)。セーヌ河にかかるミラボー橋にその名を残しています。オリーヴやアンチョビを添えたものにミラボーという名がついています。

Entrecôte poêlée à la bourguignonne
アントルコート・ポワレ・ア・ラ・ブルギニョンヌ:「アントルコートのポワレ、ブルゴーニュ風」。アントルコートを焼いて、ブルゴーニュの赤ワインを煮詰めたソースをかけたもの。

Entrecôte poêlée à la lyonnaise
アントルコート・ポワレ・ア・ラ・リヨネーズ:「アントルコートのポワレ、リヨン風」。アントルコートを焼いて、薄切りの玉葱を炒めて添えたもの。

Entrecôte vert-pré
アントルコート・ヴェール・プレ:「アントルコートの緑野菜添え」。グリエしたアントルコートに緑の野菜を添えたもの。ヴェール・プレは「緑の牧場」の意味です。

Estouffade de bœuf
エストゥファード・ドゥ・ブフ:「牛肉のエストゥファード」。牛肉のワイン煮込み。

Faux-filet braisé à la bourgeoise
フォ・フィレ・ブレゼ・ア・ラ・ブルジョワーズ:「サーロインのブレゼ、ブルジョワ風」。香味野菜とコニャック、白ワインに漬けたサーロインを野菜と蒸し煮にしたもの。

Filet
フィレ:「フィレ」。

Filet de bœuf à la forestière
フィレ・ドゥ・ブフ・ア・ラ・フォレスティエール:「牛肉のフィレ、森番風」。焼いたフィレ肉にジャガイモ、マッシュルームを添えたもの。

Filet de bœuf à la Frascati
フィレ・ドゥ・ブフ・ア・ラ・フラスカーティ:「フィレのフラスカーティ風」。フィレのローストに、マッシュルーム、アスパラガス、トリュフ、フォワグラを添えたもの。フラスカーティは19世紀のパリの娯楽場の名前。

Filet de bœuf à la Matignon
フィレ・ドゥ・ブフ・ア・ラ・マティニョン:「フィレのマティニョン風」。フィレを野菜のフォンデュで包んで、マデイラ酒で煮込んだもの。

Filet de bœuf en brioche
フィレ・ドゥ・ブフ・アン・ブリオッシュ:「フィレのブリオッシュ包み」。フィレをブリオッシュ生地に包んで焼いたもの。

Filet de bœuf Prince Albert
フィレ・ドゥ・ブフ・プランス・アルベール:「フィレのアルベール公風」。フィレのなかにトリュフを刺したフォワグラを包んでポルト酒で煮込んだもの。アルベールはモナコ公アルベール1世 (1848-1922)。

Fondue bourguignonne
フォンデュ・ブルギニョンヌ:「ブルゴーニュ風フォンデュ」。小さな角切りにした牛肉を長いフォークに刺して油で揚げ、種々のソースにつけて食べるブルゴーニュの料理。

Goulache
グーラッシュ:「グーラッシュ」。ハンガリーの牛肉の煮込み料理。パルロンを大きなぶつ切りにして玉葱と一緒にラードで炒め、トマト、ニンニク、パプリカを入れてブイヨンで煮込んだもの。

Gras-double
グラ・ドゥーブル:「牛の第1胃(ミノ)、グラ=ドゥーブル」。

Gras-double de bœuf à la bourgeoise
グラ・ドゥーブル・ドゥ・ブフ・ア・ラ・ブルジョワーズ:「牛のグラ=ドゥーブル、ブルジョワ風」。第1胃を刻んで、ニンジン、玉葱と一緒にブイヨンで煮込んだもの。

Gras-double de bœuf à la lyonnaise
グラ・ドゥーブル・ドゥ・ブフ・ア・ラ・リヨネーズ:「牛のグ

ラ=ドゥーブル、リヨン風」。牛のグラ=ドゥーブルを玉葱と炒めたもの。

Hachis de bœuf
アシ・ドゥ・ブフ：「牛肉のミンチ」。

Hachis de bœuf à l'italienne
アシ・ドゥ・ブフ・ア・リタリエンヌ：「牛肉のミンチ、イタリア風」。残り物の牛肉に、玉葱、トマト・ピューレを加えて作るソースで、パスタに添えます。

Hachis de bœuf en gratin aux aubergines
アシ・ドゥ・ブフ・アン・グラタン・オ・ゾベルジーヌ：「牛肉のミンチとナスのグラタン」。バターで炒めたナスに、パセリを加えたイタリア風ミンチソースをかけて、グラタン風に焼いたもの。

Hochepot de queue de bœuf
オシュポ・ドゥ・クー・ドゥ・ブフ：「牛のテールのオシュポ」。オシュポとはフランドル地方の煮込み料理。牛のテール、豚の足、豚の耳を野菜と煮込んだもの。

Joue de bœuf en daube
ジュー・ドゥ・ブフ・アン・ドーブ：「牛の頬肉のドーブ」。頬肉と塩漬け豚のバラ肉を、ニンジン、緑のオリーヴ、ニンニク、玉葱と一緒に、白ワインで煮込んだもの。

Langue de bœuf
ラング・ドゥ・ブフ：「牛タン」。玉葱、月桂樹、クローブ、タイムを入れて白ワインで煮込んだ牛タンを薄く切り、ソースディアーブル（マスタード入りのソース）をかけたもの。

Langue de bœuf à l'alsacienne
ラング・ドゥ・ブフ・ア・ラルザスィエンヌ：「牛タン、アルザス風」。シュークルートのなかに牛タンとベーコンを入れて蒸し焼きにしたもの。

Onglet poêlé à l'échalote
オングレ・ポワレ・ア・レシャロット：「オングレのポワレ、エシャロット風味」。オングレを焼いて、エシャロットのソースをかけたもの。

Paupiettes de bœuf Sainte-Menehould
ポーピエット・ドゥ・ブフ・サント・ムヌウー：「牛肉のポーピエット、サント＝ムヌウー風」。薄切りのフィレを叩いて延ばし、ソーセージ用のひき肉を塗ってロール状に巻き、豚の背脂で包み、白ワインで蒸し煮にしたもの。サント＝ムヌウーはマルヌ県Marneにある地名。

Petite marmite à la parisienne
プティット・マルミット・ア・ラ・パリズィエンヌ：「パリ風牛肉の小鍋煮込み」。牛の尻肉を野菜と一緒にブイヨンで煮込んだ鍋料理。

Pie au bœuf et aux rognons
パイ・オ・ブフ・エ・オ・ロニョン：「牛肉と腎臓のパイ」。下拵えして、エシャロットと一緒に炒めた肉と腎臓を、パイ生地に入れて焼いたもの。

Pièce de bœuf braisée à l'ancienne
ピエース・ドゥ・ブフ・ブレゼ・ア・ランスィエンヌ：「昔風牛肉のブレゼ」。煮込んだエギュイエットで作った肉のケースに、切り取った肉、塩漬け牛タン、マッシュルームを刻んで詰めたもの。

Pot-au-feu
ポ・ト・フー：「ポトフ」。骨つきバラ肉を、セロリ、ニンジン、カブ、玉葱などの野菜と煮込んだもの。

Queue de bœuf grillée à la Sainte-Menehould
クー・ドゥ・ブフ・グリエ・ア・ラ・サント・ムヌウー：「牛のテールのグリエ、サント＝ムヌウー風」。ブイヨンで煮た牛のテールの肉を骨から外し、マスタードを塗りパン粉を振ってグリエしたもの。

Rosbif
ロスビフ：「ローストビーフ」。英語のroastbeefからの借用。塊で焼いた肉を、切り削いで、焼き汁で作ったソースを添えます。

Steak
ステーク：「ステーキ」（Cf. Bifteck, p.117）。

Steak au poivre
ステーク・オ・ポワーヴル:「コショウ風味のステーキ」。粗挽きのコショウを振って焼いたランプに、コニャックと白ワイン風味のソースをかけたもの。

Steak grillé au beurre d'anchois
ステーク・グリエ・オ・ブール・ダンショワ:「牛のステーキの網焼き、アンチョビ風味」。ラムステックを焼いて、アンチョビバターを塗り、オリーヴ、プチトマト、莢インゲンを添えたもの。

Steak tartare
ステーク・タルタル:「牛肉のタルタルステーキ」。ランプかサーロインを刻んだタルタルステーキ。

Tajine de bœuf aux cardons
タジーヌ・ドゥ・ブフ・オ・カルドン:「カルドン入り牛肉のタジーヌ」。カルドン(朝鮮アザミ)を加えてレモン味で煮込んだもの。タジーヌはマグレブの土鍋煮込み料理。

Terrine de bœuf à l'ancienne
テリーヌ・ドゥ・ブフ・ア・ランスィエンヌ:「牛肉のテリーヌ、昔風」。細かく刻んだ豚の胸脂、角切りにした牛肉、エシャロット、ニンニク、パセリを、豚の皮を敷いたテリーヌ型に入れて焼き、冷ましたもの。

Tournedos
トゥルヌドー:「トゥルヌドー」。牛のフィレを輪切りにしたものを言います。

Tournedos Henri IV
トゥルヌドー・アンリ・カートル:「アンリ4世風トゥルヌドー」。色づくように焼いたパンの上に焼いたトゥルヌドーをのせて、チャーヴィル、エストラゴンなどを加え、ワイン・ヴィネガーで味を調え、卵黄を混ぜて暖めたソースを添えたもの。

Tournedos Masséna
トゥルヌドー・マッセナ:「マッセナ風トゥルヌドー」。フィレ肉を豚の背脂で巻いて輪切りにして焼き、アンティチョークの花托と骨髄を添えたもの。

Tournedos Opéra
トゥルヌドー・オペラ：「トゥルヌドー、オペラ風」。焼いたトゥルヌドーに鶏の肝臓、塩漬け豚の脂身、マッシュルーム、エシャロットを添えたもの。

Tournedos Rossini
トゥルヌドー・ロッスィーニ：「トゥルヌドー、ロッシーニ風」。焼いたトゥルヌドーにフォワグラとトリュフをあしらったもの。

Tripes
トリップ：「内臓」（胃と腸）。

Tripes à la mode de Caen
トリップ・ア・ラ・モード・ドゥ・カーン：「牛の内臓、カーン風」。内臓を白ワインで煮込み、ジャガイモを添えたもの。カーンは第2次世界大戦の末期、連合軍の上陸作戦が展開されたノルマンディの都市。中世の修道院が残っていることでも有名。

Tripes au cidre
トリップ・オ・スィードル：「内臓のシードル風味」。第1胃とセロリ、塩漬け豚の脂身、子牛の足をシードル酒で煮込んだもの。

5-2　Veau　子牛

子牛（生後1年）は肉が柔らかく脂肪分も少ないので、中世では肉体労働の少ない、貴族階層向きの高貴な食材とみなされていました。今日でも普通の牛肉よりも好まれています。

【子牛の部位】

①コリエcollier（首肉）　②コートcôte　③エポールépaule（肩肉）
④コートレットcôtelette（骨付きコート）　⑤ポワトリーヌpoitrine（胸肉）　⑥タンドロンtendron　⑦ロンジュlonge（腰肉）　⑧フランシェflanchet　⑨カズィquasi　⑩ノワnoix（内腿肉）　⑪ジャレjarret（脛肉）　⑫クーqueue（テール）

Abats de veau
アバ・ドゥ・ヴォー：「子牛のアバ」。
　Amourettes アムーレット：「脊髄」。Cervelle セルヴェル：「脳味噌」。Cœur クール：「心臓」。Foie フォワ：「肝臓」。Fraise フレーズ：「腸」。Joue ジュー：「頬」。Langue ラング：「タン」。Oreille オレイユ：「耳」。Pansette パンセット：「第1胃」。Pied ピエ：「足」。Queue クー：「テール」。Ris リ：「胸腺」。Rognon ロニョン：「腎臓」。Tête テート：「頭肉」。

Aillade de veau
アイヤード・ドゥ・ヴォー：「子牛のアイヤード」。子牛の尻肉を玉葱とニンニクで蒸し煮にして、ニンニクを潰したソースをかけたもの。

Amourettes en fritos
アムーレット・アン・フリト：「脊髄のフリトー」。オリーヴ油とレモン汁に漬けておいた脊髄に衣をつけて揚げたもの。

Beuchelle à la tourangelle
ブシェル・ア・ラ・トゥーランジェル：「トゥーレーヌ風ブシェル」。子牛の胸腺をニンジン、玉葱、セロリと一緒に白ワインで煮込み、クリーム味にしたもの。トゥーレーヌTouraineは、ロワール河に沿った名城の並ぶフランスの庭園と呼ばれているトゥールTours周辺の地方です。

Blanquette de veau
ブランケット・ドゥ・ヴォー：「子牛のブランケット」。子牛の肉、ニンジン、玉葱、白葱、セロリ、マッシュルームのクリーム煮込み。

Bordure de farce de veau aux amourettes ou à la cervelle de veau
ボルデュール・ドゥ・ファルス・ドゥ・ヴォー・オ・ザムーレット・ウ・ア・ラ・セルヴェル・ドゥ・ヴォー：「子牛のファルスのボルデュール、脊髄または脳味噌添え」。子牛のムースをボルデュール型に入れ、脊髄や脳味噌をのせて焼き、マッシュルームなどを添えたもの。

Brochettes de ris de veau
ブロシェット・ドゥ・リ・ドゥ・ヴォー：「子牛の胸腺の串焼き」。子牛の胸腺、生の豚バラ肉、トマトを串に刺して焼いたもの。

Carré
キャレ：「キャレ」。肋骨についている背肉。

Carré de veau à l'italienne
キャレ・ドゥ・ヴォー・ア・リタリエンヌ：「子牛の背肉、イタリア風」。焼いた子牛の背肉にアーティチョーク、スパゲッティを添えたもの。

Carré de veau à la crème
キャレ・ドゥ・ヴォー・ア・ラ・クレーム：「子牛の背肉、クリーム風味」。焼いた骨付きの背肉にジャガイモ、トマト、莢インゲンなどの野菜をあしらい、肉の焼き汁にポルト酒とクリームを加えたソースを添えたもの。

Carré de veau Choisy
キャレ・ドゥ・ヴォー・ショワズィ：「子牛の背肉、ショワジー風」。子牛の背肉と屑肉を、塩漬け豚、ニンジン、玉葱、ジャガイモ、トマト、レタスと一緒に白ワイン風味に煮込んだもの。ショワジー風はレタスを用いた料理のこと。

Cervelle
セルヴェル：「脳味噌」。

Cervelles de veau en meurette
セルヴェル・ドゥ・ヴォー・アン・ムーレット：「子牛の脳味噌のムーレット風」。脳味噌を赤ワインで煮込んだもの。

Cervelles de veau en panier
セルヴェル・ドゥ・ヴォー・アン・パニエ:「子牛の脳味噌の籠盛り仕立て」。香草の入ったクールブイヨンで煮た脳味噌を薄く切り、トマトに挟んだもの。

Cervelles de veau frites à l'anglaise
セルヴェル・ドゥ・ヴォー・フリット・ア・ラングレーズ:「子牛の脳味噌、イギリス風」。ゆがいて冷ました脳味噌を薄く切って、衣をつけて揚げたもの。

Cervelles de veau meunière
セルヴェル・ドゥ・ヴォー・ムニエール:「子牛の脳味噌のムニエル」。ヴィネガーを入れたクールブイヨンで脳味噌をゆがき、小麦粉を振ってバターで焼き、レモン汁をかけたもの。

Cervelles frites au bacon
セルヴェル・フリット・オ・ベコーヌ:「脳味噌のフライ、ベーコン添え」。バターで炒めた薄いベーコンの上に、ゆがいて厚めに切った脳味噌を溶き卵に通し、パン粉を振ってバターで焼いてのせたもの。

Cœur
クール:「心臓」。

Cœur de veau braisé
クール・ドゥ・ヴォー・ブレゼ:「子牛の心臓のブレゼ」。子牛の心臓をトマト、ニンジン、玉葱などの野菜と一緒に白ワインで煮込んだもの。

Cœur de veau en casserole à la bonne femme
クール・ドゥ・ヴォー・アン・キャスロール・ア・ラ・ボンヌ・ファム:「子牛の心臓のカスロール鍋焼き、ボヌ・ファム風」。子牛の心臓を、ジャガイモ、玉葱、塩漬け豚と一緒にカスロール鍋で煮込んだもの。

Cœur de veau farci
クール・ドゥ・ヴォー・ファルスィ:「子牛の心臓のファルシ」。子牛の心臓にキノコを詰めて豚の網脂で包み、焼いたもの。

Cœur de veau grillé en brochettes
クール・ドゥ・ヴォー・グリエ・アン・ブロシェット:「子牛の

心臓のブロッシェット」。子牛の心臓、マッシュルーム、プチトマトを交互に串に刺して焼いたもの。

Cœur de veau sauté
クール・ドゥ・ヴォー・ソテ：「子牛の心臓のソテ」。薄切りの子牛の心臓を、マッシュルームとソテしたもの。

Coquilles de veau gratinées
コキーユ・ドゥ・ヴォー・グラティネ：「子牛肉のコキーユグラタン」。子牛の残り肉、豚の生ハム、マッシュルームを小麦粉と牛乳で和え、帆立貝の殻に詰めてグラタンにしたもの。

Côte
コート：「コート」。骨付き肉。

Côtes de veau à la bolonaise
コート・ドゥ・ヴォー・ア・ラ・ボロネーズ：「子牛のコート、ボローニャ風」。小麦粉をつけ、溶き卵にくぐらせ、パルメザン・チーズ入りのパン粉をつけたコートを、バターで焼いてから、生ハムとモッツァレラ・チーズをのせてグラタン風に焼いたもの。ボローニャBolognaはイタリアの都市。

Côtes de veau à la gelée
コート・ドゥ・ヴォー・ア・ラ・ジュレ：「子牛のコート、ジュレ添え」。豚の背脂と牛タンの塩漬けを刺して煮込んだコートを、煮汁をかけて冷やしたもの。

Côtes de veau à la piémontaise
コート・ドゥ・ヴォー・ア・ラ・ピエモンテーズ：「ピエモンテ風子牛のコート」。コートを溶き卵にくぐらせ、チーズ入りの生パン粉をつけてバターで焼き、チーズとトマト味のリゾットを添えたもの。

Côtes de veau aux petits pois
コート・ドゥ・ヴォー・オ・プティ・ポワ：「子牛のコート、グリンピース添え」。焼いた子牛のコートに、塩豚脂で炒めたグリンピースと細切りレタスを添えたもの。

Côtes de veau en casserole à la paysanne
コート・ドゥ・ヴォー・アン・キャスロール・ア・ラ・ペイザンヌ：「カスロール鍋焼き子牛のコート、田舎風」。田舎風という

のは野菜の色紙切り（1センチ四方の薄切り）のことを言います。カスロール鍋でコートを焼き、ベーコンを加えてソテした野菜をあしらったもの。

Côtes de veau Foyot
コート・ドゥ・ヴォー・フォワイヨ：「子牛のコート、フォワイヨ風」。コートに、バター、グリュイエール・チーズ、パン屑を練ったものをのせて焼いたもの。フォワイヨは1938年までパリにあったレストランの名前。

Côtes de veau grillées en portefeuille
コート・ドゥ・ヴォー・グリエ・アン・ポルトフイユ：「子牛のコートのグリエ、ポルトフイユ仕立て」。袋状に開いたコートに調理をしたマッシュルームを入れて、網脂で包んでグリエしたもの。ポルトフイユとはお札入れのこと。

Côtes de veau panées à la milanaise
コート・ドゥ・ヴォー・パネ・ア・ラ・ミラネーズ：「ミラノ風子牛のコートのパン粉焼き」。コートを叩いて延ばし、溶き卵にくぐらせ、パン粉をつけて澄ましバターで焼き、イタリアンパセリを振りかけたもの。

Côtes de veau Pojarsky
コート・ドゥ・ヴォー・ポジャルスキー：「子牛のコート、ポジャルスキー風」。骨を外したコート肉をミンチにして、再び骨つきのコートの形にもどして焼いたもの。

Côtes de veau sautées à la provençale
コート・ドゥ・ヴォー・ソテ・ア・ラ・プロヴァンサル：「子牛のコートのソテ、プロヴァンス風」。オリーヴ油でソテしたコートに、ニンニク風味のトマトの詰め物を添えたもの。

Croquettes de veau
クロケット・ドゥ・ヴォー：「子牛のクロケット」。子牛の肩肉の細切れとマッシュルームを炒めて小麦粉でつなぎ、衣をつけて揚げたもの。

Cul de veau à l'angevine
キュ・ドゥ・ヴォー・ア・ランジュヴィーヌ：「子牛の尻肉、アンジェ風」。子牛の尻肉を、玉葱、ニンジン、トマトと一

緒に白ワインで煮込んだもの。アンジェAngersはロワール河沿いの都市、彫刻家ダヴィ・ダンジェDavid d'Angers (1788-1856) の美術館や、アンジュー公善王ルネRené le Bon, duc d'Anjou (1409-1480) の居城であった城砦で有名。

Darioles de veau
ダリヨル・ドゥ・ヴォー：「子牛のダリヨル」。パンの身、エシャロットと一緒に細かいミンチにした脂身の少ない子牛の肉をダリヨル型に詰めて焼き、トマトと玉葱のソースをかけたもの。

Émincée de veau à la zurichoise
エマンセ・ドゥ・ヴォー・ア・ラ・ズュリコワーズ：「子牛の薄切りチューリッヒ風」。子牛の腿肉と腎臓を薄く切り、白ワインとクリーム風味のエシャロットとマッシュルームの入ったソースで絡めたもの。チューリッヒZurichはスイスの都市。

Épaule
エポール：「肩肉」。

Épaule de veau aux carottes
エポール・ドゥ・ヴォー・オ・キャロット：「子牛の肩肉、ニンジン添え」。玉葱、ニンニク、ニンジンと細切りにした子牛の肩肉をコニャックとブイヨンで煮込んだもの。

Épaule de veau braisée aux olives
エポール・ドゥ・ヴォー・ブレゼ・オ・ゾリーヴ：「子牛の肩肉のブレゼ、オリーヴ添え」。子牛の肩肉を玉葱、ニンジン、セロリ、カブと一緒に白ワインで煮込み、オリーヴの入ったソースをかけたもの。

Épaule de veau farcie à l'anglaise
エポール・ドゥ・ヴォー・ファルスィ・ア・ラングレーズ：「子牛の肩肉のファルシ、イギリス風」。腎臓とケンネ脂のみじん切り、生パン粉、卵を練ったファルスを、骨を外した肩肉で包み、ローストまたはブレゼしたもの。

Escalope
エスカロップ：「エスカロップ（薄切り肉）」。

Escalopes à la milanaise
エスカロップ・ア・ラ・ミラネーズ：「子牛のエスカロップ、ミ

ラノ風」。小麦粉、溶き卵、チーズ入りパン粉をつけて焼いた子牛のエスカロップに、マッシュルーム、ハム、塩漬けタン、トリュフを添えたもの。

Escalopes à la viennoise
エスカロップ・ア・ラ・ヴィエノワーズ：「ウイーン風エスカロップ」。薄く叩いてのばした子牛のエスカロップに小麦粉、溶き卵、乾燥したパン粉を順につけ、ラードで揚げたもの。

Escalopes Casimir
エスカロップ・カズィミール：「子牛のエスカロップ、カジミール風」。子牛のフィレの薄切りをソテし、アーティチョークの花托、トリュフなどを添えたもの。カジミールはフランスの政治家一族カジミール＝ペリエ家Casimir-Périerに関わる名前か？

Escalopes de veau à l'andalouse
エスカロップ・ドゥ・ヴォー・ア・ランダルーズ：「子牛のエスカロップ、アンダルシア風」。焼いた子牛のエスカロップに、ニンジン、玉葱、マッシュルームのソースをかけたもの。アンダルシアAndalousieはスペイン南東部、サラセン文化が色濃く残っている地方。

Escalopes de veau à l'anversoise
エスカロップ・ドゥ・ヴォー・ア・ランヴェルソワーズ：「子牛のエスカロップ、アントワープ風」。バターで焼いた円形のパンの上に、子牛の薄切り肉をソテしてのせ、ジャガイモをあしらったもの。アントワープAnversはベルギーの都市。

Escalopes de veau au roquefort
エスカロップ・ドゥ・ヴォー・オ・ロックフォール：「子牛のエスカロップ、ロックフォール・チーズ味」。子牛のエスカロップを焼き、コニャックをフランベした鍋で、潰したロックフォール・チーズにクリームとパプリカを混ぜてソースを作り、かけたもの。

Escalopes de veau braisées
エスカロップ・ドゥ・ヴォー・ブレゼ：「子牛のエスカロップのブレゼ」。薄い子牛のエスカロップを塩豚脂で包んで巻き、玉葱、マッシュルームと蒸し焼きにしたもの。

Escalopes de veau gourmandes
エスカロップ・ドゥ・ヴォー・グルマンド:「子牛のエスカロップ、グルマン風」。エスカロップをバターで焼いて、マッシュルーム、エシャロット、オリーヴ、かき卵を添えたもの。

Escalopes de veau roulées
エスカロップ・ドゥ・ヴォー・ルーレ:「子牛のエスカロップのハム巻き」。エスカロップの両面に小麦粉を振って焼き、これをハムで巻き、グリュイエール・チーズをのせてグラタン風に焼いたもの。

Escalopes flambées au calvados
エスカロップ・フランベ・オ・カルヴァドス:「エスカロップのカルヴァドス風味」。焼いたエスカロップをカルヴァドスに浸してフランベし、マッシュルームを入れてクリーム味にしたもの。カルヴァドスはリンゴから作るノルマディ地方特産の蒸留酒。

Escalopes glacées
エスカロップ・グラセ:「エスカロップのグラセ」。エスカロップに小麦粉を振ってバターで焼き、白ワインの熱いソースをかけたもの。

Étouffée de veau à la vapeur de légumes
エトゥッフェ・ドゥ・ヴォー・ア・ラ・ヴァプール・ドゥ・レギューム:「子牛のエトゥッフェ、野菜の蒸し煮添え」。子牛の肩肉と野菜を蒸し煮にして、ワイン味のソースをかけたもの。

Feuilletons de veau à l'ancienne
フイユトン・ドゥ・ヴォー・ア・ランスィエンヌ:「昔風子牛のフイユトン」。子牛の腿肉を薄く切って、肝臓とマッシュルームを塗って重ね、全体を豚の背脂の薄切りで包んで白ワインとフォンドヴォーで煮込んだもの。

Filets mignons de veau au citron
フィレ・ミニョン・ドゥ・ヴォー・オ・スィトロン:「子牛のフィレ、レモン風味」。焼いた子牛のフィレ・ミニョン(胸郭内の肉)に、甘く煮たレモンをのせたもの。

Flanchet de veau à la niçoise
フランシェ・ドゥ・ヴォー・ア・ラ・ニソワーズ:「子牛

のフランシェ、ニース風」。子牛の腹身をオリーヴ油で炒め、玉葱、ズッキーニ、ニンニク、オリーヴの実、トマトと一緒に、ロゼワインで煮込んだもの。

Foie
フォワ：「肝臓」。

Foie de veau à l'ananas
フォワ・ドゥ・ヴォー・ア・ラナナ：「子牛の肝臓、パイナップル添え」。マスタードを塗り、小麦粉をつけた肝臓を焼き、バターで炒めたパイナップルを添えたもの。

Foie de veau à l'anglaise
フォワ・ドゥ・ヴォー・ア・ラングレーズ：「子牛の肝臓、イギリス風」。バターで焼いた肝臓に、焼いたベーコンをのせたもの。

Foie de veau à la bordelaise
フォワ・ドゥ・ヴォー・ア・ラ・ボルドレーズ：「子牛の肝臓、ボルドー風」。豚脂を刺した子牛の肝臓と、刻んだ塩漬け豚をボルドー産の白ワインに漬け、刻んだエシャロット、玉葱、マッシュルームと一緒に炒め、網脂に包んでマリナードで煮込んだもの。

Foie de veau à la lyonnaise
フォワ・ドゥ・ヴォー・ア・ラ・リヨネーズ：「子牛の肝臓、リヨン風」。子牛の肝臓を薄く切り、小麦粉をまぶして炒め、ヴィネガー味の炒めた玉葱の薄切りをかけたもの。

Foie de veau braisé au porto
フォワ・ドゥ・ヴォー・ブレゼ・オ・ポルト：「子牛の肝臓のブレゼ、ポルト酒風味」。肝臓を網脂で包み、ニンジン、玉葱、セロリと一緒にブイヨンとポルト酒を加えて炒め煮にしたもの。

Foie de veau cuit à la vapeur
フォワ・ドゥ・ヴォー・キュイ・ア・ラ・ヴァプール：「子牛の肝臓の蒸し煮」。子牛の肝臓を蒸して、アスパラガスとキュウリを添えたもの。

Foie de veau rôti
フォワ・ドゥ・ヴォー・ロティ：「子牛の肝臓のロースト」。子牛の肝臓に塩漬け豚の背脂を細く切って刺し、これを網脂で包ん

で焼いたもの。

Foie de veau sauté à la florentine
フォワ・ドゥ・ヴォー・ソテ・ア・ラ・フロランティーヌ：「子牛の肝臓のソテ、フィレンツェ風」。焼いた子牛の肝臓に、ホウレン草と玉葱の輪切りの揚げ物をあしらったもの。

Foie de veau vendangeuse
フォワ・ドゥ・ヴォー・ヴァンダンジューズ：「子牛の肝臓、ブドウの取り入れ風」。ピーマン、ニンニク、玉葱を赤ワインとブイヨンで煮込んだものに、塩豚脂で炒めたさいの目に切っ肝臓と、ブドウの実を入れて煮たもの。

Fraise
フレーズ：「（子牛の）小腸」。

Fraise de veau à la poulette
フレーズ・ドゥ・ヴォー・ア・ラ・プーレット：「子牛の小腸、プーレットソース和え」。ニンジン、玉葱、マッシュルームと一緒に煮た子牛の小腸を、小麦粉とタマゴでとろみをつけた、レモン味のソースに絡ませたもの。

Fraise de veau frite
フレーズ・ドゥ・ヴォー・フリット：「子牛の小腸のフライ」。ゆでた子牛の小腸に衣をつけて揚げたもの。

Fricandeau de veau à l'oseille
フリカンドー・ドゥ・ヴォー・ア・ロゼイユ：「子牛のフリカンドー、オゼイユ添え」。子牛の内腿肉（ノワnoix）に、野菜と子牛の足を入れてワインで煮込み、煮潰したオゼイユのフォンデュを添えたもの。なお子牛の胸腺を使ったFricandeau de ris de veau à l'oseilleフリカンドー・ドゥ・リ・ドゥ・ヴォー・ア・ロゼイユ「子牛の胸腺のフリカンドー、オゼイユ添え」も一般的な料理です。

Godiveau
ゴディヴォー：「ゴディヴォー」。子牛の肉と脂をベースにしたきめの細かいファルス。

Godiveau à la crème
ゴディヴォー・ア・ラ・クレーム：「生クリーム入りゴディヴォ

ー」。すり潰した子牛の内腿肉に、牛のケンネ脂をすり潰して混ぜ、卵とクリームを加えたファルス。

Grenadin
グルナダン:「グルナダン」。子牛の肉を円形の切り身にしたものを言います。

Grenadins de veau braisés
グルナダン・ドゥ・ヴォー・ブレゼ:「子牛のグルナダンのブレゼ」。子牛の腿肉を丸く切り取り、白ワインで煮込んだもの。

Grenadins de veau maraîchère
グルナダン・ドゥ・ヴォー・マレシェール:「子牛のグルナダン、菜園風」。焼いた子牛のグルナダンに、レタス、ニンジン、小粒の玉葱、キノコ、チャーヴィルをあしらったもの。

Grenadins de veau ventadour
グルナダン・ドゥ・ヴォー・ヴァンタドゥール:「子牛のグルナダン、ヴァンタドゥール風」。バターで焼いたグルナダンに、さいの目に切ったカブ、バターで焦がしたクルートを添え、エシャロットにポルト酒とクリームを加えたソースをかけたもの。なおヴァンタドゥールはもともと南フランスの言葉で、穀物を箕(ミ)に入れて、風を利用して選り分ける人のことを言います。

Jarret
ジャレ:「脛肉」。

Jarret de veau à la provençale
ジャレ・ドゥ・ヴォー・ア・ラ・プロヴァンサル:「子牛の脛肉、プロヴァンス風」。子牛の脛肉を玉葱、トマト、ニンニクを細かく刻んで、白ワインで煮込んだもの。

Jarret de veau aux cêpes
ジャレ・ドゥ・ヴォー・オ・セップ:「子牛のジャレ、セップ茸添え」。ニンジン、セロリ、ニンニク、ポロ葱にトマトペーストを加えてブイヨンで煮込んだものに、玉葱と一緒に炒めたジャレ、炒めたセップ茸を入れて煮込んだもの。

Langue
ラング:「タン」。

Langue de veau aux raisins
ラング・ドゥ・ヴォー・オ・レザン:「子牛のタン、干しブドウ添え」。野菜と煮て薄く切ったタンに、トルコのスミルナSmyrne干しブドウの入ったソースをかけたもの。

Langue de veau en gelée
ラング・ドゥ・ヴォー・アン・ジュレ:「子牛のタンのジュレ寄せ」。タンを煮て薄く切り、一緒に煮たさいの目に切った野菜とジュレで固めたもの。

Langue de veau grillée à la maître d'hôtel
ラング・ドゥ・ヴォー・グリエ・ア・ラ・メートル・ドテル:「子牛のタンのグリエ、メートル・ドテル風」。子牛のタンを野菜と煮込み、これを薄く切ってレモンとパセリの入ったバターに浸し、パン粉をつけてグリルで焼いたもの。

Longe
ロンジュ:「腰肉」。

Longe de veau à l'auvergnate
ロンジュ・ドゥ・ヴォー・ア・ロヴェルニャット:「子牛の腰肉、オーヴェルニュ風」。子牛の腰肉を、玉葱、ニンジン、クルミなどと煮込み、栗のピューレを加えたもの。

Longe de veau rôtie
ロンジュ・ドゥ・ヴォー・ロティ:「子牛の腰肉のロースト」。腰肉に腎臓を包み込んで縛り、オーヴンで焼いたもの。

Mignons de veau à la californienne
ミニョン・ドゥ・ヴォー・ア・ラ・カリフォルニエンヌ:「子牛のミニョン、カリフォルニア風」。子牛の輪切り肉を、みじん切りの玉葱とニンニクで焼き、アボカドの果肉にレモンを絞ってクリーム状にしたものをワインに加えたソースをかけたもの。

Noix
ノワ:「内腿肉」。

Noix de veau à la Du Barry
ノワ・ドゥ・ヴォー・ア・ラ・デュ・バリ:「子牛の内腿肉、デュ・バリ風」。ニンジンと玉葱の薄切りと肉を炒め煮にし、カリフラワーを添えたもの。

Noix de veau aux épices
ノワ・ドゥ・ヴォー・オ・ゼピース:「子牛の内腿肉、スパイス風味」。内腿肉にシナモンとショウガをきかせて、パイナップルのジュースとグレープフルーツのジュースで煮込み、バターで炒めたパイナップルを添えたもの。

Noix de veau aux morilles
ノワ・ドゥ・ヴォー・オ・モリーユ:「子牛の内腿肉、モリーユ茸添え」。内腿肉を切り離さずに2枚に開き、パセリ、エシャロット、肉のエスカロップを細かく切って挟み、野菜と蒸し焼きにし、炒めたモリーユ茸を添えたもの。

Noix de veau aux pêches de vignes
ノワ・ドゥ・ヴォー・オ・ペーシュ・ド・ヴィーニュ:「子牛の内腿肉、桃のブドウ飾り」。スパイスをきかせて桃のピューレで煮込んだ子牛の内腿肉を、2つに割った桃で飾ったもの。

Oreilles
オレイユ:「耳」。豚だけではなく子牛も耳は食材として用いられます。

Oreilles de veau braisées à la mirepois
オレイユ・ドゥ・ヴォー・ブレゼ・ア・ラ・ミルポワ:「子牛の耳のブレゼ、ミルポワ風味」。ゆでて下処理をした子牛の耳にミルポワ(野菜とハムを刻んだもの)をのせ、白ワイン、フォンドヴォーで蒸し煮にしたもの。

Oreilles de veau grillées à la diable
オレイユ・ドゥ・ヴォー・グリエ・ア・ラ・ディアーブル:「子牛の耳のグリエ、悪魔風」。蒸し煮にした子牛の耳を冷まして、マスタードを塗り、パン粉をつけてグリエしたもの。

Osso-buco
オッソ・ブーコ:「オッソブーコ」。オッソブーコとはイタリア語で骨髄の入った脛肉の意味。

Osso-buco à la milanaise
オッソ・ブーコ・ア・ラ・ミラネーズ:「ミラノ風オッソブーコ」。子牛の骨付き脛肉を、玉葱やトマトと一緒に白ワインで煮込んだもの。

Pâté de ris de veau
パテ・ドゥ・リ・ドゥ・ヴォー：「子牛の胸腺のパテ」。ゆでた子牛の胸腺に、炒めたマッシュルームとゴディヴォーを加えて焼いたパテ。

Paupiette
ポーピエット：「包み焼き」。

Paupiettes de veau à la hussarde
ポーピエット・ドゥ・ヴォー・ア・ラ・ユサルド：「子牛の包み焼き、ユサルド風」。炒めたマッシュルームと玉葱、パン、パセリ、卵黄を混ぜたファルスを子牛の薄切りで包み、マデイラ酒で煮込んだもの。ユサルド風とは「軽騎兵風の」の意味。

Paupiettes en surprise
ポーピエット・アン・スュルプリーズ：「子牛のびっくり箱風包み焼き」。ゆで卵を芯にして、子牛の薄切りとベーコンを重ねたもの巻き、バターと油で蒸し焼きにしたもの。

Pieds
ピエ：「足」。

Pieds de veau à la chalossaise
ピエ・ドゥ・ヴォー・ア・ラ・シャロセーズ：「子牛の足、ラ・シャロッス風」。子牛の足を玉葱など野菜と煮込み、骨を外し、バイヨンヌのハム、エシャロット、チャーヴィル、バジリコを刻んだものを詰めて紐で縛り、溶き卵にくぐらせ、パン粉をつけて焼いたもの。ラ・シャロッスLa Chalosseはフランス南西部にある地方で、上質の肉牛の飼育で知られています。

Pieds de veau à la Custine
ピエ・ドゥ・ヴォー・ア・ラ・キュスティーヌ：「子牛の足、キュスティーヌ風」。ゆでて骨から外した足の肉を角切りにし、マッシュルームとエシャロットをバターで炒め、マデイラ酒を加えたデュクセルduxellesと混ぜて、網脂に包んでバターで焼いたもの。キュスティーヌ (1740-1793) は革命政府によって処刑されたフランスの将軍。

Pieds de veau à la tartare
ピエ・ドゥ・ヴォー・ア・ラ・タルタル：「子牛の足、タルタル

ソースかけ」。ゆがいて骨を外した子牛の足の肉に、衣をつけて揚げ、タルタルソースをかけたもの。

Pieds de veau en crépinettes
ピエ・ドゥ・ヴォー・アン・クレピネット：「子牛の足、網脂包み」。ゆでた子牛の足の骨を外し、肉をさいの目に切り、マッシュルーム入りのベシャメルソースと混ぜ、これを網脂で包み、バターで焼いたもの。

Poitrine
ポワトリーヌ：「胸肉」。

Poitrine de veau farcie à l'auvergnate
ポワトリーヌ・ドゥ・ヴォー・ファルスィ・ア・ロヴェルニャット：「子牛の胸肉の詰め物、オーヴェルニュ風」。子牛の胸肉の切込みに、ブーダンを生ハムで包んで入れ、口を縫って野菜とともに塩漬け豚の脂で炒め煮にしたもの。

Poitrine de veau farcie aux herbes
ポワトリーヌ・ドゥ・ヴォー・ファルスィ・オ・ゼルブ：「子牛の胸肉のファルシ、香草風味」。ハム、パン、ゆで卵、オゼイユ、マッシュルーム、葱、パセリなどを混ぜて作ったファルスを、子牛の胸肉で包み、ブイヨンを注いで煮込んだもの。

Poitrine de veau farcie braisée
ポワトリーヌ・ドゥ・ヴォー・ファルスィ・ブレゼ：「子牛の胸肉の詰め物のブレゼ」。子牛の胸肉を袋状に切り、なかにマッシュルーム、ニンニク、パセリ、卵黄、玉葱などを詰めて、野菜にのせて蒸し焼きにしたもの。

Quasi
カズィ：「カジ」。子牛の腿肉の上部の尻肉 culotte（キュロット）のこと。

Quasi de veau à la basquaise
カズィ・ドゥ・ヴォー・ア・ラ・バスケーズ：「子牛のカジ、バスク風」。子牛のカジを、赤ピーマン、緑のピーマン、バイヨンヌの生ハム、トマト、ニンジンなどの細切りと煮込んだもの。

Quasi de veau au citron
カズィ・ドゥ・ヴォー・オ・スィトロン：「子牛のカジ、レモン

風味」。子牛のカジに、ナツメグとシナモンをきかせ、パセリを散らせて油で焼いて煮込み、レモン汁で仕上げたもの。

Quenelles de veau à la dauphinoise
クネル・ドゥ・ヴォー・ア・ラ・ドフィノワーズ：「子牛のクネル、ドフィネ風」。子牛のミンチ肉で作ったクネルに、トマト風味のソースをかけたもの。

Ragoût de veau au vin blanc
ラグー・ドゥ・ヴォー・オ・ヴァン・ブラン：「子牛のラグー、白ワイン風味」。子牛の肩肉をぶつ切りにして、玉葱、エシャロット、ニンジン、ジャガイモと煮込み、仕上げに白ワインを注いだもの。

Ris de veau
リ・ドゥ・ヴォー：「胸腺、リドヴォー」。

Ris de veau à la financière
リ・ドゥ・ヴォー・ア・ラ・フィナンスィエール：「子牛の胸腺、ア・ラ・フィナンスィエール」。子牛の胸腺に塩漬けの牛タンとトリュフを刺してフォンドヴォーで仕上げたもの。

Ris de veau au pineau des Charentes
リ・ドゥ・ヴォー・オ・ピノ・デ・シャラント：「子牛の胸腺、シャラント産のピノ風味」。玉葱とニンジンの薄切りの上で蒸し焼きにした子牛の胸腺に、シャラント産の甘口のピノと生クリームを入れて煮込んだもの。

Ris de veau braisés à blanc
リ・ドゥ・ヴォー・ブレゼ・ア・ブラン：「子牛の胸腺、白いブレゼ」。豚の皮、玉葱、ニンジンと一緒に子牛の胸腺を煮て、白いフォンを加えて煮込んだもの。

Ris de veau braisés à brun
リ・ドゥ・ヴォー・ブレゼ・ア・ブラン：「子牛の胸腺、茶色いブレゼ」。豚の皮、玉葱、ニンジンと一緒に子牛の胸腺を煮て、フォンドヴォーを加えて煮込んだもの。

Ris de veau braisés à Nantua
リ・ドゥ・ヴォー・ブレゼ・ア・ナンテュア：「子牛の胸腺のブレゼ、ナンテュア風」。白いフォンで仕上げた子牛の胸腺を四角

く切り、ザリガニ、トリュフなどで飾ったもの。

Ris de veau Clamart
リ・ドゥ・ヴォー・クラマール：「子牛の胸腺、クラマール風」。さいの目に切ったニンジンと玉葱、トマト、ニンニクと一緒に子牛の胸腺を白ワインで煮込み、塩漬け豚の胸肉とグリンピースをあしらったもの。クラマールはグリンピースの入った料理につけられる名称。その昔、グリンピースの栽培で有名だった地名。

Ris de veau Régence
リ・ドゥ・ヴォー・レジャンス：「子牛の胸腺、レジャンス風」。子牛の胸腺に、トリュフ入り鶏のクネル、フォワグラの薄切りを添えたもの。レジャンス風とは摂政時代（1715-23）に流行った凝った料理につけられます。

Rognon
ロニョン：「腎臓」。

Rognons de veau au cidre
ロニョン・ドゥ・ヴォー・オ・スィードル：「子牛の腎臓、シードル風味」。子牛の腎臓と塩漬け豚を炒め、シードルを加えて煮込んだもの。

Rognons de veau aux graines de moutarde
ロニョン・ドゥ・ヴォー・オ・グレーヌ・ドゥ・ムタルド：「子牛の腎臓、粒入りマスタード風味」。油で炒めた子牛の腎臓に、粒入りマスタードを入れた白ワインとフォンドヴォーのソースをかけたもの。

Rognons de veau Honoré-d'Urfé
ロニョン・ドゥ・ヴォー・オノレ・デュルフェ：「子牛の腎臓、オノレ・デュルフェ風」。子牛の腎臓、鶏の腎臓、鶏の鶏冠と、マッシュルーム、エシャロット、トマト、トリュフのソースをかけたもの。オノレ・デュルフェ（1568-1625）は田園小説『アストレ』Astrée を書いた作家。

Rognons de veau sautés à la bordelaise
ロニョン・ドゥ・ヴォー・ソテ・ア・ラ・ボルドレーズ：「子牛の腎臓のソテ、ボルドー風」。子牛の腎臓と牛の骨髄を混ぜて、白ワインとフォンドヴォーのソースで絡めたもの。

Rôti
ロティ:「ロースト」。

Rôti de veau aux pruneaux
ロティ・ド・ヴォー・オ・プリュノー:「子牛のロースト、干しプラム添え」。子牛の肉に小麦粉をまぶして、塩漬け豚の皮を刻んで炒めた脂で両面を焼き、さいの目に切ったニンジン、玉葱、セロリ、煮込み、干しプラムを入れたもの。

Rôti de veau farci au gruyère et au bacon
ロティ・ドゥ・ヴォー・ファルスィ・オ・グリュイエール・エ・オ・ベコンヌ:「子牛のロースト、グリュイエール・チーズとベーコン挟み」。厚切りの子牛のカジないしは内腿肉の間にベーコンと薄切りのグリュイエール・チーズを挟み、小玉葱と一緒にオーヴンで焼いたもの。

Rôti de veau farci aux olives
ロティ・ドゥ・ヴォー・ファルスィ・オ・ゾリーヴ:「子牛のローストのファルシ、オリーヴ添え」。子牛のカジないしは内腿肉に、ピスタッチオ、オリーヴ、ハムの細切りを挟み、焼き色を出してから、玉葱、ニンジン、豚の皮を加え、白ワインで煮込んだもの。

Rôti de veau froid à la Richelieu
ロティ・ドゥ・ヴォー・フロワ・ア・ラ・リシュリュー:「冷製子牛のロースト、リシュリュー風」。子牛のローストに、白ワインで煮て冷ましたキュウリ、トマト、玉葱、およびレタスを添えたもの。このリシュリューは18世紀のフランスの元帥で17世紀のルイ13世の宰相の甥の息子に当る人物。

Rôti de veau printanier
ロティ・ドゥ・ヴォー・プランタニエ:「子牛のロースト、春野菜添え」。子牛の肉を薄切りの玉葱と少々のブイヨンで蒸し焼きにして、新カブ、新ニンジン、茨インゲン、エンドウ豆など春の野菜を添えたもの。

Rouelle de veau au cidre
ルエール・ドゥ・ヴォー・オ・スィードル:「子牛の腿肉の輪切り、シードル風味」。子牛の輪切り肉を玉葱、エシャロット、

マッシュルームと一緒にシードル酒で炒め煮にして、卵黄とクリームを加えたソースをかけたもの。

Sauté de veau
ソテ・ドゥ・ヴォー：「子牛のソテ」。子牛のソテには一般には肩肉エポールépauleが使われます。

Sauté de veau au vin rouge
ソテ・ドゥ・ヴォー・オ・ヴァン・ルージュ：「子牛のソテ、赤ワイン煮込み」。子牛の肩肉をソテし、マッシュルームとともに赤ワインで煮込んだもの。

Sauté de veau aux aubergines
ソテ・ドゥ・ヴォー・オ・ゾベルジーヌ：「子牛のソテ、ナス添え」。子牛の肩肉をソテし、ナスを添えたもの。

Sauté de veau chasseur
ソテ・ドゥ・ヴォー・シャッスール：「子牛のソテ煮込み、狩人風」。子牛の肩肉とマッシュルームをソテしてブイヨンで煮込んだもの。

Sauté de veau Marengo
ソテ・ドゥ・ヴォー・マランゴ：「子牛のソテ煮込み、マレンゴ風」。子牛の肩肉をソテし、ニンニク、マッシュルームを加えて白ワインとトマトで煮込んだもの。マレンゴはイタリアの地名。ここでナポレオンの勝利を祝う料理が作られたことに依拠しています。

Tendrons
タンドロン：「タンドロン」。

Tendrons de veau à la bourgeoise
タンドロン・ドゥ・ヴォー・ア・ラ・ブルジョワーズ：「子牛のタンドロン、ブルジョワ風」。子牛のタンドロンに小麦粉を振って油で両面を焼き、ニンジン、トマト、玉葱、ニンニクなどと白ワインで煮込み、グリンピースを添えたもの。

Tendrons de veau à la mode angevine
タンドロン・ドゥ・ヴォー・ア・ラ・モード・アンジュヴィーヌ：「子牛のタンドロン、アンジェ風」。小麦粉を振った子牛のタンドロンを油とバターで焼き、玉葱、マッシュルーム、ニンジ

ン、オゼイユと一緒に白ワインで煮込み、卵黄を加えたクリームソースをかけたもの。

Tendrons de veau aux aubergines
タンドロン・ドゥ・ヴォー・オ・ゾベルジーヌ：「子牛のタンドロン、ナス添え」。子牛のタンドロンに小麦粉を振って油で両面を焼き、ナス、玉葱、ニンジン、ニンニク、オリーヴなどと白ワインで煮たもの。

Tendrons de veau chasseur
タンドロン・ドゥ・ヴォー・シャッスール：「子牛のタンドロン、狩人風」。タンドロンをバターで焼き、マッシュルームのソースをかけたもの。

Terrine de veau à l'orange
テリーヌ・ドゥ・ヴォー・ア・ロランジュ：「子牛のテリーヌ、オレンジ風味」。子牛のミンチ肉にマッシュルーム、エシャロット、オレンジの皮（ゼストzeste）を加えて作ったテリーヌ。

Tête
テート：「頭肉」。

Tête de veau à l'ancienne
テート・ドゥ・ヴォー・ア・ランスィエンヌ：「子牛の頭肉、昔風」。骨を外した子牛の頭肉を玉葱、レモンとヴィネガーを加えて大鍋で煮て、マッシュルームと卵黄で作ったレモン風味のきいたソースをかけたもの。

Tête de veau à l'occitane
テート・ドゥ・ヴォー・ア・ロクスィターヌ：「子牛の頭肉、オック風」。子牛の骨を外してゆでた頭肉に、タン、脳味噌、玉葱、オリーヴ、トマトをあしらったもの。オックOcは南フランスの地方名。

Tête de veau à la vinaigrette
テート・ドゥ・ヴォー・ア・ラ・ヴィネグレット：「子牛の頭肉、ヴィネグレット風味」。子牛の頭肉と小腸を、玉葱、ニンジン、ニンニク、パセリ、レモン汁と煮込み、エシャロットとマスタード入りのヴィネグレットソースをかけたもの。

Tête de veau farcie
テート・ドゥ・ヴォー・ファルスィ：「子牛の頭肉のファルシ」。骨を外した子牛の頭肉をゆで、マッシュルーム、ゆで卵の刻んだものをクリームで和えたファルスを塗り、パン粉を散らしてグラタン風に焼いたもの。

Veau à la normande
ヴォー・ア・ラ・ノルマンド：「子牛のノルマンディ風」。子牛のカジを玉葱と一緒に、ノルマンディ特産のカルヴァドス、シードル酒で煮込んだもの。

Veau Orloff
ヴォー・オルロフ：「子牛のオルロフ風」。腰肉を蒸し煮にして薄く切り、マッシュルームと玉葱のピューレを塗ってもとの形に戻し、再び焼いたもの。オルロフはロシアの貴族の名前。

Vitello tonnato
ヴィテーロ・トナート：「子牛のツナソース風味」。ニンジン、玉葱、ニンニクと一緒にオーヴンで焼いた腰肉に、ツナのソースをかけたもの。イタリア料理。

5-3 Agneau et mouton　子羊と羊

　羊は日本では、独特の匂いのためか、食肉として日常的な食卓には上りません。しかし世界的に見ると、牛や豚と違って、宗教上忌避の対象となることもなく食べられている、重要性の高い肉です。

　中世では子山羊シュヴローchevreauの方が子羊よりも貴重品扱いされていましたが、現在フランスでは、肉のなかで最高級の食材といえば子羊です。モン＝サン＝ミシェルMont-Saint-Michelの塩分を含んだ牧草で育った子羊アニョ・プレ・サレagneau pré-salé、ピレネ山脈の乳飲み子羊アニョ・ドゥ・レagneau de laitは、最高の食材とされています。子羊と称せられるのは生後300日までで、それ以降は羊として扱われます。乳飲み子羊は生後60日までのものを言います。

【羊と子羊の部位】

①コリエcollier（首肉）　②コートcôte　③エポールépaule（肩肉）
④コートレットcôtelette（骨付きコート）　⑤ポワトリーヌpoitrine
（胸肉）　⑥フィレfilet　⑦セールselle（鞍下肉）　⑧ジゴgigot（腿肉）

Abats d'agneau（abats de mouton）
アバ・ダニョ（アバ・ドゥ・ムトン）：「子羊のアバ（羊のアバ）」。

Amourettes アムーレット：「脊髄」（羊）。Animelles アニメル：「睾丸」（子羊、羊）。Cervelle セルヴェル：「脳味噌」（子羊）。Cœur クール：「心臓」（子羊）。Foie フォワ：「肝臓」（子羊）。Joue ジュー：「頬肉」（子羊、羊）。Langue ラング：「タン」（子羊、羊）。Panse パンス：「第1胃」（羊）。Pansette パンセット：「第1胃」（子羊）。Pied ピエ：「足」（子羊、羊）。Queue クー：「テール」（子羊）。Ris リ：「胸腺」（子羊）。Rognon ロニョン：「腎臓」（子羊、羊）。Tête テート：「頭肉」（羊）。Tripes トリップ：「胃と腸」（羊）。

Agneau aux pruneaux, au thé et aux amandes
アニョー・オ・プリュノー・オ・テ・エ・オ・ザマンド：「子羊の干しプラム入り、お茶とアーモンド風味」。子羊の肩

肉を、緑茶で戻した干しプラムおよびアーモンドと煮込んだもの。

Agneau de lait farci
アニョー・ドゥ・レ・ファルスィ：「乳飲み子羊のファルシ」。乳飲み子羊の内臓を出して調理し、ピラフと混ぜて詰め直し、串を刺して焼いたもの。

Amourettes en fritos
アムーレット・アン・フリト：「脊髄のフリト」。（Cf. Amourettes en fritos, p.117）。

Animelles
アニメル：「睾丸」。（Cf. Animelles, p.117）。

Animelles à la crème
アニメル・ア・ラ・クレーム：「睾丸のクリーム煮」。

Animelles frites
アニメル・フリット：「睾丸のフライ」。

Attereaux de cervelles d'agneau à la Villeroi
アトゥロー・ドゥ・セルヴェル・ダニョー・ア・ラ・ヴィルロワ：「子羊の脳味噌のアトロー、ヴィルロワ風」。ゆでた子羊の脳味噌を串に刺して、マッシュルームソースをかけて、衣をつけて油で揚げたもの。

Baekenofe
ベクノフ：「ベクノフ」。牛、豚、（子）羊を使ったアルザス地方の肉のごった煮。

Ballottine d'agneau braisée
バロティーヌ・ダニョー・ブレゼ：「子羊のバロティーヌのブレゼ」。肩肉にミンチ肉を塗って包み込、蒸し煮にしたもの。

Brochettes
ブロッシェット：「串焼き」。

Brochettes de ris d'agneau
ブロッシェット・ドゥ・リ・ダニョー：「子羊の胸腺の串焼き」：子羊の胸腺、豚のバラ肉をゆで、トマトと一緒に串に刺して焼いたもの。

Brochettes de rognons
ブロッシェット・ドゥ・ロニョン:「腎臓の串焼き」。子羊の腎臓を2つに切り、串に刺して焼いたもの。

Cari d'agneau
カリ・ダニョー:「子羊のカレー風味」。子羊の首肉ないしは肩肉を、カレー風味に煮込んだもの。

Carré d'agneau
キャレ・ダニョ:「子羊のキャレ(背肉)」。

Carré d'agneau à la bordelaise
キャレ・ダニョー・ア・ラ・ボルドレーズ:「ボルドー風子羊のキャレ」。子羊のキャレを、ジャガイモとセップ茸と一緒にオーヴンで焼いたもの。

Carré d'agneau à la languedocienne
キャレ・ダニョー・ア・ラ・ラングドスィエンヌ:「ラングドック風子羊のキャレ」。子羊のキャレを玉葱、生ハム、ニンニク、セップ茸と一緒にオーヴンで焼いたもの。

Carré d'agneau à la niçoise
キャレ・ダニョー・ア・ラ・ニソワーズ:「ニース風子羊のキャレ」。子羊のキャレを、ズッキーニ、トマト、ジャガイモと一緒にオーヴンで焼いたもの。

Cassoulet
カスーレ:「カスーレ」。白インゲン豆と羊肉の鍋煮込み。ラングドック地方の料理。

Cervelles à la meunière
セルヴェル・ア・ラ・ムニエール:「脳味噌のムニエル」。子羊の脳味噌をよく洗って、小麦粉を振ってバターで炒めたもの。

Cœur d'agneau à l'anglaise
クール・ダニョー・ア・ラングレーズ:「子羊の心臓、イギリス風」。下処理をした子羊の心臓に小麦粉を振り、バターで焼き、ハーヴィソースHavey Sauceをかけたもの。

Côtelettes d'agneau à l'anversoise
コトレット・ダニョー・ア・ランヴェルソワーズ:「子羊

のコートレット、アントワープ風」。焼いたコートレットに、クルトンとホップの若芽のクリーム煮をあしらったもの。

Épaule d'agneau
エポール・ダニョー:「子羊の肩肉」。

Épaule braisée et ses garnitures
エポール・ダニョー・ブレゼ・エ・セ・ガルニテュール:「子羊の肩肉のブレゼとその付け合せ」。肩肉を白ワインで煮込み、さらにオーヴンで焼いて仕上げ、莢インゲン、白インゲン豆などを付け合せにしたもの。

Épaule d'agneau farcie à l'albigeoise
エポール・ダニョー・ファルスィー・ア・ラルビジョワーズ:「子羊の肩肉のファルシ、アルビ風」。肩肉に、豚肉と豚の肝臓のミンチを塗って包み、ジャガイモと一緒にオーヴンで焼いたもの。

Épaule de mouton
エポール・ドゥ・ムトン:「羊の肩肉」。

Épaule de mouton en ballon (en musette)
エポール・ドゥ・ムトン・アン・バロン(アン・ミュゼット):「羊の肩肉の風船仕立て(あるいは風笛仕立て)」。羊の肩肉に豚肉のミンチとセップ茸を塗り、風船型に丸めて、オーヴンで焼いたもの。

Épaule de mouton en pistache
エポール・ドゥ・ムトン・アン・ピスターシュ:「羊の肩肉のピスタッシュ」。羊の肩肉をロール巻きにして、白ワインとブイヨンで蒸し煮にしたもの。ラングドック地方の料理。

Épigrammes d'agneau
エピグラム・ダニョー:「子羊のエピグラム」。子羊の胸肉をゆがき、重石をして冷やしてから切り、パン粉の衣をつけてバターでソテしたもの。

Falette
ファレット:「ファレット」。子羊の胸肉に、緑野菜と玉葱、ニンニクを混ぜた豚のミンチを塗って包み、白ワインで煮込んだもの。オーヴェルニュ地方の料理。

Foie d'agneau à l'ail
フォワ・ダニョー・ア・ライユ:「子羊の肝臓、ニンニク風味」。子羊の肝臓を薄く切ってバターで炒め、ニンニクとヴィネガーを加えて煮詰めたソースをかけたもの。

Fricassée d'agneau
フリカセ・ダニョー:「子羊のフリカセ」。子羊肉のぶつ切りを、白いフォンで煮込み、マッシュルームと玉葱をあしらったもの。

Gigot
ジゴ:「ジゴ」。羊、子羊の腿肉。

Gigot à la boulangère
ジゴ・ア・ラ・ブーランジェール:「子羊の腿肉、ブーランジェール風」。腿肉をジャガイモ、玉葱と一緒にオーヴンで焼いたもの。

Gigot à la broche persillé
ジゴ・ア・ラ・ブロッシュ・ペルスィエ:「子羊の腿肉の串焼き、パセリ風味」。子羊の腿肉を串に刺して焼き、さらにパセリ入りのパン粉をつけて焼いたもの。

Gigot bouilli à l'anglaise
ジゴ・ブイイ・ア・ラングレーズ:「ゆでた子羊の腿肉、イギリス風」。腿肉を野菜と一緒にゆで、ケーパー入りのソースをかけたもの。

Gigot braisé à la bordelaise
ジゴ・ブレゼ・ア・ラ・ボルドレーズ:「腿肉のブレゼ、ボルドー風」。羊ないしは小羊の腿肉にハムと塩出しをしたアンチョビを刺し、パセリ、エシャロット、ニンニクを刻んで包み、ボルドー産赤ワインで蒸し煮にしたもの。

Gigot rôti aux ananas
ジゴ・ロティ・オ・ザナナ:「子羊の腿肉のロースト、パイナップル添え」。コニャックとスパイスを加えた赤ワインに漬けた子羊の腿肉をオーヴンで焼き、パイナップルを添えたもの。

Gigot rôti en chevreuil
ジゴ・ロティ・アン・シュヴルイユ:「ノロ鹿見立ての子羊の腿

肉のロースト」。ノロ鹿のローストの場合と同じように、豚の背脂を刺して、ノロ鹿専用のマリネ液に漬けて焼いたもの。

Haricot de mouton
アリコ・ドゥ・ムトン:「羊のアリコ」。羊の首肉をジャガイモ、ニンニク、カブなどと煮込んだもの。Halicotと綴る場合も見られますが、アリコharicotは中世ではharicoqと書かれて「(羊の)煮込み」の意味でした。17世紀に新大陸からインゲンがもたらされ、アステカ語のアヤコトルayacotlが様々な連想からharicotと書かれるようになったのですが、他方料理のアリコは廃れてしまい、インゲンのアリコが生き残ってきたのです。

Navarin d'agneau
ナヴァラン・ダニョー:「子羊のナヴァラン」。子羊の首肉と肩肉を、ニンジン、カブ、玉葱、莢インゲンなどの新野菜と、白ワインで煮込んだもの。なおナヴァランはもともとカブnavet(ナヴェ)に関係があり、カブを使った料理のことです。

Noisette
ノワゼット:「ノワゼット」。羊や子羊の赤身肉。

Noisettes d'agneau à la turque
ノワゼット・ダニョー・ア・ラ・テュルク:「子羊のノワゼット、トルコ風」。子羊のノワゼット(赤身)をバターで焼き、ナス入りのピラフを添えたもの。

Pascaline
パスカリーヌ:「パスカリーヌ」。復活祭Pâquesに食べる子羊料理のこと。生後6ヶ月の子羊の胸を割って、すり潰した子羊肉、ゆで卵の黄身、パン、香草などを詰めて丸のままローストにしたもの。

Pieds de mouton à la poulette
ピエ・ドゥ・ムトン・ア・ラ・プーレット:「羊の足、プーレットソース和え」。羊足を煮て、骨を外し、マッシュルームと炒めて、クリームで仕上げたもの。

Poitrine
ポワトリーヌ:「胸肉」。

Poitrine d'agneau farcie
ポワトリーヌ・ダニョー・ファルスィ：「子羊の胸肉のファルシ」。袋状にした子羊の胸肉に、パン、卵、ハム、キノコ、パセリ、ニンニクなどを詰め、白ワイン、トマトのフォンデュ、ブイヨンで煮込んだもの。

Poitrine de mouton à l'ariégeoise
ポワトリーヌ・ドゥ・ムトン・ア・ラリエジョワーズ：「羊の胸肉、アリエージュ風」。上記の胸肉のファルシとほとんど同じで、羊の胸肉を素材としたもの。アリエージュAriègeはスペインとの国境にある県名。

Ragoût des loyalistes
ラグー・デ・ロワイヤリスト：「子羊のロワイヤリスト風煮込み」。子羊の肉を、ジャガイモ、ニンジン、玉葱、カブなどと一緒に煮込んだもの。

Rognons d'agneau à l'anglaise
ロニョン・ダニョー・ア・ラングレーズ：「子羊の腎臓、イギリス風」。子羊の腎臓を2つに割り、串に刺してパン粉を振ってグリエしたもの。

Sauté d'agneau
ソテ・ダニョー：「子羊のソテ」（Cf. Sauté de veau, p.149）。

Sauté d'agneau aux aubergines
ソテ・ダニョー・オ・ゾベルジーヌ：「子羊のソテ、ナス添え」。

Sauté d'agneau chasseur
ソテ・ダニョー・シャッスール：「子羊のソテ、狩人風」。

Tajine d'agneau de printemps
タジーヌ・ダニョー・ドゥ・プランタン：「子羊のタジーヌ、春の彩り」。子羊の胸肉を、ジャガイモ、アーティチョーク、トマト、玉葱などとタジーヌ鍋で煮込んだもの。

5−4 Porc (cochon) 豚

　豚は庶民的な食材で、高級なフランス料理では補助食材として欠かせぬ存在であっても、主役としては敬遠されがちです。これは文筆家で美食家でもあったグリモ・ドゥ・ラ・レニエールGrimod de la Reynière（1758-1837）が、庶民的な豚は、貴族的なフランス料理にはふさわしくないと断じたことに因るようです。
　しかし豚を決して侮ってはいけません。実は豚こそが伝統的なフランスの料理の中心的な食材であり、気品のあるフランス料理を味の上で助け、また多くの加工品が日常的に食卓を賑わせているからです。

【豚の部位】

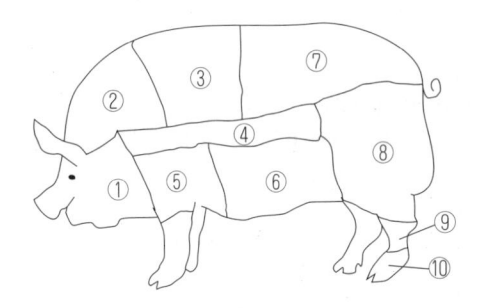

①ゴルジュgorge（喉肉）　②エシーヌéchine（肩ロース）　③コートcôte　④トラヴェール・ドゥ・コートtravers de côte（スペアリブ）　⑤プラ・ドゥ・コートplat de côte（骨付きバラ肉）　⑥ポワトリーヌpoitrine（胸肉）　⑦ロンジュlonge（背肉）　⑧ジャンボンjambon（腿肉）　⑨ジャンボノーjambonneau（脛肉）　⑩ピエpied（足）

Abats de porc
アバ・ド・ポール：「豚のアバ」。

Cervelle セルヴェル:「脳味噌」。Cœur クール:「心臓」。Foie フォワ:「肝臓」。Joue ジュー:「頬肉」。Museau ミュソー:「鼻面」。Oreilles オレイユ:「耳」。Pieds ピエ:「足」。Queue クー:「テール」。Rognon ロニョン:「腎臓」。Tête テート:「頭肉」。

Andouille
アンドゥイユ:「アンドゥイユ」。豚の大腸に豚の胃や牛の小腸を詰めた腸詰。生で食べます。ブルターニュ(モルビアン Morbian)のゲメネguéméneと、ノルマンディ(カルヴァドス Calvados)のヴィールvireが本場ものと言われています。

Andouillette
アンドゥイエット:「アンドゥイエット」。豚の大腸に豚の胃や牛の小腸を詰めた、腸詰。火を通して食べます。

Andouillettes à la lyonnaise
アンドゥイエット・ア・ラ・リヨネーズ:「アンドゥイエット、リヨン風」。アンドゥイエットを玉葱と一緒に炒め、ヴィネガー味にしたもの。

Andouillettes grillées
アンドゥイエット・グリエ:「アンドゥイエットの炭火焼」。切り目を入れて炭火で焼いたもの。

Boudin
ブーダン:「ブーダン」。豚の血の加工品、多くの場合腸詰。ブーダン・ノワールboudin noir(黒いブーダン)と言います。なおブーダン・ブランboudin blanc(白いブーダン)もありますが、これは鶏肉を腸に詰めたものです。

Boudin antillais
ブーダン・アンティエ:「アンティル諸島風ブーダン」。豚の血の入ったブーダンで、焼いたり、ゆでたりして食べます。

Boudin noir à la normande
ブーダン・ノワール・ア・ラ・ノルマンド:「黒いブーダン、ノルマンディ風」。ゆでた腸詰のブーダンを、薄切りのリンゴと一緒に炒めたもの。

Caillettes
カイエット:「カイエット」。カイエットは豚の挽肉と野菜、香草を刻んで混ぜ、網脂で包んで焼いたもの。アルデッシュ地方Ardècheの料理。カイエット・アルデショワーズcaillettes ardéchoises「アルデッシュ風カイエット」と呼ばれることもあります。

Carré de porc à l'alsacienne
キャレ・ドゥ・ポール・ア・ラルザスィエンヌ:「豚のキャレ、アルザス風」。シュークルートに、ベーコン、ソーセージ、ジャガイモとともに豚の肩ロース肉を焼いて添えたもの。

Cassoulet
カスーレ:「カスーレ」。白インゲン豆を豚のバラ肉、豚の皮、その他の獣肉と一緒に煮込んだもの。

Cervelas farcis aux épinards
セルヴラ・ファルスィ・オ・ゼピナール:「セルヴラソーセージのファルシ、ホウレン草添え」。ゆでてバターで炒めたホウレン草の上に暖めたセルヴラソーセージにスクランブルドエッグを挟んでのせたもの。セルヴラソーセージはもともと脳味噌セルヴェルcervelleを加えたソーセージですが、現在では野菜と煮る調理用のソーセージのことを言います。

Choucroute à l'alsacienne
シュークルート・ア・ラルザスィエンヌ:「シュークルート、アルザス風」。シュークルートに白ワインを加えて燻製の豚、ベーコンと煮て、ストラスブールソーセージやその他の肉を添えたもの。

Cochon de lait à la peau mielée aux épices
コション・ドゥ・レ・ア・ラ・ポー・ミエレ・オ・ゼピッス:「乳飲み豚のスパイス風味焼き、蜂蜜塗り皮つき」。乳飲み子豚を腹から裂いて骨を外し、コショウ、パン、刻みパセリと腎臓を包み込んで紐で縛り、バターとオリーヴ油で焼き、焼きあがったら皮に蜂蜜を塗ってサラマンドルで焦げ目をつけたもの。輪切りにして皿に盛り、バナナ入りのブリックbrik(チュニジアのクレープ)、バターで炒めてグラセしたリンゴを添え、焼き汁の

ソースをかけます。

Collet de porc aux fèves des marais
コレ・ドゥ・ポール・オ・フェーヴ・デ・マレ：「豚の首肉、湿地栽培のソラマメ添え」。燻製の豚の首肉を塩出しして野菜と煮込み、ゆでたジャガイモとソラマメを添えたもの。

Côtes de porc Pilleverjus
コート・ドゥ・ポール・ピーユヴェルジュー：「豚のコート、ピーユヴェルジュー風」。豚のコートを、玉葱、キャベツと一緒に蒸し焼きにしたもの。

Crépinettes de porc
クレピネット・ドゥ・ポール：「豚の網脂包み」。豚のミンチに香草を加え、網脂で包み、小麦粉、溶き卵、パン粉をつけて、澄ましバターをかけて焼いたもの。

Enchaud
アンショー：「アンショー」。豚の背ロースを巻き、冷やしてから蒸し焼きにしたもの。

Épaule de porc au cinq-épices
エポール・ドゥ・ポール・オ・サン・ケピッス：「豚の肩肉の五香粉風味」。皮のついた豚の肩肉を、ニンニク、エシャロット、コショウ、五香粉、砂糖、醤油などを混ぜたタレにつけて焼いたもの。五香粉とは中国の混合スパイスで、粉末の八角、サンショウ、シナモン、フヌイユ、クローブを合わせたもの。豚料理に使います。

Farci
ファルスィ：「ファルシ」。豚の腿肉にニンニク、エシャロット、パセリ、エストラゴンなどを加えてミンチにしたものを、キャベツの葉で包んで煮込んだもの。

Gelée luxembourgeoise de porcelet
ジュレ・リュクサンブルジョワーズ・ドゥ・ポルスレ：「子豚のジュレ、ルクセンブルグ風」。豚の頭肉、脛肉、足、耳などをポロ葱、ニンジン、セロリなどと一緒に白ワインと味の濃いブイヨンで煮込み、冷やしてゼリー寄せにしたもの。ポルスレは子豚のことです。

Gigue de porc fraîche aux pistaches
ジーグ・ドゥ・ポール・フレッシュ・オ・ピスターシュ：
「豚の腿肉、ピスタッチオ風味」。豚の腿肉を白ワインに漬け、肉にピスタッチオとニンニクを刺し込んで煮込んだもの。

Gogues
ゴーグ：「ゴーグ」。アンジュー地方特産のブーダンで、野菜と豚の背脂、生クリーム、豚の血を用いた加工品。厚めの輪切りにして、バターかラードで焼いて食べます。

Jambon
ジャンボン：「ハム、豚の生の腿肉」。

ハムには、加熱ハムjambon cuitと生ハムjambon cruの2種類があります。加熱ハムは切り口がピンク色です (jambon de Parisジャンボン・ドゥ・パリ：「パリハム」, jambon de Pragueジャンボン・ドゥ・プラーグ：「プラハハム」, jambon d'York ジャンボン・デョルク：「ヨークハム」など)。生ハムの切り口はやや褐色です (jambon de Bayonneジャンボン・ドゥ・バイヨンヌ：「バイヨンヌハム」, jambon d'Auvergneジャンボン・ドーヴェルニュ：「オーヴェルニュハム」,jambon de Lacauneジャンボン・ドゥ・ラコーヌ：「ラコーヌハム」, jambon de Luxeuilジャンボン・ドゥ・リュクスイユ：「リュクスイユハム」, jambon de Savoieジャンボン・ドゥ・サヴォワ：「サヴォワハム」, jambon de Vendée ジャンボン・ドゥ・ヴァンデ：「ヴァンデハム」など)。

Jambon braisé
ジャンボン・ブレゼ：「豚の生の腿肉のブレゼ」。香草の風味をつけた腿肉に、マデイラ酒をきかせた炒め野菜をのせて焼いたもの。

Jambon en gelée reine Pédauque
ジャンボン・アン・ジュレ・レーヌ・ペドーク：「塩漬け豚の腿肉のジュレかけ、レーヌ・ペドック風」。ブルゴーニュのムルソー・ワインmeulsaultで煮込んだ燻製の腿肉を薄く削いで、トリュフとフォワグラを重ねたもの。

Jambon persillé
ジャンボン・ペルスィエ:「パセリ入りハム」。塩抜きをしたハムの塊を、パセリを多量に入れたジュレで固めたもの。ブルゴーニュ地方の料理(Cf. Entrée, pp.52-53)。

Jambon poché en pâte à l'ancienne
ジャンボン・ポシェ・アン・パート・ア・ランスィエンヌ:「昔風塩漬け腿肉の包み焼き」。フォンセ生地に、ゆでて塩出しをした腿肉を、マッシュルームとトリュフのソースをかけて包み、焼いたもの。

Jésus
ジェジュ:「ジェジュソーセージ」。豚の大腸を使った太い、ゆでて食べるドライソーセージ。モルトー産Morteauのものが有名。

Lardon
ラルドン:「ラルドン」。細く刻んだ塩漬け豚の脂身。肉に刺したり、料理に加えたりします。

Palette de porc aux haricots blancs
パレット・ドゥ・ポール・オ・アリコ・ブラン:「塩漬け豚のパレット、白インゲン豆煮込み」。塩漬け豚のパレット(肩肉)を白インゲン豆と煮込んだもの。

Papet vaudois aux poireaux
パペ・ヴォードワ・オ・ポワロー:「ヴォー風パペ、ポロ葱入り」。ポロ葱とジャガイモを、ヴォー産のソーセージと一緒に白ワインで煮たもの。ヴォーVaudはスイスの州名。

Petit salé
プティ・サレ:「塩漬け豚肉」。豚のスペアリブ、脛肉、肩ロース、バラ肉を塩漬けにしたものを言います。

Poitrine roulée salée
ポワトリーヌ・ルーレ・サレ:「ロール巻き豚胸肉の塩漬け」。豚の胸肉の脂の少ない部分を長方形に切って、塩とニンニク、タイムをすり込んで巻いて塩漬けにしたもの。

Porc Soubise
ポール・スービーズ:「豚のスービーズ風」。紐で縛って煮込

んだ豚の背肉を切り、同じ鍋で煮た玉葱を潰してベシャメルソースを加えたソースの上にのせたもの。スーピーズは玉葱のピューレにベシャメルソースを加えたもの。

Potée lorraine
ポテ・ローレーヌ:「ローレーヌ風ポテ」。塩漬けの豚のパレットを塩出しして、生の豚のバラ肉、テール、キャベツ、ニンジン、カブ、ポロ葱などと煮込んだもの。

Rillettes de Tours
リエット・ドゥ・トゥール:「トゥールのリエット」。リエットは豚に限らず、ウサギ、ガチョウなどを肉の繊維が離れるまで脂で煮込み、肉を取り出してから再び脂と練ったもの。特にトゥールTours の豚のリエットは有名で、前菜としてパンに塗って食べます。

Rillons
リヨン:「リヨン」。脂身の多い豚のバラ肉か肩肉を塊で煮込んだ、日本の「豚の角煮」を思わせるトゥーレーヌ地方の特産品。

Rôti de porc aux topinambours
ロティ・ドゥ・ポール・オ・トピナンブール:「豚のロースト、キクイモ添え」。豚肉をキクイモと一緒にローストしたもの。

Saucisse
ソスィッス:「ソーセージ」。調味した挽肉を腸に詰めて加熱加工したもの。加熱して食べます。焼いて食べるフレッシュソーセージにはchipolataシポラタ:「シポラタ」、crépinetteクレピネット:「クレピネット」、merguézメルゲス:「メルゲス」、saucisse longueソスィッス・ロング:「長いソーセージ」、saucisse paysanneソスィッス・ペイザンヌ:「田舎風ソーセージ、saucisse de Toulouseソスィッス・ドゥ・トゥールーズ:「トゥールーズソーセージ」、saucisse au vin blancソスィッス・オ・ヴァン・ブラン:「白ワイン入りソーセージ」などがあります。またゆでて食べる軽く乾燥させたものにはcervelas lyonnaisセルヴラ・リヨネ:「リヨンのセルヴラ」、saucisse cocktailソスィッス・コクテル:「カクテル用ソーセージ」、saucisse de

Francfortソスィッス・ドゥ・フランクフォール：「フランクフルトソーセージ」、saucisse de Monbéliardソスィッス・ドゥ・モンベリヤール：「モベリヤールソーセージ」、saucisse de Morteauソスィッス・ドゥ・モルトー：「モルトーソーセージ」、saucisse de Strasbourgソスィッス・ドゥ・ストラスブール：「ストラスブルグソーセージ」などがあります。

Saucisses à la catalane
ソスィッス・ア・ラ・カタラーヌ：「カタルーニャ風ソーセージ」。小麦粉、トマトペースト、白ワイン、ブイヨンで作ったソースにニンニクを加え、炒めたソーセージを入れて煮込んだもの。

Saucisses à la languedocienne
ソスィッス・ア・ラ・ラングドスィエンヌ：「ラングドック風ソーセージ」。トゥールーズソーセージを渦巻状にして焼いたものに、トマト風味のブイヨンをかけたもの。

Saucisses grillées
ソスィッス・グリエ：「ソーセージのグリエ」。焼いたソーセージにジャガイモのピューレなどを添えたもの。

Saucisson
ソスィッソン：「ソーセージ」。生食用のソーセージ、および乾燥させたソーセージのことを言います。乾燥させたソーセージにはjésus secジェジュ・セック：「ジェジュドライ」、judruジュドリュー：「ジュドリュー」、rosetteロゼット：「ロゼット」、salamiサラミ：「サラミ」、saucisson d'Arlesソスィッソン・ダルル：「アルルソーセージ」、saucisson de Lyonソスィッソン・ドゥ・リヨン：「リヨンソーセージ」などがあります。

Saucisson en brioche à la lyonnaise
ソッスィソン・アン・ブリオッシュ・ア・ラ・リヨネーズ：「ソーセージのブリオッシュ包み焼き、リヨン風」。生食用の豚肉だけのソーセージをブイヨンでゆで、冷ましたものをブリオッシュ生地に挟んで焼いたもの。

5-5　Cheval　馬

騎士の時代であった中世は、馬肉は食べることが禁じられていました。そのせいか馬肉の料理はそれほど多くはありません。

Rôti de cheval en chevreuil
ロティ・ドゥ・シュヴァル・アン・シュヴルイユ：「馬肉のロースト、ノロ鹿見立て」。馬肉を、スパイスを加えた白ワインとヴィネガーに漬けて、ノロ鹿風に焼いたもの。

Steak tartare
ステーク・タルタル：「馬肉のタルタルステーキ」。ミンチにした馬肉に薬味と卵黄を添えたもの。本格派のタルタル。

5-6　Gibier à poil　体毛のあるジビエ

ジビエは体毛のある猟獣ジビエ・ア・ポワールgibier à poilと羽毛のある猟鳥ジビエ・ア・プリュームgibier à plumeに分けることができますが、ここでは猟獣の料理をまとめておきましょう。昔はあらゆる狩の獲物が、エリソンhérisson（ハリネズミ）やカストールcastor（ビーバー）まで食卓を賑わせましたが、現在フランス料理で用いられる素材としては、それほど種類も多くはなく、ラパンlapin（家ウサギ）、リエーヴルlièvre（野ウサギ）、ラプローlapereau（子ウサギ）、シュヴルイユchevreuil（ノロ鹿）、サングリエsanglier（猪）、マルカッサンmarcassin（子猪）などに限られています。

Chevreuil
シュヴルイユ：「ノロ鹿」。

Civet de chevreuil
スィヴェ・ドゥ・シュヴルイユ：「ノロ鹿のシヴェ」。赤ワインに漬けておいたノロ鹿の肩、首、胸、脇腹の肉を、油とバターで炒め、血を加えて煮込んだもの。

Côtelettes de chevreuil sautées à la mode d'Uzès
コトレット・ドゥ・シュヴルイユ・ソテ・ア・ラ・モード・デュゼス:「ノロ鹿のコトレット、ユゼス風」。ソテしたノロ鹿に、ピックルス、オレンジの皮、スライスアーモンドを加えたヴィネガーとフォンドヴォーのソースをかけ、クルトンとドーフィーヌ風ジャガイモを添えたもの。ユゼスUzèsは南仏の鄙びた観光地。17世紀の劇作家ジャン・ラシーヌJean Racine (1639-1699) が21歳のとき、信仰上の問題から滞在したことで有名。

Filets de chevreuil d'Anticosti
フィレ・ドゥ・シュヴルイユ・ダンティコスティ:「ノロ鹿のフィレ、アンティコスティ風」。オリーヴ油に漬けておいたノロ鹿のフィレ(ロース)を焼いて、ウスターソース味のソースをかけたもの。アンティコスティはカナダのセント・ローレンス川の河口の町。

Filets mignons de chevreuil
フィレ・ミニョン・ドゥ・シュヴルイユ:「ノロ鹿のフィレ・ミニョン」。ノロ鹿のフィレ・ミニョン(胸郭内の肉)を焼いて、フルーツソースをかけたもの。

Gigues de chevreuil aux girolles
ジーグ・ドゥ・シュヴルイユ・オ・ジロール:「ノロ鹿の腿肉、ジロール茸添え」。香草やスパイスを加えた白ワインでマリネしたノロ鹿の腿肉を、マリナードと一緒にオーヴンで焼き、ソテしたジロール茸の笠を添えたもの。

Selle de chevreuil grand veneur
セール・ドゥ・シュヴルイユ・グラン・ヴヌール:「ノロ鹿のセール、グラン・ヴヌールソースかけ」。ノロ鹿のセール(鞍下肉)を焼いて、屑肉を使ったコショウソースをかけ、栗のピューレ、ドーフィーヌ風ジャガイモを添えたもの。グラン・ヴヌールは「狩猟頭」の意味。

Lapin
ラパン:「家ウサギ」。日本ではあまり食材にはしませんが、フランスでは学生食堂でも鶏の代わりに出されることがあります。ウサギだと言われるまではほとんど気づかないでしょう。なお子

ウサギはラプローlapereauと言います。

Crépinettes de lapin
クレピネット・ドゥ・ラパン:「家ウサギの網脂包み焼き」。骨を外した背肉と腿肉に、エシャロット、マッシュルーム、ベーコンを混ぜたファルスを塗って包み込み、これを網脂で包んでオーヴンで焼いたもの。

Lapin aux girolles
ラパン・オ・ジロール:「家ウサギのジロール茸添え」。油で焦げ目をつけたぶつ切りにしたウサギを、バターを溶かした鍋に入れ、玉葱、ブーケガルニ、トマト、アルコールを飛ばしたコニャック、白ワインを入れて煮込み、ジロール茸を添え、煮汁に生クリームを入れたソースをかけたもの。

Lièvre
リエーヴル:「野ウサギ」。ラパンlapin(家ウサギ)は家禽として扱われることがありますが、野ウサギは猟獣として扱われます。

Ballottine chaude de lièvre à la périgourdine
バロティーヌ・ショッド・ドゥ・リエーヴル・ア・ラ・ペリグルディーヌ:「野ウサギの熱いバロティーヌ、ペリゴール風」。生後6〜8ヶ月の野ウサギの骨を外し、子ウサギの肉にトリュフを混ぜたファルスを塗り、フォワグラを入れて包み、子牛の脛肉、ウサギの骨にマデイラ酒を加えたブイヨンで煮込んでからオーヴンで仕上げたもの。

Cipaille au lièvre
スィパイユ・オ・リエーヴル:「野ウサギ入りシパイユ」。鍋底に塩漬け豚のバラ肉を敷き、若鶏の胸肉、野ウサギの肉の角切り、豚の挽肉、玉葱、ジャガイモを入れ、これをタルト生地で覆い、さらにその上に肉と玉葱をのせ、水を加えて上からタルト生地で蓋をしてオーヴンで焼いたもの。カナダのケベック地方Québecの料理。

Civet de lièvre à la française
スィヴェ・ドゥ・リエーヴル・ア・ラ・フランセーズ:「野ウサギのシヴェ、フランス風」。赤ワインに漬けておいた野ウサギの

肉を、塩漬け豚を加えて炒め、赤ワインで煮込み、オーヴンで仕上げたもの。

Lièvre en cabessal
リエーヴル・アン・カベサル:「野ウサギのカベサル風」。皮を剥き、骨を外し、赤ワインに漬けておいた野ウサギに、子牛の腿肉、生ハム、豚肉、ニンニク、エシャロットを混ぜたファルスを塗って巻き、肝臓をすり潰してヴィネガーと血で溶いたものを加えて、ワインで煮込んだもの。

Marcassin
マルカッサン:「1年未満の猪の子」。

Civet de marcassin
スィヴェ・ドゥ・マルカッサン:「子猪のシヴェ」。子猪の肩肉、肩ロース、胸肉などを赤ワインで煮込んだもの。

Cuissot de marcassin à l'aigre-doux
キュイッソ・ドゥ・マルカッサン・ア・レーグル・ドゥー:「子猪の腿肉、甘酢風味」。子猪の腿肉と豚の腿肉を蒸し煮にして、松の実、レーズン、干しプラム、サクランボの酢漬け、ビターチョコレートの入ったソースをかけたもの。

Sanglier
サングリエ:「猪」。

Daube de sanglier
ドーブ・ドゥ・サングリエ:「猪のドーブ」。猪の腿肉を骨から外し、ぶつ切りにしてコニャック、セロリ、ニンジン、玉葱、ブーケガルニを入れた赤ワインに浸したものをオリーヴ油で炒め、マリナードの野菜、子牛の足、ラルドン、マッシュルームを加えて、赤ワインを注いで煮込んだもの。

Hure de sanglier
ユール・ドゥ・サングリエ:「猪のユール」。猪の頭の料理。猪の頭の皮を破らないように肉を削ぎ落とし、豚のタン、猪の頭肉、塩漬け牛タン、ハム、鶏肉などで作ったファルスを貼り付けて形を整えたもの。中世では貴族の宴席のアントルメとして供されていました。

6

Volaille
~鳥~

フランス中世の料理書を見ると、猛禽類を除くほとんどすべての鳥類が食べられていたことが分かります。コルネイユcorneille（カラス）やプリュヴィエpluvier（千鳥）までも食べていたようですし、パーンpaon（孔雀）やスィーニュcygne（白鳥）も観賞用としてではなく、食材として貴族の宴席を飾っていました。

　このように鳥が中世人の格好の餌食となったのは、当時の世界観によるもので、大空を飛ぶ鳥の方が、地上に棲息する四足動物よりも高貴であるとされていたからなのです。しかし現在では野鳥の捕獲も規制され、食材となる鳥も限定されてきています。

　日本では家禽といえば鶏、家鴨ぐらいしか思い浮かびませんが、フランスではオワoie（ガチョウ）、カナールcanard（鴨）、カイユcaille（ウズラ）、パンタードpintade（ホロホロ鳥）、ダンドdinde（七面鳥）など、かなりの種類の野鳥が飼育されるようになり、食材として家禽なみに日常化しています。ここでは家禽と猟鳥ジビエ・ア・プリュームgibier à plumeの区別をせずに、臓物abattis料理も含めて見ていくことにします。

Abattis
アバティ:「アバティ」。肉以外の、内臓その他の可食部分を言います。砂肝(gésierジェズィエ)、心臓(cœurクール)、肝臓(foieフォワ)、頭(têteテート)、首(couクー)、手羽先(aileronエールロン)、足先(patteパート)、雄鶏の鶏冠(crête de coq クレート・ドゥ・コック)、睾丸(rognonロニョン)。

Abattis Babylas
アバティ・バビラス:「アバティのバビラス風」。七面鳥のアバティを玉葱、マッシュルームと、鶏のブイヨンで煮込んで、クリームを加え、マスタード味にしたもの。

Abattis bonne femme
アバティ・ボンヌ・ファム:「アバティのボンヌ・ファム風」。鶏ないしは七面鳥のアバティを、塩漬け豚のバラ肉、ジャガイモと、白ワインで煮込んだもの。

Abattis chasseur
アバティ・シャッスール:「アバティ、狩人風」。ソテした鶏ないしは七面鳥のアバティを、炒めたマッシュルームとエシャロットに、白ワイン、トマトソース、フォンドヴォーを加えたソースと煮込んだもの。

Abignades
アビニャード:「アピニャード」。フランス南西部ランド地方Landesの料理で、ガチョウの腸を煮込んだもの。

Alouette
アルエット:「ヒバリ」。ヒバリは中世から貴族に好まれた美味な食材だとされています。Mauvietteモーヴィエットと書かれていることもあります。

Alouettes en brochettes
アルエット・アン・ブロッシェット:「ヒバリの串焼き」。腹に塩コショウしたヒバリを、薄く切った豚の背脂で巻いて、横から串を刺して焼いたもの。

Alouettes en croûte
アルエット・アン・クルート:「ヒバリのパンケース盛り」。ヒバリの背から骨を外し、フォワグラとトリュフの入ったファルス

を詰め、溶かしバターをかけて焼いたものを、丸パンをくり抜いたケースに入れて焼いて仕上げたもの。

Attereaux de foies de volaille à la mirepois
アトゥロー・ドゥ・フォワ・ドゥ・ヴォライユ・ア・ラ・ミルポワ：「鶏の肝臓のアトロー、ミルポワ風味」。鶏の肝臓をゆでて、角切りのハム、マッシュルームと交互に串に刺して、ミルポワを周りにつけて衣をまぶし、油で揚げたもの。

Bécasse
ベカッス：「山シギ」。嘴の長い、体長60センチほどの美味な渡り鳥で、市場での販売は禁止されています。

Bécasse à la bordelaise
ベカッス・ア・ラ・ボルドレーズ：「山シギのボルドー風」。バターをのせてオーヴンで焼いた山シギを切り捌いて、エシャロット、ボルドー産の白ワイン、レモン汁で煮込み、パン粉を加え、煮汁をソースとしてかけたもの。

Bécasse à la fine champagne
ベカッス・ア・ラ・フィーヌ・シャンパーニュ：「山シギのフィーヌ・シャンパーニュ風味」。下処理した山シギを鍋で焼き、肝臓と心臓は細かく刻み、ガラからジューを搾り出し、フィーヌ・シャンパーニュ（上質のシャンパンを何種類か混ぜたもの）を注いで作ったソースをかけたもの。

Bécasse à la paysanne
ベカッス・ア・ラ・ペイザンヌ：「山シギのペイザンヌ風」。内臓を抜かずにバターを塗ってオーヴンで焼いた山シギを、ゆがいたホウレン草とオリーヴ油で炒めたトマトの上にのせ、輪切りにしたオリーヴの実をあしらったもの。

Bécasse en casserole à la pergourdine
ベカッス・アン・カスロール・ア・ラ・ペルグルディーヌ：「山シギのペリゴール風カスロール焼き」。内臓を刻み、フォワグラ、トリュフを混ぜて腹に戻した山シギを、バターで炒めてから、アルマニャックを注いでオーヴンで焼いたもの。

Bécasse en cocotte à la crème
ベカッス・アン・ココット・ア・ラ・クレーム：「ヤマシギのク

リーム風味ココット鍋焼き」。下処理した山シギを豚の背脂で巻いて焼き、背脂を外してコニャックと生クリームをかけて、オーヴンで焼いて仕上げたもの。

Bécasse rôtie au naturel
ベカッス・ロティ・オ・ナテュレル:「山シギの自然焼き」。山シギに塩コショウを振って塩豚脂で包み、紐で縛り、鴨の脂を溶かした鍋に入れ、小麦粉で作ったペーストで鍋を密封してオーヴンで焼いたもの。

Bécasse sautée à l'armagnac
ベカッス・ソテ・ア・ラルマニャック:「山シギのソテ、アルマニャック風味」。蒸し焼きにした山シギの内臓を細かく刻み、ガラからジューを搾り出し、アルマニャックを加えて作ったソースをかけたもの。

Bécasse sautée Brillat-Savarin
ベカッス・ソテ・ブリヤ・サヴァラン:「山シギのソテ、ブリヤ=サヴァラン風」。豚の背脂を巻いて焼いた山シギの肉をほぐしてパイケースに盛り、トリュフとフォワグラに焼き汁を加えてかけたもの。

Bécasse truffée rôtie
ベカッス・トリュフェ・ロティ:「山シギのロースト、トリュフ風味」。内臓を抜いた山シギにトリュフ風味のファルスを詰め、皮と肉の間にもトリュフを差し込み、冷蔵庫で冷やしたものを硫酸紙で包んで焼いたもの。

Salmis de bécasse
サルミ・ドゥ・ベカッス:「山シギのサルミ」。サルミとは猟鳥の煮込みのこと。山シギを焼き、手羽と皮を野菜と煮込んで、白ワインとフォンドヴォー、およびマッシュルームを加えたソースで煮込んだもの。

Caille
カイユ:「ウズラ」。キジ科の鳥で、現在は飼育鳥に分類されます。日本ではもっぱら卵を利用しますが、フランスでは肉そのものが食材として使われ、料理の種類も多様です。

Cailles à la romaine
カイユ・ア・ラ・ロメーヌ：「ウズラのローマ風」。表面を焦がしたウズラを、玉葱、ハム、グリンピースと一緒に蒸し煮にしたもの。

Cailles aux cerises
カイユ・オ・スリーズ：「ウズラのサクランボ添え」。ローストにしたウズラに、甘く煮込んだサクランボをあしらったもの。

Cailles aux raisins
カイユ・オ・レザン：「ウズラのブドウ添え」。紐で縛ってオーヴンで焼いたウズラと、皮を剥いて種を抜いたマスカットを鍋に入れ、鶏のブイヨンとアルマニャックを注いで温めたもの。

Cailles en casserole Cinq-Mars
カイユ・アン・カッスロール・サン・マール：「ウズラのカスロール焼き、サン＝マール風」。内臓を抜いたウズラを野菜の千切りと一緒にシェリー酒を加えて蒸し焼きにしたもの。サン＝マールは、国王ルイ13世の寵臣で、後に処刑された17世紀の政治家。

Cailles en chemises
カイユ・アン・シュミーズ：「ウズラの腸包み」。ウズラを豚の腸のなかに入れて茶色いフォンで煮込んだもの。

Cailles en compote
カイユ・アン・コンポット：「ウズラのコンポット」。ココット鍋にバターを入れて焦げ目をつけたウズラを、マッシュルーム、トリュフ、ハム、ブーケガルニ、白ワインを煮立てたなかで、弱火で煮込んだもの。

Cailles en crapaudine
カイユ・アン・クラポディーヌ：「ウズラのクラポディーヌ風」。ウズラの骨を外して平らにし、小麦粉をつけてバターで焼き、オレンジの絞り汁で仕上げたもの。クラポディーヌとは、骨を外した鳥の料理のことを言います。

Cailles en feuilles de vigne
カイユ・アン・フィーユ・ドゥ・ヴィーニュ：「ウズラのブドウの葉包み」。内臓を抜いたウズラの胸肉をブドウの葉で包み、さらに塩豚のバラ肉の薄切りで巻いて焼いたもの。

Cailles farcies à la perigourdine en gelée
カイユ・ファルスィ・ア・ラ・ペリゴルディーヌ・アン・ジュレ：「ウズラのファルシのジュレ寄せ、ペリゴール風」。内臓と骨を外したウズラに、若鶏の肝臓、トリュフ、フォワグラを詰めて、マデイラ風味のフォンで煮て、冷やしたもの。

Cailles farcies en caisses
カイユ・ファルスィ・アン・ケース：「ウズラのファルシ、ケース盛り」。ウズラの内臓と骨を抜き、若鶏の肝臓やトリュフなどを刻んで詰め、バターを塗った紙に包んでオーヴンで焼き、紙を外してケースに入れ、ソースをかけてさらにオーヴンで焼いたもの。

Cailles farcies Monselet
カイユ・ファルスィ・モンスレ：「ウズラのファルシ、モンスレ風」。ウズラの内臓と骨を外して袋状にしたなかにトリュフとフォワグラを詰め、布で包み、ウズラのガラで煮たものに、マッシュルーム、トリュフ、クリームソースをかけてオーヴンで焼いたもの。モンスレはグリモと並ぶ19世紀のグルメ文人で、料理に関する本を残しています。

Cailles grillées petit-duc
カイユ・グリエ・プティ・デュック：「ウズラのグリエ、プティ＝デュック風」。ウズラを胸から開いてバターとパン粉を振ってグリエし、マッシュルームを飾り、煮詰めたジビエのフォンに煮詰めたマデイラ酒とバターを加えたプティ＝デュックソースをかけたもの。

Cailles rôties
カイユ・ロティ：「ウズラのロースト」。ウズラをブドウの葉で包み、さらに塩豚のバラ肉で包んで串に刺して焼いたもの。

Canard
カナール：「鴨」。ガンカモ科の鳥で、真鴨を家禽化したもの。

Aiguillette de canard à la coriandre
エギュイエット・ドゥ・カナール・ア・ラ・コリアンドル：「鴨の胸肉の薄切り、コリアンダー風味」。鴨の胸肉をバターで焼き、バター炒めのリンゴを添え、鴨の焼き汁にコリアンダーを潰して

加え、バターでつないだソースをかけたもの。

Canard à l'agenaise
カナール・ア・ラジュネーズ：「鴨のアジャン風」。鴨の腹にアルマニャックに漬けた干しプラムを詰めて焼き、アルマニャックをかけて焼いたもの。アジャンAgenはガロンヌ川沿いのプラムの産地。

Canard à l'ananas
カナール・ア・ラナナ：「鴨のパイナップル添え」。鴨の腹に肝臓を詰めて焼き、パイナップルを添えたもの。

Canard rouennais en chemise
カナール・ルアネ・アン・シュミーズ：「ルーアン鴨の羽織まとい」。ルーアン産の鴨の首から胸の骨を抜き、豚の背脂、鴨の肝臓を炒めてからペースト状に潰したファルスを詰めて豚の膀胱に入れ、煮込んだもの。ルーアンRouenはジャンヌ・ダルクJeanne d'Arcが火刑に処せられた所として知られている、セーヌ川の河口に近い港湾都市。鴨の産地としても有名。

Canard Voisin
カナール・ヴォワザン：「鴨のヴォワザン風」。ルーアン産の子鴨をローストにして胸肉を外し、残りのガラや屑肉で作ったソースに、胸肉の薄切りとトリュフの薄切りをのせて冷やし、ジュレ寄せにしたもの。ヴォワザンは、1850年から1930年にかけてパリにあった高級レストランの名前。

Dodine de canard
ドディーヌ・ドゥ・カナール：「鴨のドディーヌ」。鴨の皮を破らずに肉と骨を取り去り、胸肉以外の鴨の肉、豚の背脂、豚の赤身、子牛肉、マッシュルーム、アーモンドパウダー、パセリなどを挽き、トリュフと卵を混ぜてファルスを作り、これを皮に塗り、マリネした胸肉の細切をのせ、全体を豚の網脂で包んで、白ワインをかけながら焼いたもの。

Filets de canard rouennais glacés à l'orange
フィレ・ドゥ・カナール・ルアネ・グラセ・ア・ロランジュ：「ルーアン鴨のフィレの冷製、オレンジ風味」。赤味が残る程度に焼いた鴨の腿肉と胸肉を外して冷まし、胸肉を薄く、細長く切っ

て、オレンジ風味のショフロワソースをかけ、トリュフを混ぜた腿肉のムース、オレンジを添えたもの。

Soufflé de canard rouennais
スフレ・ドゥ・カナール・ルアネ：「ルーアン産の鴨のスフレ」。ルーアン産の鴨を焼き、胸肉と骨を外してケースを作り、なかに鴨の肝臓のムースを詰め、元の形に戻して焼いたもの。

Canard sauvage
カナール・ソヴァージュ：「野鴨」。ガンカモ科の水鳥。これを家禽化したものが鴨canardで、胸肉と腿肉を食べますが、フザンダージュはしません。

Canard sauvage au chambertin
カナール・ソヴァージュ・オ・シャンベルタン：「野鴨のシャンベルタン風味」。焼いた野鴨にシャンベルタン風味のソースをかけたもの。

Canard sauvage au porto
カナール・ソヴァージュ・オ・ポルト：「野鴨のポルト風味」。焼いた野鴨の腿肉を外してさらにグリエし、胸肉は細く切り、ポルト酒を煮詰めたソースをかけたもの。

Filets de canard sauvage à la bigarade
フィレ・ドゥ・カナール・ソヴァージュ・ア・ラ・ビガラード：「野鴨の胸肉、ビガラード風味」。香草の入ったレモン汁とオリーヴ油の溶液に漬けた腿肉を、串に刺して照り焼きにして、ビター（苦い）オレンジ入りのソースをかけたもの。

Caneton
カヌトン：「子鴨」。生後２ヶ月未満の雄の子鴨。子鴨もcanardと言われることがあります。

Ballottine de caneton
バロティーヌ・ドゥ・カヌトン：「子鴨のバロティーヌ」。子鴨を開いて肉と骨を外し、皮だけにして、豚の背脂と子牛肉のミンチ、角切りの胸肉、フォワグラを包んで巻き、布で形を整え、野菜と白ワインで煮込んだもの。

Caneton à la bigarade
カヌトン・ア・ラ・ビガラード：「子鴨のビガラード風味」。子

鴨をバターで蒸し焼きにして、白ワインにヴィネガーを加えて煮込み、ビターオレンジとレモンの果汁と皮を加えたソースをかけたもの。

Cassoulet
カスーレ：「カスーレ」。白インゲン豆と煮込んだ鍋料理で、塩漬け豚のバラ肉、豚の皮、白インゲン豆を、野菜と煮込み、鴨あるいはガチョウのコンフィを加えたもの（Cf. Cassoulet, p.154 et p.161）。

Chapon
シャポン：「去勢若鶏」。去勢は肉をやわらかくする鶏の肥育法として中世まではごく一般的でした。その後ほとんど途絶えてしまい、1980年代になって、ブレス地方Bresseとランド地方Landesで復活しました。ブレスの地鶏というのはこの去勢若鶏のことです。

Chapon belle alliance
シャポン・ベラリヤンス：「去勢若鶏のベラリヤンス」。オーヴンで焼いた去勢若鶏を捌いて、セップ茸とクリームで和えたパスタを添えたもの。ベラリヤンスとは良い縁組みの意味です。

Chapon Saint-Sylvestre
シャポン・サン・スィルヴェストル：「去勢若鶏のサン＝シルヴェストル風」。鶏の肝臓、バイヨンヌの生ハム、フォワグラ、去勢若鶏の脂肪を細かく刻んでパン粉を混ぜ、去勢若鶏の腹に詰め、切り口を糸で縫い、ココット鍋に入れて白ワインを注ぎ、蓋をして煮込んだものに、フォワグラとブイヨンで作ったコニャック風味のクリームソースをかけたもの。

Colvert
コルヴェール：「コルヴェール」。大型の野生の真鴨。

Colvert sauce normande
コルヴェール・ソース・ノルマンド：「コルヴェール、ノルマンディ風ソースかけ」。鴨をリンゴと小粒の玉葱と一緒に、カルヴァドスを注いで煮込んだもの。

Coq
コック：「雄鶏」。現在鶏の料理は、若鶏か雌鶏が一般的で、鶏

冠や睾丸を用いる場合以外、雄鶏を用いることは少なくなっています。

Coq à la bière
コッカ・ラ・ビエール：「雄鶏のビール煮込み」。雄鶏をぶつ切りにして小麦粉をまぶして表面を色づけ、炒めたマッシュルームとエシャロットを加えてジンでフランベし、鶏のフォンとビールを注いで煮込んだもの。

Coq au vin à la mode rustique
コッコ・ヴァン・ア・ラ・モード・リュスティック：「田舎風コッコヴァン」。雄鶏のぶつ切りを、小玉葱と塩漬け豚のバラ肉の細切りを混ぜてよく炒め、赤ワインを注いで、ニンニクとマッシュルームを加えて煮込んだもの。コッコヴァンは本来雄鶏を使った料理ですが、最近のルセットには若い肥育雌鶏プーラルドpoulardeを材料とすると指示されたものがあります。

Coq en pâte
コック・アン・パート：「雄鶏のパイ包み」。雄鶏の首から胸の骨を抜き取って袋状にして、なかにコニャックを振りかけたフォワグラとトリュフ、鶏のミンチ肉を詰め、表面に焼き色をつけてから野菜のペーストで覆って豚の網脂で包み、パイ生地を被せてオーヴンで焼いたもの。

Dinde
ダンド：「雌の七面鳥」。ただし一般に七面鳥を指すこともあります。七面鳥は北アメリカ原産。16世紀にアメリカを征服したスペイン人が、インドに着いたと思って「インドの鶏」プール・ダンドpoule d'Indeと呼んだものです（ちなみに英語のturkey（cock）は「トルコの鶏」）。なおダンドンdindonは「雄の七面鳥」、ダンドンヌdindonneは「雌の七面鳥」。この語は辞書にはありませんが、dindonから作られた女性名詞でdindeと同じ意味です。七面鳥の肉はパサパサしているので、料理にはダンドノーdindonneauという生後25週までの「七面鳥の若鳥」を用いることが多いようです。

Escalope de dinde aux oignons
エスカロップ・ドゥ・ダンド・オ・ゾニョン：「七面鳥のエスカ

ロップ、玉葱添え」。七面鳥のエスカロップの両面にカレー粉を振って、バターで炒め、温めたマデイラ酒を振りかけ、炒めた薄切りの玉葱にマスタードとクリームチーズを混ぜて添えたもの。

Dindonneau
ダンドノー：「七面鳥の若鳥」。

Ailerons de dindonneau farcis braisés
エールロン・ドゥ・ダンドノー・ファルスィ・ブレゼ：「七面鳥の若鳥、手羽先ファルシのブレゼ」。手羽先の骨を抜き、なかに細かく挽いた豚肉か鶏肉のファルスを詰め、白ワインで煮詰めたもの。

Cuisses de dindonneau braisées
キュイッス・ドゥ・ダンドノー・ブレゼ：「七面鳥の若鳥の腿肉のブレゼ」。腿肉の骨を外し、なかに鶏肉を挽いたファルスを詰め、フォンで蒸し煮にしてから、オーヴンで焼いて照りを出したもの。

Dindonneau en daube à la bourgeoise
ダンドノー・アン・ドーブ・ア・ラ・ブルジョワーズ：「七面鳥の若鳥のドーブ、ブルジョワ風」。茶色いフォンで煮込んだ七面鳥の若鳥を、煮汁を漉して、さらに野菜を加えて煮込んだもの。

Dindonneau rôti
ダンドノー・ロティ：「七面鳥の若鳥のロースト」。七面鳥の若鳥の腹に塩コショウして、豚の背脂の薄切りで包んで焼いたもの。

Dindonneau rôti farci au marron
ダンドノー・ロティ・ファルスィ・オ・マロン：「七面鳥の若鳥の栗詰めロースト、」。ゆでた栗を豚の網脂で包んで七面鳥の若鳥の腹に詰め、豚の背脂の薄切りで包んで焼いたもの。

Dindonneau truffé
ダンドノー・トリュフェ：「七面鳥の若鳥、トリュフ入り」。七面鳥の若鳥の腿の内側に切り込みを入れて内臓を抜き、ピューレ状にした豚のケンネ脂、フォワグラ、トリュフを詰めて、冷蔵庫で冷やしてからオーヴンで焼いたもの。

Poupeton de dindonneau Brillat-Savarin

プープトン・ドゥ・ダンドノー・ブリヤ・サヴァラン：「七面鳥のプープトン、ブリヤ＝サヴァラン風」。七面鳥を開いて骨を取り除き、挽いた子牛肉、子羊のブレゼした胸腺、フォワグラ、トリュフを練り合わせて塗り、包み込んでから豚の網脂で巻く。これをマデイラ酒入りの鶏のブイヨンで煮込み、オーヴンで仕上げたもの。

Faisan

フザン：「キジ」。キジは羽根の美しさの故に、孔雀パーンpaonや白鳥スィーニュcygneと並んで、中世の貴族の宴席での豪華なアントルメの主要な食材でした。

Chaud-froid de faisan

ショ・フロワ・ドゥ・フザン：「キジのショフロワ」。焼いたキジを切り分けて皮を剥き、冷まし、これにジビエ風味のフォンをかけ、表面にトリュフ、ゆで卵の白身などの飾りを貼り付けてジュレで固めたもの。

Faisan à la normande

フザン・ア・ラ・ノルマンド：「キジのノルマンディ風」。薄切りにしたリンゴの上にキジをのせて焼き、生クリームとカルヴァドスをかけたもの。

Faisan au chou

フザン・オ・シュー：「キジのキャベツ風味」。熟成させたキジに豚の背脂を刺して焼き、塩漬け豚のバラ肉、キャベツと一緒に煮込んだもの。

Faisan rôti

フザン・ロティ：「キジのロースト」。キジを塩豚脂で包んで紐で縛り、オーヴンで焼いたもの。

Salmis de faisan

サルミ・ドゥ・フザン：「キジのサルミ」。キジの内臓を抜き、部位に分けて切り捌いて焼き、フォワグラのペースト、マッシュルームを加えた赤ワインのソースで煮込んだもの。

Faisandage

フザンダージュ：「フザンダージュ」。肉を調理する前に冷所で

寝かせて熟成させること（Cf.「基本的な調理用語」、p.273）。キジfaisanの下処理法からできた料理用語。

Foie gras
フォワ・グラ：「フォワグラ」。フォワグラは古代エジプト時代から食べられていました。昔はイチジクを食べさせてガチョウの肝臓を肥大させましたが、今はトウモロコシを食べさせています。フォワグラには、鴨のフォワグラfoie gras de canardとガチョウのフォワグラfoie gras d'oieの2種類があります。どちらも高級な食材で、生食材と加工品があります。フォワグラの料理は、それぞれのレストランのシェフが工夫を凝らし、独自の料理を創り出しています（Cf. Entrée, p.51）。

Escalopes froides de foie gras au raisin et aux truffes
エスカロップ・フロワッド・ドゥ・フォワ・グラ・オ・レザン・エ・オ・トリュフ：「冷製フォワグラのエスカロップ、ブドウとトリュフ添え」。火を通したフォワグラを冷やして薄く切り、トリュフをのせてジュレで固め、シャンパン風味のブドウを飾ったもの。

Foie gras en brioche
フォワ・グラ・アン・ブリオッシュ：「フォワグラのブリオッシュ包み焼き」。ガチョウのフォワグラにシャンパン風味のトリュフを刺し、網脂で包み、ガチョウの脂に入れてオーヴンで焼いて冷ましてから、ブリオッシュ生地に包んで焼いたもの。

Garbure
ガルビュール：「ガルビュール」。野菜と鴨の腿肉のコンフィをベースにして煮込んだ一種のポテ。

Grive
グリーヴ：「ツグミ」。日本では益鳥として捕獲が禁止されていますが、ヒバリと並んでツグミは美味であるとされています。

Grives à la bonne femme
グリーヴ・ア・ラ・ボンヌ・ファム：「ツグミのボンヌ・ファム風」。内臓を抜いたツグミを焼き、塩漬け豚のバラ肉の細切りを加えて、さらに蒸し焼きにしたもの。

Grives à la liégeoise
グリーヴ・ア・ラ・リエジョワーズ：「ツグミのリエージュ風」。目と砂肝を取り除き、ジンgenièvreを振りかけて焼いたツグミを食パンの上に盛ったもの。リエージュLiègeはベルギーの都市。

Grives à la polenta
グリーヴ・ア・ラ・ポレンタ：「ツグミのポレンタ添え」。焼いたツグミを、チーズ風味のポレンタ粥（トウモロコシの粥）にのせて、オーヴンで仕上げたもの。

Grives en croûte à l'ardennaise
グリーヴ・アン・クルート・ア・ラルデネーズ：「ツグミのクルート盛り、アルデンヌ風」。背から開いて骨を抜き取ったツグミに、フォワグラとトリュフを混ぜた豚のミンチ肉のファルスを詰め、これを豚の網脂で包んで、骨と野菜と一緒に蒸し焼きにし、パンケースに入れたもの。アルデンヌArdenneは北フランスの県名。

Grives rôties
グリーヴ・ロティ：「ツグミのロースト」。砂嚢（ジェズィエgésier）を取り出し、首を腹に折り込んで塩豚脂を巻いたツグミを串に刺して焼き、ジャガイモ、玉葱、ラルドン（塩漬け豚脂の細切り）を添えたもの。

Jambonnettes de volaille
ジャンボネット・ドゥ・ヴォライユ：「鶏の腿肉のジャンボネット」。若鶏の腿肉の骨を外し、なかにソーセージ用の挽肉を詰めて、豚の腿肉のように形を整えて、蒸し煮にしたもの。

Médaillons de volaille Beauharnais
メダイヨン・ドゥ・ヴォライユ・ボーアルネ：「鶏のメダイヨン、ボーアルネソースかけ」。メダイヨンとは（メダル風に）肉を丸めて、ある程度の厚さに切ったものを言います。鶏の胸肉をメダイヨンの大きさに切り、バターで焼き、これと同じ形のバターでこんがりと焼いた食パンの上にのせて、アーティチョークの花托をあしらったボーアルネソース（エストラゴン風味のベアルネーズソース）をかけたもの。

Oie
オワ:「ガチョウ」。ガチョウはもともと渡り鳥であったものを、古代エジプト人が飼育し、やがて良質のフォワグラを採る鳥として飼うようになりました。中世ではガチョウの肉も人気がありました。

Confit d'oie
コンフィ・ドワ:「ガチョウのコンフィ」。ガチョウを開いて内臓と骨を取り去り、粗塩を振って寝かせ、ガチョウの脂で煮込んで、保存食にしたもの。

Confit d'oie à la landaise
コンフィ・ドワ・ア・ラ・ランデーズ:「ガチョウのコンフィ、ランド風」。玉葱、バイヨンヌ・ハム、生のグリンピースにガチョウのコンフィを加えて煮込んだもの。ランド地方Landesはフランス南西部。

Cous d'oie farcis
クー・ドワ・ファルスィ:「ガチョウの首の詰め物」。ガチョウの首から骨を抜き、首の肉を粗く刻み、豚肉のムース、フォワグラと混ぜて首の皮に詰めてガチョウの脂で煮込み、冷やしたもの。

Oie à l'alsacienne
オワ・ア・ラルザスィエンヌ:「ガチョウのアルザス風」。ガチョウの腹に、玉葱、パセリ、豚の挽肉を詰めて焼き、ベーコン、ソーセージと一緒にシュークルートに盛ったもの。

Oie braisée au cidre
オワ・ブレゼ・オ・スィードル:「ガチョウのシードル煮」。ガチョウのぶつ切りをニンジン、セロリ、塩豚脂と一緒にガチョウの脂で炒め、カルヴァドスを入れてフランベし、シードル酒とブイヨンを注いで煮込んだもの。

Oyonnade
オヨナード:「オヨナード」。ガチョウの若鶏をぶつ切りにして、玉葱と一緒に炒め、赤ワインで煮込み、ガチョウの肝臓、血、生クリームの入ったソースをかけたもの。中央山丘の北に位置するブルボネ地方Bourbonnaisの料理。

Palombe
パロンブ:「森鳩」。パロンブとは野生の森鳩ピジョン・ラミエ pigeon ramierのフランス南西部地方での呼び方。家鳩よりも美味だと言われ、胸肉と腿肉をソテして食べます。

Salmis de palombes
サルミ・ドゥ・パロンブ:「森鳩のサルミ」。アバティのブイヨンにマッシュルーム、ニンジン、エシャロット、赤ワイン、白いフォンを加えて煮込んでソースを作り、鴨の脂で焼いた森鳩を入れて煮込んだもの。

Perdreau
ペルドロー:「山ウズラperdrixの若鳥」。キジ科のPerdrixペルドリ(山ウズラ)の生後8ヶ月未満のものを言います。

Perdreau à la coque
ペルドロー・ア・ラ・コック:「山ウズラの若鳥のゆで煮」。山ウズラの若鳥の内臓を抜き、内側にフォワグラを塗り、ゆでて冷ましたもの。

Perdreau en pistache
ペルドロー・アン・ピスタッシュ:「山ウズラの若鳥のピスタッシュ」。ピスタッシュはラングドック地方のニンニクを用いた煮込み料理。肝臓と生ハムなどで作ったファルスを山ウズラの若鳥に詰め、豚の背脂で巻いて焼き、白ワイン、ブイヨン、トマトピューレ、ニンニクを入れて煮込んだもの。

Perdreaux à la vigneronne
ペルドロー・ア・ラ・ヴィニュロンヌ:「山ウズラの若鳥、ヴィニュロンヌ風」。内臓を外して蒸し焼きにした山ウズラの若鳥に種を抜いたブドウの実を加えてコニャックで蒸し煮にしたもの。

Perdreaux farcis à la gelée
ペルドロー・ファルスィ・ア・ラ・ジュレ:「山ウズラの若鳥のファルシ、ジュレ寄せ」。背から開いて骨を取り除いた山ウズラに、トリュフの入ったファルスを塗り、フォワグラとトリュフをのせて包み、外側から豚の背脂を巻いて、マデイラ風味のフォンで煮込み、型に入れて冷やしたもの。

Perdreaux Monselet
ペルドロー・モンスレ：「山ウズラの若鳥、モンスレ風」。フォワグラとトリュフを詰めた山ウズラの若鳥をバターで焼き、アーティチョークの花托、トリュフ、レモン汁を加え、コニャックで味を調えたもの。

Perdrix
ペルドリ：「山ウズラ」。ペルドリは山ウズラの成鳥。中世では贅沢な野鳥で、照り焼きにして食べられていました。

Perdrix au chou
ペルドリ・オ・シュー：「山ウズラのキャベツ添え」。内臓を抜き、胸肉に豚の背脂を差し込んで、キャベツ、ソーセージ、ニンジンと煮込んだもの。

Perdrix farcies terre et mer
ペルドリ・ファルス・テール・エ・メール：「山ウズラのファルシ、陸と海」。山ウズラの内臓を取り出し、塩豚、ハム、山ウズラの肝臓、アンチョビ、パンを合わせて挽いたファルスを詰めて切り口を縫い合わせ、刻んだニンジン、ニンニク、玉葱、トマト、ピーマンの上にのせて、シェリー酒を加えた鶏のブイヨンを注いで煮込んだもの。陸と海というのは盛りつけたときの形で、山ウズラを島に、ソースを海に見立てたものです。

Pigeon
ピジョン：「家鳩」。鳩もウサギと同じで日本ではほとんど食材には使いませんが、ヨーロッパや中近東では、美味な食材とされています。

Pigeons à la niçoise
ピジョン・ア・ラ・ニソワーズ：「家鳩のニース風」。玉葱、オリーヴ、莢インゲンを盛り合わせた、鳩の白ワイン煮込み。

Pigeons en compote
ピジョン・アン・コンポート：「家鳩のコンポート仕立て」。鳩の腹にマール・ブランデーを浸み込ませて、薄い豚の背脂を巻いてバターで焼き、玉葱、ベーコン、マッシュルームを炒めて白ワインを加えたなかに入れて煮込んだもの。

Pigeons rôtis, vinaigre à l'échalote
ピジョン・ロティ・ヴィネーグル・ア・レシャロット：「家鳩のロースト、ヴィネガーとエシャロットかけ」。家鳩をオリーヴ油で焼き、ジャガイモのクネルを添え、ガラと野菜で作ったヴィネガー風味のソースをかけたもの。

Pigeonneau
ピジョノー：「子鳩」。

Pigeonneau à la minute
ピジョノー・ア・ラ・ミニュット：「子鳩の即席仕上げ」。小鳩を焼いて、コニャック風味のソースをかけたもの。

Pigeonneaux aux petits pois
ピジョノー・オ・プティ・ポワ：「子鳩のグリンピース添え」。バターを溶かして小鳩の表面を焦がし、ゆでたラルドンと玉葱を加えて炒める。エシャロットを煮汁で崩し、小麦粉、白いフォンを加えたソースに小鳩、ラルドン、玉葱を戻し、弱火で煮込み、冷凍のグリンピースを入れて仕上げたもの。

Pintade
パンタード：「ホロホロ鳥」。古代ローマ人が「カルタゴの鶏」と呼んでいた、アフリカ原産の鳥。Pintadeauパンタドーはホロホロ鳥の子のことです。ホロホロ鳥の調理法は、ほぼ若鶏と同じです。

Filet de pintade aux fruits secs
フィレ・ドゥ・パンタード・オ・フリュイ・セック：「ホロホロ鳥の胸肉のロースト、ドライフルーツ添え」。クーミン風味のニンジンのソースをかけたホロホロ鳥の胸肉のローストに、ドライフルーツ、莢インゲン、ジャガイモを添えたもの。

Poularde
プーラルド：「若い肥育雌鶏」。

Ballottine de poularde à brun
バロティーヌ・ドゥ・プーラルド・ア・ブラン：「肥育雌鶏の茶色のバロティーヌ」。背から骨を取り除き、すべての肉を外して角切りにし、子牛と豚のミンチ、ヨークハムと合わせて塗りこんで包み、フォンドヴォーで煮込んだもの。

Ballottine de poularde en chaud-froid
バロティーヌ・ドゥ・プーラルド・アン・ショ・フロワ：「肥育雌鶏のバロティーヌのショフロワソースかけ」。バロティーヌを冷やしたものに、ショフロワソースをかけたもの。

Poularde à l'estragon
プーラルド・ア・レストラゴン：「肥育雌鶏、エストラゴン風味」。肥育雌鶏にエストラゴンを詰め、背と胸に豚の背脂を巻いて、白いフォンで煮込んだもの。

Poularde à la Chantilly
プーラルド・ア・ラ・シャンティーイ：「肥育雌鶏、シャンティーイ風」。バターで炒めた米、フォワグラ、トリュフを肥育雌鶏のなかに詰めて蒸し焼きにして、フォワグラ、トリュフをあしらい、焼き汁に泡立てた生クリームを混ぜてかけたもの。シャンティーイは伝説の宮廷料理人ヴァテールVatelを抱えていた大コンデ公le Grand Condé (1621-1686)の居城。泡立てた生クリームを使ったものにこの名称がつけられます。

Poularde à la parisienne
プーラルド・ア・ラ・パリズィエンヌ：「肥育雌鶏、パリ風」。肥育雌鶏のなかに詰めてフォンドヴォーで煮込んだ鶏肉のミンチのファルスを取り出して、味を調えて詰め直し、胸肉の薄切り、トリュフ、塩漬け牛タンなどを飾って、ジュレで固めたもの。

Poularde au blanc
プーラルド・オ・ブラン：「肥育雌鶏の白いフォン煮込み」。肥育雌鶏丸々一羽を、白いフォンで煮込んだもの。

Poularde au céleri
プーラルド・オ・セルリ：「肥育雌鶏のセロリ添え」。バターで蒸し焼きにした肥育雌鶏に、セロリをあしらったもの。

Poularde au riz sauce suprême
プーラルド・オ・リ・ソース・シュプレーム：「肥育雌鶏の炊き込みご飯、シュプレームソースかけ」。白いフォンで煮込んだ肥育雌鶏を米と一緒に炊き込み、クリームソースをかけたもの。

Poularde Clamart
プーラルド・クラマール：「肥育雌鶏のクラマール風」。肥育雌

鶏にグリンピースを添えて焼いたもの。

Poularde d'Albufera
プーラルド・ダルブフェーラ：「肥育雌鶏のアルブフェーラ」。白いフォンで炊いた米、フォワグラ、トリュフを合わせて肥育雌鶏に詰め、白いフォンで煮込み、塩漬け牛タン、子牛の胸腺の薄切りなどを飾って、ピーマンのピューレのソースをかけたもの。

Poularde Demidof
プーラルド・デミドフ：「肥育雌鶏、デミドフ風」。肥育雌鶏にパナードやグラタン用のファルスを詰め、表面を焼き、野菜のペーストを塗ってオーヴンで焼いたもの。19世紀のレストラン、メゾン・ドレMaison doréeの常連であったナポレオンの姪マチルドの夫アナトール・デミドフに因んでつけられた名前です。

Poularde en gelée au champagne
プーラルド・アン・ジュレ・オ・シャンパーニュ：「肥育雌鶏のジュレかけ、シャンパン風味」。肥育雌鶏に香味野菜を加えて焼き、シャンパンを注いで仕上げ、シャンパン風味のジュレで冷やしたもの。

Poularde Nantua
プーラルド・ナンテュア：「肥育雌鶏のナンテュア風」。肥育雌鶏を白いフォンで煮込み、ザリガニ風味にあしらったもの。

Poularde Rossini
プーラルド・ロッスィーニ：「肥育雌鶏、ロッシーニ風」。蒸し焼きにした肥育雌鶏にフォワグラ、トリュフ、小さなタルトをあしらって、マデイラ酒風味のソースをかけたもの。

Poule
プール：「雌鶏」。

Fricassée de poule à la sauce aux noix
フリカセ・ドゥ・プール・ア・ラ・ソース・オ・ノワ：「雌鶏のフリカセ、クルミソースかけ」。雌鶏のぶつ切りに小麦粉をまぶして油で表面を焼き、炒めた玉葱、白ワイン、クルミとパセリをすり潰して牛乳で溶き、鶏のブイヨンを加えて煮込んだもの。

Poule au pot à la béarnaise
プール・オ・ポ・ア・ラ・ベアルネーズ：「雌鶏のポトフ、ベア

ルン風」。豚の挽肉、バイヨンヌ・ハム、玉葱、ニンニク、パセリ、刻んだ鶏の肝臓を練り合わせて雌鶏に詰め、野菜と一緒に煮込んだもの。

Poulet
プーレ：「(肥育) 若鶏」。

Chaud-froid de poulet
ショ・フロワ・ドゥ・プーレ：「若鶏のショフロワ」。子牛の足、手羽、野菜を煮込んだ汁で、内臓を抜いて捌いた若鶏を煮て、皮を取り去り、煮汁のなかで冷まし、ゼラチンを入れた煮汁を若鶏にかけながら冷蔵庫で冷ましたもの。

Poulet à la bière
プーレ・ア・ラ・ビエール：「若鶏のビール煮込み」。若鶏を捌いてバターで焦げ色をつけ、玉葱、マッシュルームと一緒に、ビールと生クリームで煮込んだもの。

Poulet au citron
プーレ・オ・スィトロン：「若鶏のレモン風味」。レモン汁に漬けておいた若鶏を、バターで焼き、発酵クリームのソースをかけたもの。

Poulet créole à l'ananas et au rhum
プーレ・クレオール・ア・ラナナ・エ・オ・ロム：「若鶏のクレオール風、ラム風味パイナップル添え」。鶏の脂で若鶏、玉葱とエシャロットを炒め、ラム酒、シロップ、レモン汁を注いで煮込み、パイナップルを加えたもの。

Poulet en barbouille
プーレ・アン・バルブイユ：「若鶏のバルブイユ仕立て」。若鶏、玉葱、マッシュルームを赤ワインで煮て、血でとろみをつけたもの。バルブイユ仕立てとは、血を混ぜて煮汁を濁らせたものを言います。

Poulet farci à la vapeur aux brocolis
プーレ・ファルスィ・ア・ラ・ヴァプール・オ・ブロッコリ：「若鶏のファルシの蒸し煮、ブロッコリ添え」。若鶏の胸肉を叩いて伸ばし、ゆでた野菜と子牛の胸腺を刻んで巻いて蒸し、ブロッコリとベーコンを炒めて添えたもの。

Poulet frit Maryland
プーレ・フリ・メリーランド:「若鶏の揚げもの、メリーランド風」。若鶏のぶつ切りを牛乳に漬けてから小麦粉をまぶして揚げたもの。

Poulet grillé à la tyrolienne
プーレ・グリエ・ア・ラ・ティロリエンヌ:「若鶏のグリエ、チロル風」。背から割った若鶏をグリエして、玉葱のリング揚げとバターで炒めたトマトを添えたもの。

Poulet sauté à blanc
プーレ・ソテ・ア・ブラン:「若鶏の白いソテ」。バターで蒸し焼きにした若鶏に、ワインと白いフォンのソースをかけたもの。

Poulet sauté à brun
プーレ・ソテ・ア・ブラン:「若鶏の茶色のソテ」。若鶏の表面を強めにソテして、蒸し焼きにし、ワインと茶色いフォンのソースをかけたもの。

Poulet sauté à la bohémienne
プーレ・ソテ・ア・ラ・ボエミエンヌ:「若鶏のソテ、ボヘミアン風」。若鶏を捌いてパプリカを振りかけ、野菜と炒め、白ワインとフォンドヴォーのソースをかけたもの。ボヘミアン風は世界を放浪するジプシー風の意味。

Poulet sauté au vinaigre
プーレ・ソテ・オ・ヴィネーグル:「若鶏のソテ、ヴィネガー風味」。若鶏を捌いて、バターでソテしたものに、手羽などアバティと野菜にヴィネガーを加えて煮つめ、肝臓のピューレを加えて作ったソースをかけたもの。

Poulet sauté aux huîtres
プーレ・ソテ・オ・ズュィートル:「若鶏のソテ、牡蠣添え」。ソテした若鶏に牡蠣をあしらい、牡蠣風味のソースをかけたもの。

Poulet sauté chasseur
プーレ・ソテ・シャッスール:「若鶏のソテ、狩人風」。若鶏を油でソテしてから蒸し焼きにし、キノコを加え、白ワインとトマトのソースをかけたもの。

Waterzoï de poulet
ワーテルゾイ・ドゥ・プーレ:「若鶏のワーテルゾイ」。若鶏を丸ごと白いフォンで煮て、発酵クリームで仕上げたもの。

Yassa de poulet
ヤッサ・ドゥ・プーレ:「若鶏のヤッサ」。アフリカのセネガル料理で、捌いて薬味をきかせたライムの果汁でマリネした若鶏を炭火で焼き、漬け汁で煮込んだもの。

Poussin frit
プッサン・フリ:「雛鶏のフライ」。体重250gから300gの雛鶏を4つに捌いて、レモン汁、油、香辛料と香草にマリネしたものに、衣をつけて揚げたもの。

Suprêmes de volaille
シュプレーム・ドゥ・ヴォライユ:「家禽や野鳥の胸肉」。

Suprêmes de volaille à blanc
シュプレーム・ドゥ・ヴォライユ・ア・ブラン:「鳥の胸肉の白焼き」。鳥の胸肉にレモン汁をかけてオーヴンで焼いたもの。

Suprêmes de volaille aux morilles
シュプレーム・ドゥ・ヴォライユ・オ・モリーユ:「鳥の胸肉のモリーユ茸添え」。小麦粉をつけて油でこんがりと焼いた鳥の胸肉に、エシャロットと炒めたポルト酒風味のモリーユ茸を添えたもの。

7

Œuf
~卵~

フランスでの卵料理といえば、真っ先にオムレツを思い浮かべる方も多いと思います。お昼時、公園の椅子に座って、買い込んできたサンドイッチやクロックムッシュcroque-monsieur（食パンの上にハムとチーズをのせて焼いたもの）あるいはクロックマダムcroque-madame（クロックムッシュの上に、さらに目玉焼きをのせたもの）を齧るのも悪くはありませんが、ブラッスリーBrasserieでオムレツを注文するのも、気軽にフランス料理に接することのできるチャンスです。フランスがまさにオムレツの国であることを体験できます。なお卵料理は原則的にはアントレの料理です。

Brouillade
ブルイヤード:「かき卵、スクランブルドエッグ」。

Brouillade de truffes
ブルイヤード・ドゥ・トリュフ:「トリュフ入りかき卵」。トリュフをさいの目に切ってバターで炒めて、かき卵に加えたもの(Cf. Entrée, p.43)。

Gratin d'œufs brouillés à l'antiboise
グラタン・ドゥー・ブルイエ・ア・ランティボワーズ:「かき卵のグラタン、アンティーブ風」。オリーヴ油で炒めた薄切りのズッキーニを、かき卵と交互に盛り、パルメザン・チーズをかけてオーヴンで焼いたもの。アンティーブAntibesは地中海に面した港町。

Œufs à la coque
ウー・ア・ラ・コック:「殻つき半熟卵」。

Œufs au miroir
ウー・オ・ミロワール:「皿焼き卵の鏡見立て」。皿の上に卵を割ってのせ、直接焼いた半熟目玉焼き。卵黄の膜が鏡のようになることから名づけられています。

Œufs Bernis
ウー・ベルニス:「ベルニス風半熟卵」。パイケースに火を通した鶏のムースを詰め、半熟卵とアスパラガスの穂先をのせたもの。ベルニスは18世紀のフランスの外交官。

Œufs brouillés
ウー・ブルイエ:「かき卵、スクランブルドエッグ」。

Œufs brouillés à la romaine
ウー・ブルイエ・ア・ラ・ロメーヌ:「ローマ風かき卵」。ホウレン草をアンチョビとバターで炒めてグラタン皿に入れ、パルメザン・チーズを加えたかき卵をのせてグラティネにしたもの。

Œufs brouillés Argenteuil
ウー・ブルイエ・アルジャントゥイユ:「アルジャントゥイユ風かき卵」。かき卵にアスパラガスの穂先を添え、クリームソースをかけたもの。パリ郊外のアルジャントゥイユはアスパラガスの栽培で有名だったので、アスパラガスの料理にこの地名が残って

います。

Œufs brouillés aux crevettes
ウー・ブルイエ・オ・クルヴェット：「小エビ入りかき卵」。かき卵の上に、バターで炒めた小エビをのせたもの。

Œufs brouillés Massenet
ウー・ブルイエ・マスネ：「かき卵、マスネ風」。さいの目に切ったアーティチョークの花托を混ぜて作ったかき卵に、アスパラガス、フォワグラ、トリュフをあしらったもの。ジュール・マスネJules Massenetは作曲家（1842-1912）。

Œufs brouillés Sagan
ウー・ブルイエ・サガン：「サガン風かき卵」。パルメザン・チーズを入れたかき卵に、子牛の脳味噌とトリュフをソテして添えたもの。サガンは、政治家であり美食家としても有名であったフランスの外交官タレーランTalleyrand（1754-1838）の甥サガン侯prince de Sagan（1787-1872）のこと。

Œufs durs
ウー・デュール：「固ゆで卵」。

Œufs durs à la Chimay
ウー・デュール・ア・ラ・シメー：「固ゆで卵、シメー風」。固ゆで卵を縦に2つに切って黄身を抜き出して潰し、マッシュルームと玉葱のソースを混ぜて戻し、チーズを振りかけてオーヴンで焼いたもの。シメーはベルギー王家に縁の地名。

Œufs (durs) à la tripe
ウー（・デュール）・ア・ラ・トリップ：「トリップ風卵」。固ゆでにして冷やして殻を剥いた卵を輪切りにして、玉葱に小麦粉を混ぜて炒め、牛乳でのばしたソースをかけたもの。

Œufs en cocotte
ウー・アン・ココット：「ココット入り半熟卵」。

Œufs en cocotte à la rouennaise
ウー・アン・ココット・ア・ラ・ルアネーズ：「ココット入り半熟卵、ルーアン風」。型にルーアン産の子鴨のファルスを塗り、湯煎にかけてオーヴンで火を通した卵の上に、赤ワインのソースをかけたもの。

Œufs en cocotte Bérangère
ウー・アン・ココット・ベランジェール:「ココット入り半熟卵、ベランジェール風」。型にトリュフ入りの鶏のファルスを塗って湯煎にかけ、オーヴンで火を通した卵の上に、鶏冠と睾丸を飾ったもの。

Œufs en meurette
ウー・アン・ムーレット:「卵のムーレット仕立て」。エシャロットを入れて煮込んだ赤ワインのなかでポーチドエッグを作り、これを煮詰めてソースにして、炒めた塩漬け豚の細切りとクルトンを添えたもの。

Œufs filés
ウー・フィレ:「糸卵」。ポタージュの浮き実にしたりする、シノワを使って糸状にした卵。

Œufs frits
ウー・フリ:「揚げ卵」。油かバターで揚げた卵。

Œufs frits en bamboche
ウー・フリ・アン・バンボッシュ:「揚げ卵のバンボッシュ」。ゆでた野菜の中央に塩鱈の細切りフライをのせ、揚げ卵を飾ったもの。

Œufs mollets
ウー・モレ:「半熟卵」。殻ごとゆでた卵で、黄身は固ゆで卵と半熟卵の中間の固さに仕上げたもの。

Œufs mollets à l'écossaise
ウー・モレ・ア・レコッセーズ:「半熟卵スコットランド風」。パイケースに鮭のムースを詰め、半熟卵を入れて、小エビをあしらったもの。

Œufs mollets à la florentine
ウー・モレ・ア・ラ・フロランティーヌ:「半熟卵フィレンツェ風」。バターで炒めたホウレン草の上に半熟卵をのせ、チーズをかけてグラタン風に焼いたもの。

Œufs mollets à la provençale
ウー・モレ・ア・ラ・プロヴァンサル:「半熟卵プロヴァンス風」。トマトの上に半熟卵をのせ、ニンニク風味のナスを飾った

もの。

Œufs mollets Aladin
ウー・モレ・アラダン：「半熟卵アラジン風」。ブイヨンで煮た米、蒸し煮にしたピーマンと玉葱の上に半熟卵をのせてトマトソースをかけたもの。アラジンはサラセン風を強調したもの。

Œufs mollets Amélie
ウー・モレ・アメリー：「半熟卵アメリー風」。パイケースに野菜の煮込み、殻を剥いた半熟卵を入れ、クリーム味のモリュー茸を飾ったもの。アメリーは地名で、東ピレネ県Pyrénées-Orientalesの温泉保養地。

Œufs mollets Brillat-Savarin
ウー・モレ・ブリヤ・サヴァラン：「半熟卵ブリヤ＝サヴァラン風」。フラン用のパイケースにモリュー茸、半熟卵、アスパラガスの穂先を入れたもの。

Œufs mollets Brimont
ウー・モレ・ブリモン：「半熟卵ブリモン風」。パイケースにマッシュルームのクリーム煮を詰め、半熟卵をのせて、鶏肉のクロケットとトリュフをあしらったもの。ブリモンは古典的な飾りの多い料理につけられる名前。

Œufs mollets Carême
ウー・モレ・カレーム：「半熟卵カレーム風」。半熟卵を、アーティチョークの花托、子羊の胸腺、トリュフ、マッシュルーム、塩漬け牛タンの薄切りなどで飾ったもの。アントナン・カレーム Antonin Carême（1784-1833）は19世紀前半にヨーロッパの貴族や政治家の舌を愉しませた料理人。

Œufs moulés
ウー・ムーレ：「型入れ蒸し卵」。ハム、パセリ、トリュフなどを入れたダリヨル型に卵を割って入れ、湯煎で熱を加えたもの。

Œufs moulés en chartreuse
ウー・ムーレ・アン・シャルトルーズ：「型入れ蒸し卵、シャルトルーズ見立て」。ゆでたキャベツの葉の上に、ニンジン、グリンピースなど野菜を加えて型で蒸した卵を型から抜いて飾ったもの。シャルトルーズはカルトゥジオ修道会のことで、慎ましい野

菜料理につけられる名前です。

Œufs pochés
ウー・ポシェ:「ポーチドエッグ」。酢を入れたお湯のなかで卵の黄身を白身で包むようにゆでたもの。

Œufs poêlés
ウー・ポワレ:「目玉焼き」。

Œufs poêlés à la catalane
ウー・ポワレ・ア・ラ・カタラーヌ「カタルーニャ風目玉焼き」。オリーヴ油で焼いたニンニク風味のトマトとナスの上に、目玉焼きを盛り付けたもの。

Œufs Rachel
ウー・ラッシェル:「ラッシェル風ポーチドエッグ」。食パンを円形に切り抜いてバターで焼いたクルトンの皿の上に、ゆでた牛の骨髄の輪切りとポーチドエッグをのせたもの。

Œufs sur le plat
ウー・シュール・ル・プラ:「皿焼き卵」。1人用の小皿の上に卵を割って焼いたものを皿焼き卵と言います。

Œufs sur le plat à la lorraine
ウー・シュール・ル・プラ・ア・ラ・ロレーヌ:「皿焼き卵ロレーヌ風」。焼いたベーコン、グリュイエール・チーズを皿に乗せて卵を割り、クリームをかけて焼いたもの。

Œufs sur le plat à la maraîchère
ウー・シュール・ル・プラ・ア・ラ・マレシェール:「皿焼き卵マレシェール風」。サラダ菜、オゼイユ、チャーヴィルなど湿地栽培の野菜を刻んでバターで炒め、卵を割って入れ、オーヴンで焼き、ベーコンのバター炒めを添えたもの。

Omelette
オムレット:「オムレツ」。全卵を溶いて、バターで焦げ目をつけないように焼いたものですが、料理のオムレツには砂糖は入りません。甘口のものはアントルメとして扱われます。なお大粒の鶏卵3個ないし4個で2人分です。

Omelette aux dés de fromage
オムレット・オ・デ・ドゥ・フロマージュ:「さいの目切りチー

ズ入りオムレツ」。さいの目に切ったチーズとパセリを入れて焼いたもの。

Omelette aux moules
オムレット・オ・ムール：「ムール貝入りオムレツ」。ムール貝をゆでて身を取り出し、オリーヴ油で炒め、そこに溶き卵を流し込んで半熟に焼いたもの。

Omelette brayaude
オムレット・ブレヨード：「ブレヨード風オムレツ」。オーヴェルニュ地方の料理で、具はジャガイモとオーヴェルニュハム。チーズと生クリームをかけたもの。

Omelette Diane
オムレット・ディアーヌ：「ディアナ風オムレツ」。卵を溶いて、ソテしたマッシュルーム、火を通した猟鳥の肉、トリュフを入れ、具を巻き込んでオムレツを焼き、ドミグラソースをかけたもの。ディアナはローマ神話の狩猟の神。

Omelette Du Barry
オムレット・デュ・バリ：「デュ・バリ風オムレツ」。カリフラワーを炒めて、溶き卵を流し込んだ平たいオムレツに、クリームソースをかけたもの。

Omelette garnie aux fines herbes
オムレット・ガルニ・オ・フィーヌ・ゼルブ：「香草入りオムレツ」。溶き卵のなかに、パセリ、チャーヴァル、エストラゴン、葱などの香草を粗めに切って加えて焼いたもの。なお17世紀までは香草を入れた卵焼きはアルボラートarbolasteとしてオムレツとは区別されていました。

Omelette mousseline
オムレット・ムスリーヌ：「ムスリーヌオムレツ」。泡立てた卵白を、クリームを混ぜた黄身に合わせて、ふわふわに焼いたオムレツ。

Omelette nature
オムレット・ナテュール：「プレーンオムレツ」。具を入れずに溶き卵をバターで焼いたもの。

Omelette plate à la lorraine
オムレット・プラート・ア・ラ・ロレーヌ:「ロレーヌ風平焼きオムレツ」。短冊切りの炒めたベーコン、削ったグリュイエール・チーズ、刻んだ葱を混ぜて平たく焼いたもの。

Petits œufs de caille en coque d'oursin
プティ・ズー・ドゥ・カイユ・アン・コック・ドゥルサン:「ウズラの卵のウニの殻盛り」。ウニの殻のなかにウニとウズラの卵を入れてオーヴンで焼いたもの。

8

Légume et champignon
~野菜とキノコ~

フランス料理の材料として用いられている野菜には、玉葱、キャベツ、カブ、ホウレン草、ソラマメ、エンドウ豆（グリンピース）のように中世から用いられていたものと、ジャガイモ、ニンジン、トマト、莢インゲン、アスパラガス、ナス、ピーマンなどのように16世紀以降にフランスにもたらされたものがあります。最近ではダイコンも高級料理の食材の仲間入りをするようになりました。

　またフランス人がキノコ好きであることはよく知られていますが、大自然の恵みであるキノコ類だけではなく、マッシュルームのような人工栽培のキノコも日常的な食生活のなかに採り入れて、香りと味を愉しんでいます。

　ここでは料理そのものや付け合せ（ガルニテュール garniture）に用いられる野菜とキノコについてまとめました。

Artichaut
アルティショ:「アーティチョーク」。シチリア島原産のキク科の植物で、日本名は朝鮮アザミ。花托（芯）をゆがいて、繊毛を落として食べます。アンリ2世の后となったイタリアのメディチ家のカトリーヌCatherine de Médicisの大好物だったことからフランスに広まったと言われています。

Artichauts à la barigoule
アルティショ・ア・ラ・バリグール:「アーティチョークのバリグール風」。マッシュルーム、豚の背脂、ハム、パセリを、ゆがいたアーティチョークのなかに詰めて、蒸し煮にしたもの。

Artichauts à la bretonne
アルティショ・ア・ラ・ブルトンヌ:「アーティチョークのブルターニュ風」。ゆでたアーティチョークにクリーム入りのホワイトソースを添えたもの。

Artichauts à la diable
アルティショ・ア・ラ・ディアーブル:「悪魔風のアーティチョーク」。アーティチョークに生パン粉、パセリ、ニンニク、ケーパーを詰め、オリーヴ油をかけてオーヴンで焼いたもの。

Artichauts Clamart
アルティショ・クラマール:「クラマール風アーティチョーク」。鍋にアーティチョーク、細切りのレタス、グリンピースを入れて、甘口の蒸し煮にしたもの。

Artichauts Crécy
アルティショ・クレスィ:「クレシー風アーティチョーク」。アーティチョークとニンジンをバターで煮たもの。クレシー風はニンジンを使ったものを言います。

Fonds d'artichaut à la florentine
フォン・ダルティショ・ア・ラ・フロランティーヌ:「アーティチョークの花托のフィレンツェ風」。アーティチョークの花托に、バターで炒めたホウレン草を詰め、チーズをかけてグラタン風に焼いたもの。

Fonds d'artichaut étuvé au beurre
フォン・ダルティショ・エテュヴェ・オ・ブール:「アーティチ

ョークの花托のバター蒸し」。下ゆでしたアーティチョークにバターをかけて蒸したもの。

Fonds d'artichaut Soubise
フォン・ダルティショ・スービーズ：「アーティチョークの花托のスービーズ風」。花托に玉葱を詰めてグラタンにしたもの。スービーズ風とは玉葱のソースのこと。

Asperge
アスペルジュ：「アスパラガス」。古代エジプト時代から食べられていたユリ科の植物。フランスではルイ14世の時代（17世紀）から食べられるようになったと言われています。

Asperges à la flamande
アスペルジュ・ア・ラ・フラマンド：「フランドル風アスパラガス」（Cf. Entrée, p.39）。

Asperges à la polonaise
アスペルジュ・ア・ラ・ポロネーズ：「ポーランド風アスパラガス」（Cf. Entrée, p.39）。

Asperges au gratin
アスペルジュ・オ・グラタン：「アスパラガスのグラタン」。塩ゆでしたアスパラガスに、卵黄入りのベシャメルソースをかけ、チーズを振りかけてグラタン風に焼いたもの。

Aubergine
オベルジーヌ：「ナス」。インド原産。15世紀にイタリアに伝わり、南フランス経由でフランス北部に広まったのはフランス大革命の18世紀末。トマト、ズッキーニ、ニンニク、オリーヴ油と相性がよく、地中海沿岸地方の料理によく用いられます。

Aubergines à la crème
オベルジーヌ・ア・ラ・クレーム：「ナスのクリームかけ」。バターで炒めたナスにクリームソースをからめたもの。

Aubergines au gratin à la toulousaine
オベルジーヌ・オ・グラタン・ア・ラ・トゥールーゼーヌ：「ナスのグラタン、トゥールーズ風」。ナスとトマトを炒めてから、ニンニク、パセリ、パン粉を振ってグラタンに焼いたもの。

Aubergines farcies
オベルジーヌ・ファルスィ:「ナスのファルシ」。ナスの果肉をくり抜いてケースを作り、そのなかにナスの果肉、オリーヴ、アンチョピを炒めて潰したファルスを詰め、オーヴンで焼いたもの。

Aubergines farcies à l'italienne
オベルジーヌ・ファルスィ・ア・リタリエンヌ:「ナスのファルシ、イタリア風」。2つに切って油で揚げたナスから果肉を取り出し、リゾットを果肉と合わせて詰め、パン粉を振ってオーヴンで焼いたもの。

Aubergines farcies à la catalane
オベルジーヌ・ファルスィ・ア・ラ・カタラーヌ:「ナスのファルシ、カタルーニャ風」。2つに切って油で揚げたナスの果肉を取り出し、ニンニク、パセリ、固ゆで卵と一緒に刻んでケースに詰め、生パン粉を振りかけて焼いたもの。

Aubergines sautées
オベルジーヌ・ソテ:「ナスのソテ」。さいの目に切ったナスに小麦粉をまぶしてオリーヴ油でソテしたもの。

Aubergines soufflées
オベルジーヌ・スフレ:「ナスのスフレ」。ケースとなるナスの果肉を取り出して潰し、卵黄、ベシャメルソースを加え、卵白を泡立てて混ぜ、ケースに詰めてパルメザン・チーズをかけて焼いたもの。

Bette
ベット:「フダン草」。鉄とビタミンAを含む緑黄色のアカザ科の葉野菜。根を食べる紫色のビーツbetterave(ベトラーヴ)と同じ種類の野菜です。

Bettes à l'italienne
ベット・ア・リタリエンヌ:「イタリア風フダン草」。ゆでたフダン草をフォンドヴォー、マッシュルーム、トマト、ハムを加えて煮込んだもの。

Bettes à la béchamel
ベット・ア・ラ・ベシャメル:「フダン草のベシャメルソースか

け」。フダン草の茎をゆで、薄いベシャメルソースで煮込んだもの。

Bettes à la crème
ベット・ア・ラ・クレーム：「フダン草のクリーム風味」。ゆで、バターを加えて蒸し煮にしたフダン草をクリームで和えたもの。

Bettes au beurre
ベット・オ・ブール：「フダン草のバター風味」。ゆでたフダン草にバターを加えて蒸し煮にしたもの。

Bettes au jus
ベット・オ・ジュー：「フダン草のフォンドヴォー煮込み」。フダン草の茎をゆでてからフォンドヴォーで煮込んだもの。

Betterave
ベトラーヴ：「ビーツ、甜菜」。上記ベットの根を肥大させたもの。赤紫色。生で食べることもありますが、一般には火を通します。

Brocolis
ブロッコリ：「ブロッコリ」。アブラナ科のキャベツの変種。

Brocolis à la crème
ブロッコリ・ア・ラ・クレーム：「ブロッコリのクリーム煮」。軟らかくゆでたブロッコリをバターでソテして、生クリームで煮込んだもの。

Cardon
カルドン：「カルドン」。アーティチョークに味も姿も似たキク科の植物で、和名ではアーティチョークと同じ朝鮮アザミ。茎を食べます。

Cardons à la moelle
カルドン・ア・ラ・モワール：「カルドンの骨髄添え」。カルドンをゆでて皿に盛り、芯の部分を輪切りにして、塩ゆでにした骨髄を添えたもの。

Carotte
キャロット：「ニンジン」。古代ギリシアやローマでは眼病に効くという薬用植物に過ぎませんでしたが、改良が進んで19世紀頃から一般に食べられるようになったセリ科の植物。

Carottes aux raisins
キャロット・オ・レザン:「ニンジンのレーズン風味」。ニンジンとブドウの実をマール・ブランデーで煮込んだもの。

Carottes glacées
キャロット・グラセ:「ニンジンのグラセ」。砂糖を加えてニンジンを甘く煮詰めたもの。

Carottes Vichy
キャロット・ヴィシー:「ニンジンのヴィシー風」。塩味でニンジンを煮て、バターで絡めたもの。

Céleri
セルリ:「セロリ」。セリ科の香草植物で、料理では茎セロリCéleri-branche(セルリ・ブランシュ)と根セロリCéleri-rave(セルリ・ラーヴ)の両方が使われます。

Céleri à la crème
セルリ・ア・ラ・クレーム:「セロリの生クリーム風味」。セロリをブイヨンで煮て、煮汁にベシャメルソースと生クリームを入れたソースをかけたもの。

Céleri-branche à la milanaise
セルリ・ブランシュ・ア・ラ・ミラネーズ:「茎セロリのミラノ風」。ゆでたセロリにパルメザン・チーズと溶かしバターをかけてオーヴンで焼いたもの。

Céleri en rémoulade
セルリ・アン・レムラード:「根セロリのレムラードソース風味」(Cf. Entrée, p.44)。

Céleri farci à la paysanne
セルリ・ファルスィ・ア・ラ・ペイザンヌ:「根セロリのファルシ、ペイザンヌ風」。ゆでた根セロリをくり抜いて、なかにくり抜いた根セロリの果肉、ニンジン、玉葱を刻んで詰め、チーズを振りかけて蒸し焼きにしたもの。

Cèpe
セップ:「セップ茸」。ヨーロッパで最も賞味されている、軸がずんぐりとしたイグチ科イグチ属の食用キノコ。

Cèpes à la bordelaise
セップ・ア・ラ・ボルドレーズ：「セップ茸、ボルドー風」。油とレモンで蒸し煮にしたセップ茸を、油で炒めてパセリをかけたもの。

Cèpes à la hongroise
セップ・ア・ラ・オングロワーズ：「セップ茸のハンガリー風」。セップ茸をクリームで煮込んだもの。

Cèpes à la mode béarnaise
セップ・ア・ラ・モード・ベアルネーズ：「ベアルン風セップ茸」。ニンニクを刺し込んでグリエしたセップ茸に、炒めたニンニク、パセリをかけたもの。

Cèpes à la provençale
セップ・ア・ラ・プロヴァンサル：「プロヴァンス風セップ茸」。セップ茸を、ニンニクのみじん切りと一緒にオリーヴ油でいためたもの。

Cèpes au gratin
セップ・オ・グラタン：「セップ茸のグラタン」。セップ茸の軸とエシャロット、パセリを炒めて笠のなかに詰め、生のパン粉を振ってグラタン風に焼いたもの。

Cèpes grillés
セップ・グリエ：「セップ茸のグリエ」。オリーヴ油、レモン汁、ニンニクに漬けておいたセップ茸をグリエしたもの。

Cerfeuil
セルフィーユ：「チャーヴィル」。ロシア原産のセリ科の芳香性植物で、葉を生のまま、ポタージュやソースの香りづけに用います。中世では金持ちのパセリと呼ばれていました。

Champignon
シャンピニョン：「キノコ、マッシュルーム」。ルセットや献立表では、セップ茸cèpes、ジロール茸girolles、モリーユ茸morillesの場合には明記されていますが、シャンピニョンchampignonとだけ書かれている場合は、人工栽培のマッシュルーム（シャンピニョン・ドゥ・パリchampignon de Paris）を指すようです。マッシュルームはパリのモンルージュMontrougeで

栽培が行われ、四季を通じて市場に出回るようになり、キノコ好きのフランス人に欠かせぬものとなっています。

Champignons à l'anglaise
シャンピニョン・ア・ラングレーズ：「イギリス風マッシュルーム」。トーストを皿代わりにして、笠の窪みにバターをすり込んだマッシュルームをのせて、オーヴンで焼いたもの。

Champignons au beurre
シャンピニョン・オ・ブール：「マッシュルームのバター風味」。マッシュルームをバターで炒め、香草、玉葱、あるいはクリームを加えたもの。

Champignons farcis
シャンピニョン・ファルスィ：「マッシュルームのファルシ」。軸を取り去り火を通したマッシュルームにソースを詰め、パン粉とオリーヴ油をかけてグラタン風に焼いたもの。

Chicorée
シコレ：「チコリ」。キク科の植物で、タンポポpissenlit（ピサンリ）やアンディーヴもこの仲間です。苦味のある葉を食べます。チコリの芯はグリロgouriloと言います。

Chiffonnade
シフォナード：「シフォナード」。野菜を細切りにしたものを言います（Cf. Endive, p.217, Laitue, p.219, Oseille, p.221）。

Chiffonnade de chou
シフォナード・ドゥ・シュー：「キャベツの千切りサラダ」。細い千切りにしたキャベツ、ピーマン、4つに割ったリンゴを、レモンの皮と汁、刻んだ香草と混ぜたクリームチーズと和えたもの。

Chou
シュー：「キャベツ」。アブラナ科の野菜。はじめは海浜で自生していたものが、中世では栽培されるようになり、煮込んでスープのベースとして用いられるようになりました。一般にシューと言えばシュー・ポメchou pommé（結球キャベツ）のことです。

Chou farci
シュー・ファルスィ：「キャベツのファルシ」。一種のロールキ

ャベツ。丸ごとゆでたキャベツの中央部の葉を取り去り、これを刻んで豚肉のミンチと合わせて、キャベツに戻し、外側の葉で包んで豚の背脂や塩漬け豚のバラ肉と煮込んだもの。

Chou chinois
シュー・シノワ：「白菜」。18世紀になって中国から伝えられたアブラナ科の野菜ですが、キャベツとは別の種類です。

Chou chinois à la pékinoise
シュー・シノワ・ア・ラ・ペキノワーズ：「北京風白菜」。白菜の間にハムの薄切りを入れて蒸したもの。

Chou chinois à la sichuanaise
シュー・シノワ・ア・ラ・スィシュアネーズ：「四川風白菜」。白菜をニンニク、唐辛子と炒めたもの。

Chou de Bruxelles
シュー・ドゥ・ブリュッセル：「芽キャベツ」。ブリュッセルというベルギーの都市名がついていますが、原産はイタリアです。

Choux de Bruxelles à l'anglaise
シュー・ドゥ・ブリュッセル・ア・ラングレーズ：「イギリス風芽キャベツ」。芽キャベツを塩ゆでにして、バターを添えたもの。

Choux de Bruxelles en purée
シュー・ドゥ・ブリュッセル・アン・ピューレ：「芽キャベツのピューレ」。芽キャベツのピューレにジャガイモのピューレを加え、クリーム味にしたもの。

Choux de Bruxelles gratinés
シュー・ドゥ・ブリュッセル・グラティネ：「芽キャベツのグラタン風」。塩ゆでした芽キャベツにチーズとバターをかけてグラタン風に焼いたもの。

Chou-fleur
シュー・フルール：「カリフラワー」。キャベツの一種で肥大した花蕾を食べます。

Chou-fleur à la polonaise
シュー・フルール・ア・ラ・ポロネーズ：「カリフラワーのポーランド風」。ゆでたカリフラワーに固ゆで卵と、バターで炒めた

パンの身をあしらったもの。

Chou-fleur au gratin
シュー・フルール・オ・グラタン：「カリフラワーのグラタン」。塩ゆでして、バターで炒めたカリフラワーにモルネーソース（ベシャメルソースに卵黄とグリュイエール・チーズを入れたもの）をかけ、グリュイエール・チーズをかけて焼いたもの。

Chou rouge
シュー・ルージュ：「紫キャベツ」。結球キャベツの一種で、日本では生で食べますが、フランスでは一般に火を通します。

Chou rouge à la flamande
シュー・ルージュ・ア・ラ・フラマンド：「紫キャベツ、フランドル風」。リンゴを加えて、酢とバターで蒸したもの。

Chou rouge à la limousine
シュー・ルージュ・ア・ラ・リムズィーヌ：「紫キャベツ、リムーザン風」。細切りにしたキャベツを栗と一緒にブイヨンで煮込んだもの。リムーザン地方Limousinは、焼き物の町リモージュLimogesを中心とした農産物の豊かなところ。

Citrouille
スィトルイユ：「カボチャ」（Cf. Courge, p.215）。

Concombre
コンコンブル：「キュウリ」。ヒマラヤ原産のウリ科の植物。インドではずいぶんと昔から栽培されていたようですが、フランスに伝わったのは9世紀。17世紀には温室栽培されました。

Concombres à la crème
コンコンブル・ア・ラ・クレーム：「キュウリのクリーム煮」。キュウリを切り、バターを入れて塩ゆでし、クリームを加えて煮たもの。

Concombres farcis
コンコンブル・ファルスィ：「キュウリのファルシ」。皮を剥き、縦に2つに割って種を抜き、子牛のミンチを詰めてブイヨンで煮込んだもの。

Courge
クールジュ：「カボチャ」。熱帯地方原産のウリ科のカボチャの

総称。スィトゥルイユcitrouille 、ポティロンpotironもカボチャのことです。

Courge au gratin
クールジュ・オ・グラタン：「カボチャのグラタン」。皮を剥いたカボチャを切って塩ゆでにしてから、溶かしバターとチーズをかけて焼いたもの。

Courgette
クルジェット：「ズッキーニ」。形はキュウリに似ていますが、キュウリの仲間ではなくカボチャの一種です。ズッキーニの花も、なかに詰め物をするのに使われます。

Courgettes à la créole
クルジェット・ア・ラ・クレオル：「クレオル風ズッキーニ」。種を抜いたズッキーニをさいの目に切って、ラードで炒めたもの。

Courgettes à la mentonnaise
クルジェット・ア・ラ・マントネーズ：「ズッキーニのマントン風」。縦2つに割ってオリーヴ油で焼いたズッキーニの果肉を、炒めたホウレン草と合わせてなかに詰め、パルメザン・チーズとパン粉、ニンニク、パセリをのせてグラタン風に焼いたもの。マントンMentonは地中海コート・ダジュールの都市。

Courgettes farcies
クルジェット・ファルスィ：「ズッキーニのファルシ」。縦に2つに割って種を抜き、塩ゆでにしたズッキーニに、米、刻んだ羊肉、玉葱、ニンニク、フヌイユのファルスを詰め、トマトソースをかけて焼いたもの。

Cresson
クレソン：「クレソン」。中東が原産地のアブラナ科の緑野菜。フランスでは19世紀になってから栽培されるようになり、高級料理の素材として用いられるようになりました。

Cresson sauce moutarde
クレソン・ソース・ムタルド：「クレソンのマスタードソース和え」。クレソンをよく洗い、最後にヴィネガーを入れた水で洗う。マスタードに卵黄、レモン汁、塩、コショウ、パセリ、オリーヴ

油を加えたソースで和えたもの。

Échalote
エシャロット:「エシャロット」。玉葱やニンニクと同じユリ科の芳香性球根で、香りは玉葱よりも強く、刺激性はニンニクよりも弱いと言われています。フランスではすでに8世紀のカロリング朝の頃から栽培されていました。ボルドー地方、ノルマンディ地方からパリに伝わってきました。玉葱と同じであらゆる料理の脇役として重要性の高い野菜です。

Endive
アンディーヴ:「アンディーヴ」。チコリと呼ばれる、やや苦味のあるシコレ科の冬野菜。暗所で栽培します。下ゆでせずに使います。

Chiffonnade d'endives à la crème
シフォナード・ダンディーヴ・ア・ラ・クレーム:「アンディーヴのシフォナード、クリーム風味」。アンディーヴを細長く切り、バターとレモン汁を加えて煮込み、クリームで仕上げたもの。

Endives au jambon
アンディーヴ・オ・ジャンボン:「ハム巻きアンディーヴ」。ゆでたアンディーヴをハムの薄切で巻き、ベシャメルソースをかけて、チーズとバターをのせ、オーヴンで焼いたもの。

Épinard
エピナール:「ホウレン草」。ペルシャ原産のアカザ科の葉野菜ですが、古代ギリシアやローマでは知られていなかったようです。しかし中世にはよく使われ、ゆでた葉をお団子のように丸めて売っていたことが記録に残っています。フィレンツェ風(à la florentineア・ラ・フロランティーヌ)とあるのは、ホウレン草を使った料理です。

Épinards au gratin
エピナール・オ・グラタン:「ホウレン草のグラタン」。ゆでたホウレン草にベシャメルソースを加え、チーズをかけて焼いたもの。

Fenouil
フヌイユ:「ウイキョウ、フェンネル、フヌイユ」。セリ科の香

草の一種です。野菜として用いるのはイタリア原産のもので、肉厚の葉柄を食べるフヌイユ・ドゥ・フロランスfenouil de Florence（フローレンス・フェンネル）という種類です。根も食材として使われます。

Fenouil glacé
フヌイユ・グラセ：「フヌイユ・グラセ」。フヌイユの根を良く洗い、細かく刻み、煮立てた白ワインのなかに入れて蒸し煮にし、水気を切ってから砂糖でグラセしたもの。

Fève
フェーヴ：「ソラマメ」。ペルシャとアフリカ原産の豆で、古代エジプトからよく知られていました。中世では煮込んでピューレを作り、塩漬け豚肉と合わせて、煮込み料理のベースにしました。生も干したものも使います。

Fèves à la provençale
フェーヴ・ア・ラ・プロヴァンサル：「プロヴァンス風ソラマメ」。アーティチョークの芯、塩漬け豚、エシャロットをバターで炒め、白ワインを加えて煮込み、トマトと、塩ゆでしたソラマメを加えて弱火で煮込んだもの。

Fèves au homard
フェーヴ・オ・オマール：「ソラマメのオマール添え」。クールブイヨンでオマールエビを煮て、身を取り出し、塩ゆでしたソラマメと一緒に皿に盛り、オマールエビの殻をすり潰して、ポルト酒を加えて作ったソースをかけたもの。

Figue
フィーグ：「イチジク」。イチジクはオリエントから伝えられた果実です。生のままで、あるいは干したものが食べられています。焼いて料理の付け合わせにもなります。ローマ時代にイチジクをガチョウに食べさせて肝臓を肥大させていたことが知られています。

Figues au cabécou en coffret
フィーグ・オ・カベクー・アン・コフレ：「イチジクのカベクー・チーズ詰め」（Cf. Entrée, p.50）。

Gombos
ゴンボ：「オクラ（Okras）」。アフリカ原産のアオイ科の1年草。

Crabe créole aux gombos
クラブ・クレオール・オ・ゴンボ：「オクラ入り、カニのクレオール風」（Cf. Crabe, p.89）。

Haricots
アリコ：「インゲン豆」。アメリカ原産ですが、ヨーロッパに伝わったのは16世紀で、中世のヨーロッパで一般的であったソラマメfèvesとエンドウ豆poisに代わってたちまち広まりました。

Haricots blancs
アリコ・ブラン：「白インゲン豆」。乾燥させたものを煮込みに使います。

Haricots rouges
アリコ・ルージュ：「赤インゲン豆」（金時豆）。乾燥させたものを煮込みに使います。

Haricots verts
アリコ・ヴェール：「莢インゲン」。莢を煮て付け合せの温菜にします。莢も全部食べるのでマンジュ・トゥーmange-toutとも言われます。

Laitue
レテュー：「レタス、サラダ菜」。生でも火を通しても食べるキク科の野菜の総称。

Chiffonnade de laitue cuite
シフォナード・ドゥ・レテュ・キュイット：「サラダ菜のシフォナード」。葉脈を取り除いたサラダ菜を細く切り、火にかけて水分を蒸発させて発酵クリームを混ぜて温めたもの。

Lentille
ランティーユ：「レンズ豆」。古代ローマ人がエジプトから取り寄せて食べていたといわれている直径5ミリほどの小さな平たい豆で、スープにしたり、温かい料理に添えます。

Maïs
マイス：「トウモロコシ」。アメリカ大陸原産で、16世紀にヨーロッパにもたらされた新大陸の食品です。

Maïs frais à la béchamel
マイス・フレ・ア・ラ・ベシャメル：「トウモロコシのベシャメルソース風味」。ゆでて粒をそぎ落として薄いベシャメルソースをかけたもの。

Maïs frais grillé
マイス・フレ・グリエ：「トウモロコシのグリエ」。トウモロコシをグリエして、粒をそぎ落とし、溶かしバターを添えたもの。

Morille
モリーユ：「モリーユ茸」。アミガサ茸の一種で、フランス人に好まれている、香りのよい春に採れるキノコ。生は日持ちが短いので、乾燥して保存します。

Morilles à la crème
モリーユ・ア・ラ・クレーム：「モリーユ茸のクリーム煮」。モリーユ茸をエシャロットと一緒にバターで炒め、生クリームを入れて煮詰めたもの。

Moussaka
ムサカ：「ムサカ」。牛または羊の挽肉に、玉葱とトマトを刻んで混ぜ、ナスに挟んで焼いた、トルコ、ギリシア、バルカン半島の料理。

Navet
ナベ：「カブ」。ヨーロッパ原産のアブラナ科の野菜で、中世からスープや煮込みに使われてきました。

Navets au gratin
ナヴェ・オ・グラタン：「カブのグラタン」。輪切りにしてゆで、バターで蒸し煮にしたカブにモルネーソースをかけて、チーズを振って焼いたもの。

Navets en choucroute
ナベ・アン・シュークルート：「カブのシュークルート」。カブを千切りにして塩を振り、重石をのせて発酵させたもの。キャベツのシュークルートと同じように肉に添えて供します。

Navets farcis à la duxelles
ナヴェ・ファルスィ・ア・ラ・デュクセル：「カブのデュクセル詰め」。カブの果肉をくり抜き、ゆでる。このケースのなかに、

バターで蒸し煮にしたカブの果肉を潰して、マッシュルームで作ったデュクセルソースと合わせたものを詰め、パン粉を散らしてオーヴンで焼いたもの。

Oignon
オニョン:「玉葱」。アジア北部やパレスチナを原産地とし、5000年以上も前から栽培されていた鱗茎を食べるユリ科の植物。フランス料理に欠かせない食材です。

Oignons farcis
オニョン・ファルスィ:「玉葱のファルシ」。玉葱の外皮を剥いて、上部を水平に切り取り、外側の鱗茎2枚分を残して果肉をくり抜き、くり抜いた果肉を刻んで挽肉と混ぜてケースに詰め、フォンドヴォーを流し込む。これを蒸し焼きにして、パン粉とチーズでグラティネに仕上げたもの。

Okras
オクラ:「オクラ」(Cf. Gombos, p.219)。

Oseille
オゼイユ:「スイバ、オゼイユ」。関東地方ではスカンポと称している、噛むと甘酸っぱい汁の出る植物。日本ではほとんど食べませんが、ヨーロッパでは酸味が好まれ、香草として昔から使われていました。

Chiffonnade d'oseille
シフォナード・ドゼイユ:「オゼイユのシフォナード」。葉を細切りにしてバターで蒸し煮にしたもの。

Persil
ペルスィ:「パセリ」。南ヨーロッパ原産の、葉も茎も利用できるセリ科の芳香性植物。フランス料理に欠かせぬ脇役。

Persil frit
ペルスィ・フリ:「揚げパセリ」。パセリを油で揚げたもの。

Petits pois
プティ・ポワ:「グリンピース」。

Petits pois à la bonne femme
プティ・ポワ・ア・ラ・ボンヌ・ファム:「グリンピースのボンヌ・ファム風」。小玉葱と塩漬け豚のバラ肉を炒め、コンソメを

注ぎ、グリンピースを加えて煮込んだもの。
Petits pois à la française
プティ・ポワ・ア・ラ・フランセーズ：「グリンピースのフランス風」。莢から出したグリンピースを、サラダ菜の細切り、小玉葱とバターで煮込んだもの。

Piment
ピマン：「唐辛子類」。日本で言うピーマンはポワヴロンpoivron。またカイエンヌ唐辛子ピマン・ドゥ・カイエンヌpiment de Cayenneを粉にしたものはポワーヴル・ドゥ・カイエンヌpoivre de Cayenne（カイエンヌペッパー）と言います。

Poireau
ポワロー：「ポロ葱」。近東原産のニンニクからできたユリ科の野菜。古代エジプトでも栽培されていたと言われています。白首に火を通して食べます。

Poireaux au gratin
ポワロー・オ・グラタン：「ポロ葱のグラタン」。蒸し煮にしたポロ葱の白首にチーズとバターをかけてグラタン風に焼いたもの。

Poireaux braisés
ポワロー・ブレゼ：「ポロ葱のブレゼ」。ポロ葱の白首を同じ長さに切り揃えて、バターを入れて蒸し煮にしたもの。

Pois
ポワ：「エンドウ豆」。一般にエンドウ豆のことをいいます。特にグリンピースを指す場合はpetits pois。莢から出した生の豆も、乾燥した豆も古代ギリシアやローマ時代から好まれ、フランスの中世でもソラマメと並ぶ一般的な食材でした。

Pois chiche
ポワ・シッシュ：「ヒヨコ豆」。マグレブ料理のクスクスcous-cousに入っている直径１センチほどの西アジア原産のヒヨコ型の豆。エジプト豆ともいいます。

Pois chiches à la catalane
ポワ・シッシュ・ア・ラ・カタラーヌ：「ヒヨコ豆のカタルーニャ風」。乾燥した豆を水に漬けて戻し、ニンジン、玉葱、セロリ、

ポロ葱、ベーコン、チョリソソーセージと煮込み、ニンニク風味のトマトのフォンデュで仕上げたもの。

Poivron
ポワヴロン:「ピーマン」。ナス科の唐辛子の甘味のある果実野菜。もともと地中海料理の食材だったものが広まったもので、緑、赤、黄の色の鮮やかさを浮き立たせてくれます。

Poivrons à la piémontaise
ポワヴロン・ア・ラ・ピエモンテーズ:「ピーマンのピエモンテ風」。細切りにしたピーマンと、チーズ味のリゾットのグラタン。

Poivrons farcis
ポワヴロン・ファルスィ:「ピーマンのファルシ」。ピーマンのヘタを取り、種を抜いてゆでたなかに、オゼイユ、トマト、玉葱、緑色のピーマン、ウイキョウをみじん切りにして炒め、ブイヨンで煮た米を詰めてトマトソースで煮込み、冷やしたもの。

Pomme de terre
ポム・ドゥ・テール:「ジャガイモ」。今日ではジャガイモは、世界的に最重要な植物の一つであり、その調理法や利用法も多様ですが、これはアメリカ大陸原産のナス科の植物です。インカ帝国で栽培されていたものが、16世紀に征服者であるスペイン人によってヨーロッパに伝えられたもので、フランスでは18世紀に農学者アントワーヌ・パルマンティエAntoine Parmentier (1737-1813) が全国的に普及させました。ジャガイモは種類も多く、また調理法も多様です。

Pommes Anna
ポム・アンナ:「ジャガイモのアンナ風」。薄い輪切りのジャガイモを円形に置いてバターで焼いたもの。

Pommes dauphine
ポム・ドフィーヌ:「ジャガイモのドフィーヌ風」。マッシュポテトに卵黄、バターを混ぜたものをシュー生地に加えて油で揚げたもの。

Pommes de terre boulangère
ポム・ドゥ・テール・ブーランジェール:「ジャガイモのパン屋風」。炒めた薄切りのジャガイモと玉葱にブイヨンを加えて煮た

もの。

Pommes de terre farcies
ポム・ドゥ・テール・ファルスィ：「ジャガイモのファルシ」。ジャガイモをオーヴンで焼き、中身をくり抜いてケースを作り、くり抜いた中身を裏ごしにして、火を通した玉葱、挽肉、マッシュルーム、ハム、バターなどを混ぜてケースに詰め、パン粉、チーズ、溶かしバターをかけてグラタン風に焼いたもの。

Pommes de terre frites
ポム・ドゥ・テール・フリット：「ジャガイモのフライ」。短冊状のジャガイモを揚げたもの。

Pommes de terre mousseline
ポム・ドゥ・テール・ムスリーヌ：「ジャガイモのムスリーヌ」。ジャガイモのピューレに泡立てた生クリームを加えたもの。

Pommes de terre soufflées
ポム・ドゥ・テール・スフレ：「ジャガイモのスフレ」。薄く切ったジャガイモを2度揚げにして膨らませたもの。

Pommes pont-neuf
ポム・ポン・ヌフ：「ジャガイモのポン＝ヌフ」。2度揚げにした短冊状のフライドポテト。

Potiron
ポティロン：「西洋カボチャ」(Cf. Courge, p.215)。

Purée
ピューレ：昔は野菜のピューレはポレporéeと言いました。あらゆる野菜のピューレがあります。多くの場合バターで味を調えます。料理の付け合せ、ポタージュ、風味付けに塗ったりします。

Purée d'oseille
ピューレ・ドゼイユ：「オゼイユのピューレ」。オゼイユをゆでてピューレを作り、鶏卵、生クリームを加えたもの。

Purée de carotte
ピューレ・ドゥ・キャロット：「ニンジンのピューレ」。ニンジンの薄切りをゆでて潰し、バターを加えたもの。

Purée de courgette
ピューレ・ドゥ・クルジェット：「ズッキーニのピューレ」。皮

を剥いたズッキーニをニンニクと一緒にゆでて裏漉しにし、バターを加えたもの。

Purée de fèves fraîches
ピューレ・ドゥ・フェーヴ・フレッシュ：「生のソラマメのピューレ」。薄皮を剥いてゆでた生のソラマメを裏漉しにし、コンソメでのばしたもの。

Purée de laitue
ピューレ・ドゥ・レテュ：「レタスのピューレ」。煮汁ごとミキサーにかけてベシャメルソースを加えたもの。

Purée de lentilles
ピューレ・ドゥ・ランティーユ：「レンズ豆のピューレ」。玉葱とニンジンも加えて漉し、バターを加えたもの。

Purée de pomme de terre
ピューレ・ドゥ・ポム・ドゥ・テール：「ジャガイモのピューレ」。煮て潰したジャガイモに、バターと牛乳を加えたもの。

Purée Soubise
ピューレ・スビーズ：「スービーズ風ピューレ」。米を加えた玉葱のピューレをバターで煮込んだもの。

Ragoût de légumes à la printanière
ラグー・ドゥ・レギューム・ア・ラ・プランタニエール：「春野菜のラグー」。ニンジン、玉葱、レタス、莢インゲン、グリンピース、ジャガイモ、カリフラワー、アーティチョークなどの春野菜を鶏のブイヨンで煮たもの。

Ratatouille
ラタトゥイユ：「野菜の煮込み」。プロヴァンスの典型的な料理です。

Ratatouille niçoise
ラタトゥイユ・ニソワーズ：「ニース風ラタトゥイユ」。ズッキーニ、玉葱、緑色のピーマン、トマト、ニンニク、ナスをオリーヴ風味で煮込んだもの。

Rhubarbe
リュバルブ：「ルバーブ」。北アジア原産のタデ科の酸味の強い植物。砂糖を加えてジャムやコンポートにします。

Salsifis
サルスィフィ:「サルシフィ」。キク科の植物で、根の白いものと黒いものがありますが、一般には根の白いものを使います。

Salsifis à la polonaise
サルスィフィ・ア・ラ・ポロネーズ:「サルシフィのポーランド風」。ゆでてバターで蒸し煮にしたサルシフィに、固ゆで卵の黄身のみじん切りとパセリをかけ、バターで炒めたパン粉をのせたもの。

Salsifis au jus
サルスィフィ・オ・ジュー:「サルシフィのフォンドヴォー煮込み」。サルシフィをゆでてフォンドヴォーをかけてオーヴンで焼いたもの。

Soja
ソージャ:「大豆」。大豆はヨーロッパでは普及されておらず、もっぱら東洋の食べ物とされています。

Fromage de soja フロマージュ・ド・ソージャ:「豆腐」、Sauce soja ソース・ソージャ:「醤油」、Soja ソージャ:「モヤシ」。

Tomate
トマート:「トマト」。ペルー原産のナス科の植物。昔は有毒植物だと考えられていたので、18世紀まではもっぱら観賞用でした。品種が改良されて食用として、まずスペイン、ナポリ、イタリア北部、フランス南部で広まり、やがてヨーロッパ全土で食べられるようになった、比較的新しい食材です。最近流行っているプチトマトはトマート・スリーズtomate cerise(サクランボトマト)と言います。

Tomates farcies à la reine
トマート・ファルスィ・ア・ラ・レーヌ:「トマトのファルシ、王妃風」。ヘタの部分を横に切って、トマトの実をくり抜き、鶏の胸肉、マッシュルーム、トリュフを詰めて生パン粉を振り澄ましバターをかけてオーヴンで焼いたもの。

Tomates froides à la mozzarella
トマート・フロワッド・ア・ラ・モッツァレラ:「モッツァレラ・チーズ入り冷たいトマト」。輪切りにしたトマトに、薄くき

ったモッツァレラ・チーズを添え、バージルとオリーヴ油をかけたもの。

Tomates soufflées

トマート・スフレ：「トマトのスフレ」。果肉をくり抜き、少し焼いたトマトを冷やしてから、ベシャメルソース、トマトピューレ、パルメザン・チーズ、卵黄と泡立てた卵白を混ぜて詰め、オーヴンで焼いたもの。

Topinambour

トピナンブール：「キクイモ」。キク科の植物で、塊茎を食べます。戦後の食糧難の時期には、これを食べたようですが、現在は「忘れられた食材」の一つとされています。

Topinambour à l'anglaise

トピナンブール・ア・ラングレーズ：「イギリス風キクイモ」。皮を剥き、櫛形に切ってバターを入れて煮たもの。肉料理の付け合せにします。

Truffes

トリュフ：「トリュフ」。香りの強い地中に生育する西洋松露茸。古代エジプトから催淫効果があるとされ、珍重されてきました。これがキノコであることが判明したのは18世紀のことです。嗅覚の鋭敏な豚や犬を使って採集する手法が使われています。黒、褐色、灰色、白といった種類がありますが、ペリゴール地方の黒トリュフが最も高い評価を受けています。香りを愉しむ食材です。

9

Fromage, fruit et dessert
~チーズ、果物とデザート~

料理の締めは、まずは塩味のきいたチーズ。そしてその後に、甘酸っぱい果物あるいは甘いデザートと続きます。アントルメentremets、あるいはデリースdéliceと書かれているキャルトもあります。

　アントルメはもともと料理と料理の間に供される食べ物（場合によっては芸人たちの余興）の意味で、中世の貴族の宴席などでは、競って豪華な皿を並べました。チーズの後に出される野菜中心の料理、塩味の軽い料理、そして甘口の軽い料理ですが、今日では甘いデザート風のものが中心になっています。デリースは「無上の楽しみ」という意味で、やはり甘口のデザートが並んでいます。

9-1　Fromage　チーズ

　チーズは牧畜が始まって以来、保存食として食べられ続けてきた高カロリーの食材です。産地や製造法に個性があり、まさにワインと同様にフランスそのものです。フランス国内に300種類以上のチーズがあると言われています。「ワインを飲まずして、またチーズを食べずしてフランスを語るなかれ」といったところです。なおチーズをいただくときは、パンとワインが不可欠です。それぞれのチーズと相性のよいワインとパンがあります。

　ここではフランス産のチーズに関して、原産地管理呼称アペラスィヨン・ドリジーヌ・コントロレappellation d'origine contrôlée（アオセAOC）を持つものを中心に、主原料、産地、生産時期、特徴などをまとめておきましょう。なお当然のことですが、これ以外にも美味しいチーズはたくさんあります。

9-1-1
Fromage frais
フロマージュ・フレ：「フレッシュチーズ」。

Broccio
ブロッチョ：コルシカ。羊乳（3〜6月）、山羊乳（6〜10月）。やわらかくてしまっていて、口当たりが良い。塩辛い。

Fontainebleau
フォンテーヌブロー：イル＝ド＝フランス地方。牛乳（1年中）。粘りけがあり、やわらかい。とても口当たりが良い。

9-1-2
Fromage à pâte molle et à croûte fleurie
フロマージュ・ア・パート・モール・エ・ア・クルート・フルーリ：「表皮に白カビがあり、やわらかいチーズ」。軽い赤ワインと合います。

Brie de Meaulx
ブリ・ドゥ・モー：イル＝ド＝フランス地方。牛乳（9〜3月）。

粘りけがあり、口当たりが良くフルーティ。

Brie de Melun
ブリ・ドゥ・ムロン：イル＝ド＝フランス地方。牛乳(11～6月)。粘りけがあり、口当たりが良くフルーティ。

Camembert de Normandie
カマンベール・ドゥ・ノルマンディ：ノルマンディ地方。牛乳(3～10月)。粘りけがあり、フルーティ。

Chaourse
シャウルス：シャンパーニュ地方。牛乳(6～9月)。粘りけがあり、口当たりが良い。少々酸味がある。

Neufchâtel
ヌーシャテル：ブレ地方。牛乳(1年中)。やわらかく、口当たりが良い。酸味がある。

9-1-3
Fromage à pâte molle et à croûte lavée
フロマージュ・ア・パート・モール・エ・ア・クルート・ラヴェ：「表皮を洗った、やわらかいチーズ」。コクのあるワインが合います。

Époisses
エポワッス：ブルゴーニュ地方。牛乳(7～2月)。粘りけがあり、風味が強い。

Langres
ラングル：シャンパーニュ地方。牛乳(6～11月)。やわらかく、風味が強い。

Livarot
リヴァロ：ノルマンディ地方。牛乳(5～10月)。やわらかく、きめが細かく、風味が強い。

Maroilles
マロワール：エノー地方。牛乳(6～3月)。粘りけがあり、風味が強く、刺激的。

Munster-géromé
マンステール・ジェロメ：アルザス・ローレーヌ地方。牛乳(6

～12月)。粘りけがあり、口当たりが良い。

Pont-l'évêque
ポン・レヴェック：ノルマンディ地方。牛乳（6～3月）。やわらかく、独特の風味がある。

Vachelin du Haut-Doubs
ヴァシュラン・デュ・オ・ドゥー：ドゥー県。牛乳（10～3月）。とろけるように口当たりが良く、木の香りがする。

9−1−4
Fromage à pâte persillée
フロマージュ・ア・パート・ペルスィエ：「ブルーチーズ（青カビの生えたチーズ)」。コクのあるワインが合います。

Bleu d'Auvergne
ブルー・ドーヴェルニュ：オーヴェルニュ地方。牛乳（1年中)。しまった感じで、少々刺激的。

Bleu de Sassenage
ブルー・ドゥ・サッスナージュ：ヴェルコール地方（ドフィネ)。牛乳（1年中)。やわらかく、風味は強くない。

Bleu de Septmoncel
ブルー・ドゥ・セモンセル：アン県、ジュラ県。牛乳（7～3月)。やわらかく、口当たりが良い。少々酸味があり、ヘーゼルナッツ風味。

Bleu des Causses
ブルー・デ・コッス：ラングドック地方。牛乳（1年中)。しまった感じがする。夏は口当たりが良いが、冬は強い。

Fourme de Montbrison
フルム・ドゥ・モンブリゾン：フォレ地方（中央山岳)。牛乳（9～4月)。やわらかく、風味が強く、ヘーゼルナッツ風味。

Roquefort
ロックフォール：ルエルグ地方。羊乳（9～3月)。やわらかく、風味が強い。甘口の白ワインが合います。

9-1-5
Fromage à pâte pressée cuite
フロマージュ・ア・パート・プレッセ・キュイット:「加熱圧搾チーズ」。ロゼワインが合います。

Abondance
アボンダンス:サヴォワ地方。牛乳(11〜3月)。しなやで、気泡がある。ヘーゼルナッツ風味。

Beaufort
ボフォール:サヴォワ地方。牛乳(12〜9月)。しなやかで、滑らか。フルーティですが塩味があります。

Comté
コンテ:フランシュ=コンテ地方。牛乳(9〜5月)。しなやで、滑らか。フルーティでヘーゼルナッツ風味があります。黄ワインが合います。

9-1-6
Fromage à pâte pressée non cuite
フロマージュ・ア・パート・プレッセ・ノン・キュイット:「非加熱圧搾チーズ」。軽い赤ワインが合います。

Cantal
カンタル:オーヴェルニュ地方。牛乳(1年中)。しなやかで、しまった感じ。乳酸風味からヘーゼルナッツ風味まで。

Laguiole
ラギヨル:オブラック高原(中央山岳)。牛乳(1〜4月)。しなやかで、しまった感じ。少々酸味があります。

Ossau-iraty-brebis-Pyrénées
オッソ・イラティ・ブルビ・ピレネ:ベアルン地方、バスク地方。羊乳(5〜12月)。しなやかで、粘けのあるものからかたいものまで。くせのある風味があります。

Reblochon
ルブロション:サヴォワ地方。牛乳(6〜12月)。粘けがあり、クリーミーで、ヘーゼルナッツ風味。

Saint-nectaire
サン・ネクテール：オーヴェルニュ地方。牛乳（6〜12月）。しなやかで、ヘーゼルナッツ風味。

Salers
サレール：オーヴェルニュ地方。牛乳（1年中）。しまった感じで、しなやか。風味が強い。フルーティ。

9−1−7
Fromage de chèvre
フロマージュ・ドゥ・シェーヴル：「山羊のチーズ」。辛口のフルーティな白ワインが合います。

Chabichou du Poitou
シャビシュ・デュ・ポワトゥー：ポワトゥー地方。山羊乳（5〜11月）。しまったものから崩れやすいものまで。風味が強く、刺激的です。

Crottin de Cavignol
クロタン・ドゥ・カヴィニョル：サンセール地方。山羊乳（3〜12月）。若いものはしまって、口当たりが良い。熟成されたものは、砕けやすく、風味が強く、刺激的。

Picodon de la Drôme
ピコドン・ドゥ・ラ・ドローム：ドローム県。山羊乳（8〜12月）。若いものはやわらかく、乳臭い。熟成されたものは、かたく、砕けやすく、刺激的。

Pouligny-saint-pierre
プリニ・サン・ピエール：ベリー地方。山羊乳（4〜11月）。しまっていて、風味が強い。乳臭い。

Rocamadour
ロカマドゥール：ケルシー地方。山羊乳または羊乳（4〜11月）。やわらかいものからしまったものまで。乳酸風味。ヘーゼルナッツ風味。

Sainte-maure-de-Touraine
サントゥ・モール・ドゥ・トゥーレーヌ：トゥーレーヌ地方。山羊乳（4〜9月）。むらがなく、しまっている。乳の良い香りが

Selles-sur-cher
セール・シュール・シェール：ベリー地方、ソーローニュ地方。山羊乳（5〜11月）。きめ細かくしまっており、口当たりが良い。ヘーゼルナッツ風味。

9-2 Fruit 果実

Abricot
アブリコ：「アンズ」。

Abricots au syrop
アブリコ・オ・スィロ：「アンズのシロップ漬け」。

Abricots Bourdaloue
アブリコ・ブルダルー：「アンズのブルダルー風」。シロップで煮たアンズにセモリナ粉の牛乳煮をかけて、オーヴンで焼いたもの。ブルダルーは、考案した菓子屋のあった通りの名前。

Abricots confits à l'eau-de-vie
アブリコ・コンフィ・ア・ロー・ドゥ・ヴィ：「アンズの蒸留酒漬け」。ゆでてシロップに浸したアンズをラム酒かキルシュ酒に漬けたもの。

Barquettes aux abricots
バルケット・オ・ザブリコ：「アンズのバルケット」。バルケット生地にアンズをのせて焼いたもの。

Ananas
アナナ：「パイナップル」。

Ananas en surprise
アナナ・アン・シュルプリーズ：「パイナップルのビックリ箱」。パイナップルのケースに、ラム酒に漬けた果肉に、牛乳、卵黄、卵白、小麦粉、生クリームを混ぜて火を通したソースと合わせて冷やしたもの。

Ananas glacé à la bavaroise
アナナ・グラセ・ア・ラ・バヴァロワーズ：「パイナップルのバ

ヴァロワ詰め」。パイナップルの果肉をくり抜き、刻んでラム酒に浸し、これをバヴァロワに混ぜて、パイナップルのケースに詰めて冷やしたもの。

Attereaux d'ananas
アトゥロー・ダナナ：「パイナップルの串揚げ」。生のパイナップルを切って串に刺し、ベニェ用クリームを塗って、衣をつけて油で揚げたもの。

Banane
バナーヌ：「バナナ」。

Bananes à la créole gratinées
バナーヌ・ア・ラ・クレオル・グラティネ：「バナナのグラタン、クレオル風」。ゆでたバナナの皮に牛乳で煮込んだ米粥を詰め、グラタン風に焼き、ラム酒に浸したバナナの果肉をあしらったもの。

Bananes Beauharnais
バナーヌ・ボーアルネ：「バナナのボーアルネ風」。バナナにグラニュー糖を振りかけ、ラム酒を注いでオーヴンで焼き、発酵クリームと溶かしバターをかけ、再度オーヴンで焼いたもの。

Bananes flambées
バナーヌ・フランベ：「バナナのフランベ」。バターで炒めたバナナにラム酒をかけてフランベしたもの。

Bananes soufflées
バナーヌ・スフレ：「バナナのスフレ」。バナナの果肉入りのスフレ生地を皮に詰めて、オーヴンで焼いたもの。

Beignets de banane
ベニェ・ドゥ・バナーヌ：「バナナのベニェ」。縦に２つに切って砂糖とラム酒に浸したバナナに、ベニェ生地をつけて油で揚げたもの。

Brugnon
ブリュニョン：「ブリュニョン」。桃の一種でネクタリンと同種のもの。種に果肉がくっついて、離れにくい。

Cerise
スリーズ：「サクランボ」。

Cerises flambées à la bourguignonne
スリーズ・フランベ・ア・ラ・ブルギニョンヌ：「サクランボのフランベ、ブルゴーニュ風」。シロップで煮たサクランボに、マール・ブランデーをかけてフランベしたもの。

Cerises jubilées
スリーズ・ジュビレ：「サクランボのジュビレ風」。シロップで煮たサクランボにキルシュ酒をかけてフランベしたもの。ジュビレとは在位50周年記念の意味で、英国のヴィクトリア女王の在位50周年記念に考案されたもの。

Citron
スィトロン：「レモン」。

Citron givré
スィトロン・ジヴレ：「レモンのジヴレ」。レモンの果肉を取り出してシャーベットを作り、これをレモンの皮のケースに詰めたもの。

Citron soufflé
スィトロン・スフレ：「レモン味のスフレ」。シュー生地にレモン汁と刻んだレモンの皮を入れ、ケースに詰めて焼いたスフレ。

Coing
コワン：「マルメロ」。イラン原産のバラ科のマルメロの木の果実で、熟した実は黄色で、毛が密生しています。

Coings au four
コワン・オ・フール：「マルメロのオーヴン焼き」。よく熟したマルメロの皮を剥き、芯を抜いて、なかにグラニュー糖を加えた生クリームを詰めて、オーヴンで焼いたもの。

Figue
フィーグ：「イチジク」（Cf. Figue, p.218）。

Figues à la mousse de framboise
フィーグ・ア・ラ・ムース・ドゥ・フランボワーズ：「イチジクのフランボワーズのムース添え」。皮を剥いて4つに切ったイチジクの横に、裏漉しにしたフランボワーズをクレーム・シャンティーイと混ぜて添えたもの。

Fraise
フレーズ:「イチゴ」。イチゴは古代ローマから病気の治療効果があることで知られていましたが、栽培されるようになったのは17世紀になってからのことです。

Fraises à la maltaise
フレーズ・ア・ラ・マルテーズ:「イチゴのマルタ風」。地中海のマルタ島産のオレンジの中をくり抜いてケースを作り、オレンジにキュラソー酒を垂らして冷やしておいたイチゴをこのケースに詰めたもの。

Fraises Condé
フレーズ・コンデ:「イチゴのコンデ風」。ボルデュール型に米の牛乳煮を入れてオーヴンで焼いて、型から外し、キルシュ酒と砂糖に浸したイチゴを上に飾り、イチゴのピューレを添えたもの。

Framboise
フランボワーズ:「フランボワーズ」。ラズベリー、木イチゴのこと。野生のものだけではなく、現在では栽培もされています。

Grenade
グルナード:「ザクロ」。アジア原産の果実ですが、すでに古代エジプトではザクロから強い酒を作っていました。フランスでは赤い実を生で食べるか、ザクロシロップ（グルナディーヌgrenadine）として清涼飲料水に入れます。

Groseille
グロゼイユ:「レッドカラント、アカフサスグリ」。中世に北欧からもたらされた野生の赤い木の実で、酸味が強く、タルトに使われます。

Mandarine
マンダリーヌ:「ミカン」。中国原産のミカン科の柑橘類。生食のほかに皮からリキュールを作ります。

Mangue
マング:「マンゴー」。マレーシア原産のウルシ科の高木マンゴーの実。

Melon
ムロン:「メロン」。メロンは果物というよりは野菜として扱われています。フランスのメロンは、表皮にカボチャのような線があり、果肉の厚いピンク色のシャランテcharentaisが一般的です。日本でよく見かける皮に網目のかかったものはムロン・ブロデmelon brodé(刺繍メロン)と言います。

Mirabelle
ミラベル「ミラベル」。アルザス地方やローレーヌ地方で採れる黄色い小型のプラムで、生食のほかに、ブランデーも作ります。

Mûre
ミュール:「桑の実、ブラックベリー」。野生のバラ科の低木の桑の木になる黒紫色の実で、ジャムやブランデーにします。

Myrtille
ミルティーユ:「ブルーベリー」。フランスに自生する酸味のある紫色の木の実で、タルトに使います。

Nectarine
ネクタリーヌ:「ネクタリン」。バラ科の桃の一種。種離れがよく、桃と違って皮に繊毛がありません。

Nèfle
ネッフル:「カリン」。霜が降りるまで木で成熟させ、さらに藁床で成熟させます。なお「ビワ」のことをネッフル・デュ・ジャポンnèfle du Japonと言います。

Orange
オランジュ:「オレンジ」。中国原産の柑橘類。もともとは苦味の強いビターオレンジ(ビガラード)。現在の甘いオレンジは、15世紀にジェノヴァやポルトガルの商人がヨーロッパにもたらしたもの。

Pastèque
パステック:「スイカ」。表皮に縞模様がない、黒いものが出回っています。

Pêche
ペーシュ:「桃」。中国原産のバラ科の木の実ですが、12世紀頃すでにフランスではペルシアの果実として知られていました

(pêcheは語源的にpersicum「ペルシアの」)。

Pêche Melba
ペーシュ・メルバ：「桃のメルバ風」。シロップで煮た桃のなかにヴァニラ風味のアイスクリームを詰めて、フランボワーズのピューレをかけたもの。

Pêches à la bordelaise
ペッシュ・ア・ラ・ボルドレーズ：「ボルドー風の桃」。皮を剥いて2つに割り、種を抜いて砂糖に漬けておいた桃を、シナモン、角砂糖を入れたボルドーの赤ワインで煮込んだもの。

Pêches dame blanche
ペッシュ・ダーム・ブランシュ：「桃の肌白夫人風」。桃の皮を剥いてシロップで煮て、2つに割って種を取り出し、クープに盛ってキルシュ酒風味のパイナップルの薄切りをのせ、クレーム・シャンティーイをかけたもの。

Poire
ポワール：「西洋ナシ」。ナシは古代ローマから栽培されていたようですが、種類によって収穫の季節が異なり、ほぼ1年中食べられること、糖分と水分が多いことなどから、中世では貴重な果物でした。

Poires Joinville
ポワール・ジョワンヴィル：「ナシのジョワンヴィル風」。クリームを煮込んで冷やし、型から抜いて大皿に盛り、洋ナシのシロップ漬けを中央にのせ、アンズジャムとクレーム・シャンティーイで飾ったもの。

Pomme
ポム：「リンゴ」。小アジア原産ですが、フランスにも自生していたようです。フランスでは古くからシードル酒が作られていました。世界で最も食べられている果実であると同時に、象徴的な果実であることは言うまでもありません。

Pommes soufflées
ポム・スフレ：「リンゴのスフレ」。リンゴを2つに割って芯を抜き、果肉を少しけずり取ります。果肉に砂糖を加えて煮込み、濃いピューレを作り、固く泡立てた卵白を混ぜて、リンゴのケー

スに詰め、オーヴンで焼いたもの。

Prune
プリューヌ:「プラム、西洋スモモ」。西アジア原産のバラ科の果実。形も色も多様です。

Pruneau
プリュノ:「干しプラム」。紫色のプラムを干したもの。

Raisin
レザン:「ブドウの実」。ブドウの木はヴィーニュvigneと言いますが、ブドウの木になる実はレザンと呼びます。普通ブドウは白と黒に大別され、種類によって生で食べるもの、干しブドウにするもの、ワインを作るものに分けられます。生はフルーツとしてだけでなく、料理の付け合わせにも使われます。干しブドウはレザン・セックraisin sec。

Reine Claude
レーヌ・クロード:「レーヌ・クロード」。緑がかった黄色のプラムの一種。

9-3 Dessert デザート

デザートやお菓子は挙げると限りがありませんので、ここでは若干のものに留めておきます。

Baba au rhum
ババ・オ・ロム:「ラム酒風味のババ」。19世紀に菓子職人ストーレルStohrerが考案した、ラム酒を浸み込ませた焼き菓子。

Bavarois
バヴァロワ:「バヴァロワ」。

Bavarois à la cévenole
バヴァロワ・ア・ラ・セヴノル:「セヴァンヌ風バヴァロワ」。発酵クリーム、牛乳、グラニュー糖、ゼラチンで作ったクリーム入りバヴァロワに、マロングラッセのピューレとキルシュ酒を加えて冷やしたもの。栗の産出するセヴェンヌ地方Cévennesのデ

ザート。

Bavarois à la créole
バヴァロワ・ア・ラ・クレオル:「クレオール風バヴァロワ」。クリーム入りバヴァロワにラム酒風味のパイナップルとバナナを交互に入れて冷やしたもの。

Bavarois à la normande
バヴァロワ・ア・ラ・ノルマンド:「ノルマンディ風バヴァロワ」。リンゴのジャムを加え、ノルマンディ特産のカルヴァドス風味にしたもの。

Bavarois aux fruits
バヴァロワ・オ・フリュイ:「果物入りバヴァロワ」。アンズ、パイナップル、カシス、イチゴ、フランボワーズなどのピューレを加えて作ったもの。

Bavarois rubané au chocolat et à la vanille
バヴァロワ・リュバネ・オ・ショコラ・エ・ア・ラ・ヴァニーユ:「チョコレートとヴァニラ風味のバヴァロワ・リュバネ」。チョコレート入りのバヴァロワと、ヴァニラ入りのバヴァロワを交互に入れて縞模様になったバヴァロワ。リュバネとは「縞模様になった」という意味です。

Blanc-manger
ブラン・マンジェ:「ブランマンジェ」。中世から伝承されてきた典型的なアントルメ。現在はアーモンド・クリームですが、中世は去勢若鶏や子牛の肉をすり潰したものでした。

Bombe
ボンブ:「ボンブ」。2種類の味を愉しむ氷菓の一種で、半球の型に入れたもの。卵黄とシロップを湯煎にかけて撹拌し、クリームを加えたなかに詰めるものをボンブ種と言います。

Bombe Alhambra
ボンブ・アランブラ:「アルハンブラ風ボンブ」。ヴァニラアイスクリームを型に入れ、なかにイチゴ風味のボンブ種を入れて、型から抜いて上にキルシュ酒に浸したイチゴを飾ったもの。アルハンブラはスペインのグラナダにあるモール王の宮殿。

Bombe archiduc
ボンブ・アルシデュック：「アルシデュック風ボンブ」。型にイチゴ風味のアイスクリームを敷き、プラリネ風味のボンブ種を入れたもの。

Bombe Bourdaloue
ボンブ・ブルダルー：「ブルダルー風ボンブ」。型にヴァニラアイスクリームを入れ、アニゼット酒風味のボンブ種をのせたもの。スミレの砂糖漬けを飾ります。

Bombe Chateaubriand
ボンブ・シャトブリヤン：「シャトブリヤン風ボンブ」。型にはアンズのアイスクリーム、キルシュ酒に浸したアンズの砂糖漬けを加えたヴァニラ風味のボンブ種。

Bombe diplomate
ボンブ・ディプロマット：「ディプロマット風ボンブ」。型にはヴァニラアイスクリーム。ボンブ種はマラスキーノ酒風味の果実の砂糖漬け。

Bombe Doria
ボンブ・ドリヤ：「ドリア風ボンブ」。型にはピスタッチオ風味のアイスクリーム。ボンブ種はラム酒に漬けたマロングラッセをヴァニラ風味にしたもの。

Bombe duchesse
ボンブ・デュシェッス：「デュシェッス風ボンブ」。パイナップルのアイスクリームを型に敷き、洋ナシ風味のボンブ種を詰めたもの。

Bombe Monselet
ボンブ・モンスレ：「モンスレー風ボンブ」。マンダリンオレンジのアイスクリームと、ポルト酒風味のボンブ種に、シャンパン漬けのオレンジの皮を混ぜたもの。

Bombe Montmorency
ボンブ・モンモランスィ：「モンモランシー風ボンブ」。キルシュ酒風味のアイスクリームと、チェリーブランデー風味のボンブ種との組み合わせ。

Bordure
ボルデュール:「ボルデュール」。ボルデュール型に入れて焼き、型から抜いて皿に盛り、飾り付けをしたもの。

Bordure de riz à la créole
ボルデュール・ドゥ・リ・ア・ラ・クレオル:「米のボルデュール、クレオール風」。米の牛乳煮を、バターを塗った型に詰め、オーヴンで火を通して皿に盛り、パイナップル、サクランボやアンゼリカの砂糖漬けなどをあしらったもの。

Bordure de riz à la Montmorency
ボルデュール・ドゥ・リ・ア・ラ・モンモランスィ:「米のボルデュール、モンモランシー風」。米の牛乳煮を型に詰めて焼き、皿に盛ったなかにサクランボをあしらってオーヴンで焼いたもの。

Bordure de semoule aux fruits
ボルデュール・ドゥ・スムール・オ・フリュイ:「スムール粉の牛乳煮のボルデュール、果物添え」。牛乳で煮込んだスムール粉を型に入れて焼き、皿に盛り、ヴァニラ風味のシロップで煮た果実を飾ったもの。

Cannelé
カヌレ:「カヌレ」。ボルドー地方の、ラム酒とヴァニラ風味の小型の焼き菓子。

Charlotte
シャルロット:「シャルロット」。イギリス起源のお菓子で、型(シャルロット)のなかにビスケットを敷いて、果実やクリームを入れて冷やしたもの。

Charlotte à la Chantilly
シャルロット・ア・ラ・シャンティーイ:「シャンティーイ風シャルロット」。シャルロット型にビスケットを並べ、果実の砂糖漬けをさいの目に切ってクレーム・シャンティーイに混ぜて入れ、冷やしたもの。

Charlotte aux framboises
シャルロット・オ・フランボワーズ:「フランボワーズのシャルロット」。生の木イチゴをあしらったもの。

Charlotte aux fruits exotiques

シャルロット・オ・フリュイ・エグゾティック:「異国フルーツのシャルロット」。パイナップルなどを盛り合わせたもの。

Compote

コンポート:「コンポート」。果物のシロップ煮のこと。

Compote d'abricots étuvés

コンポート・ダブリコ・エテュヴェ:「蒸し焼きアンズのコンポート」。2つに割って種を抜いたアンズに砂糖を振り掛けてオーヴンで焼いたもの。

Compote d'airelle

コンポート・デレール:「コケモモのコンポート」。コケモモは寒冷な山岳地帯の荒地に生えるツツジ科の赤くて酸味が強い低木コケモモの実です。

Compote de cerise

コンポート・ドゥ・スリーズ:「サクランボのコンポート」。

Compote de figue sèche

コンポート・ドゥ・フィーグ・セッシュ:「干しイチジクのコポート」。

Compote de fraise

コンポート・ドゥ・フレーズ:「イチゴのコンポート」。

Compote de marron

コンポート・ドゥ・マロン:「栗のコンポート」。

Compote de mirabelle

コンポート・ドゥ・ミラベル:「ミラベル のコンポート」。ミラベルは小型の黄色いプラム。アルザス・ローレーヌ地方で採れます。

Compote de pêche

コンポート・ドゥ・ペッシュ:「桃のコンポート」。

Compote de pruneau

コンポート・ドゥ・プリュノ:「干しプラムのコンポート」。

Compote du vieux vigneron

コンポート・デュ・ヴィユ・ヴィニュロン:「ヴィユ・ヴィニュロンのコンポート」。酸味の強いリンゴ、洋ナシ、桃、ブドウの

コンポートを混ぜ合わせたもの。Vieux vigneronは老いたブドウ栽培者の意味。

Compote poire-pomme caramélisé
コンポート・ポワール・ポム・カラメリゼ：「洋ナシとリンゴのコンポート、カラメル風味」。冷やしておいた洋ナシとリンゴのコンポートに、シロップを煮詰めた熱いカラメルソースをかけたもの。

Compote rhubarbe
コンポート・ドゥ・リュバルブ：「ルバーブのコンポート」。ルバーブは北アジア原産のタデ科の植物で、肉厚の葉柄を食べます。

Confiture
コンフィテュール：「ジャム」。なかには日本ではお目にかかれない、ルバーブのジャムやトマトのジャムもあります。

Confiture d'abricot
コンフィテュール・ダブリコ：「アンズのジャム」。

Confiture d'orange
コンフィテュール・ドランジュ：「オレンジのジャム」。

Confiture de citron
コンフィテュール・ドゥ・スィトロン：「レモンのジャム」。

Confiture de fraise
コンフィテュール・ドゥ・フレーズ：「イチゴのジャム」。

Confiture de marron
コンフィテュール・ドゥ・マロン：「栗のジャム」。

Confiture de mûre
コンフィテュール・ドゥ・ミュール：「ブラックベリー（桑の実）のジャム」。

Confiture de reine-claude
コンフィテュール・ドゥ・レーヌ・クロード：「レーヌ＝クロードのジャム」。レーヌ＝クロードは緑がかったプラムの一種で、生で食べても美味しいプラムです。

Confiture de rhubarbe
コンフィテュール・ドゥ・リュバルブ：「ルバーブのジャム」。

Confiture de tomate rouge
コンフィテュール・ドゥ・トマート・ルージュ：「赤いトマトのジャム」。

Confiture de tomate verte
コンフィテュール・ドゥ・トマート・ヴェルト：「青いトマトのジャム」。

Crème
クレーム：「クリーム」。アントルメやデザートのクリームは、牛乳、卵、砂糖をベースにして火を通したもので、冷やして固めたものです。

Crème au citron
クレーム・オ・スィトロン：「レモン風味クリーム」。クリームに、摩り下ろしたレモンの皮と、レモン汁を加えて冷やしたもの。

Crème caramel
クレーム・カラメル：「カラメル・クリーム」。カラメルソースを流し込んだ型にクリームを入れて加熱したもの。

Crème renversée
クレーム・ランヴェルセ：「クリームのランヴェルセ」。湯煎にして火を通したクリームを型から外して皿に盛り、冷やしたもの。ランヴェルセは「裏返した」の意味。

Crêpe
クレープ：「クレープ」。アントルメとしての甘口のクレープは、地方によって独特の呼び名があるようですが、ここではクレープで示しておきます。

Crêpes aux amandes
クレープ・オ・ザマンド：「アーモンド風味のクレープ」。クレープにアーモンド・パウダーを加えたクリームを塗り、巻いて粉砂糖を振りかけて、オーヴンで色づけたもの。

Crêpes aux cerises
クレープ・オ・スリーズ：「サクランボ入りクレープ」。クレープ生地に2つに切ったサクランボを入れて焼き、マーマレードを塗って巻き、グラニュー糖を振りかけて、オーヴンで仕上げたもの。

Crêpes Condé
クレープ・コンデ：「コンデ風クレープ」。米を牛乳と煮込んで作った粥に卵黄と刻んだ砂糖漬けの果実を混ぜたものを、焼いたクレープにのせて巻き、粉砂糖を振りかけてオーヴンで焼いたもの。コンデはルイ14世の政敵であったシャンティーイChantilly城主大コンデGrand Condéおよびその一族を指します。

Crêpes des chartreux
クレープ・デ・シャルトルー：「カルトゥジオ修道会風のクレープ」。生地に砕いたマカロン、すり下ろしたオレンジの皮、コニャックを入れて焼き、バター、グラニュー糖、緑のシャルトルーズ酒、焼きメレンゲの粉で作ったバターを塗り、4つに折って粉砂糖を振りかけたもの。

Crêpes normandes
クレープ・ノルマンド：「ノルマンディ風クレープ」。リンゴをバターで炒めたものを冷ましてクレープ生地に加えて焼き、生クリームを添えたもの。

Crêpes Suzette
クレープ・シュゼット：「シュゼット風クレープ」。焼いたクレープを4つに折って、マンダリンオレンジ風味のバターをかけたもの。

Diplomate
ディプロマット：「ディプロマット」。プリンの一種です。

Diplomate au bavarois
ディプロマット・オ・バヴァロワ：「バヴァロワ入りディプロマット」。シャルロット型に細長いビスキュイを並べ、ラム酒に漬けたレーズンと刻んだ果実の砂糖漬けをのせ、バヴァロワを流し込んで冷ましたもの。

Diplomate aux fruits confits
ディプロマット・オ・フリュイ・コンフィ：「果実の砂糖漬け入りディプロマット」。シャルロット型に、長方形に焼いたブリオッシュを薄く切ってバターを塗って焼いたものを果実の砂糖漬けと交互に入れ、グラニュー糖、牛乳、卵、ラム酒を混ぜたものをブリオッシュに浸み込ませてオーヴンで焼き、冷やしたもの。

Diplomate aux pruneaux
ディプロマット・オ・プリュノ:「干しプラム入りディプロマート」。薄い紅茶で戻した干しプラムの種を抜き、煮汁に細長いビスキュイを浸してシャルロット型に並べ、クリーム、干しプラム、ビスキュイの順に重ねて冷やしたもの。

Éclair
エクレール:「エクレア」。シュー生地を縦長に焼き、なかにクリームを詰め、上に砂糖を塗ったもの。チョコレート味éclair au chocolat(エクレール・オ・ショコラ)とコーヒー味éclair au café(エクレール・オ・カフェ)があります。

Flan
フラン:「フラン」。タルトの一種です。

Flan aux pommes Grimaldi
フラン・オ・ポム・グリマルディ:「リンゴのフラン、グリマルディ風」。フラン用のセルクルでフォンセ生地を空焼きにして、果実の砂糖漬けを刻んで入れた米の牛乳煮を流し込み、リンゴのシロップ煮をのせ、粉末状のマカロンとグラニュー糖を振りかけてオーヴンで仕上げたもの。グリマルディは、ジェノヴァ出身の、代々モナコ公国の君主を継いだイタリア貴族の家系の名前。

Flan de cerises à la danoise
フラン・ドゥ・スリーズ・ア・ラ・ダノワーズ:「サクランボのフラン、デンマーク風」。タルト型に生地を敷いてサクランボを詰め、アーモンドパウダー、卵、砂糖、バターを合わせたものを入れて、オーヴンで焼いたもの。

Flan meringué au citron
フラン・ムランゲ・オ・スィトロン:「レモン風味のメレンゲフラン」。焼いたフラン用パイケースにレモン風味のカスタードクリームを詰め、粗熱を取ってから卵白のメレンゲをクリームの上にのせてオーヴンで焦げ目をつけ、冷やしたもの。

Forêt noire
フォレ・ノワール:「黒い森」。キルシュ酒で味を調え、砂糖漬けのサクランボを飾ったチョコレートケーキ。

Galette
ガレット：「ガレット煎餅」。ブルターニュ特産の小型のサブレ煎餅。なおそば粉サラザンsarrasin、(ブレ・ノワールblé noir)で作るクレープもガレットgaletteと言います。これは具をのせて焼いたもので、デザートというよりは料理です。

Gâteau de riz au caramel
ガトー・ドゥ・リ・オ・キャラメル：「ガトー・ド・リのカラメル風味」。型にカラメルを流し、米に砂糖と卵を加えて牛乳と煮込み、卵白を泡立てて入れたものを詰め、オーヴンで火を通したもの。

Glace
グラース：「アイスクリーム」。アイスクリームは16世紀にカトリーヌ・ド・メディシスがフランスにもたらしたとされていますが、今日のようにクリームや牛乳の入ったものではありませんでした。牛乳や生クリームの入ったアイスクリームは18世紀に考案されたものです。イタリアではアラブ人から氷を用いた氷菓が伝えられていました。マルコ・ポーロが、水と硝石で凍らせる秘伝を中国から持ち帰って以来、イタリアでは氷を使わないで、氷菓を作る技術が発達しており、それがカトリーヌの菓子職人たちによってフランス宮廷にもたらされましたが、実際にパリで氷菓が食べられるようになったのは17世紀の後半に、プロコップProcopeという店(現在も残っています)がコーヒーと氷菓を売り出してからのことです。ちなみにグラースglaceとは氷のことです。

　デザートにアイスクリームを選ぶと、ギャルソンは、「どんな種類にしますか」の意味でケル・パルファン？Quel parfum?と尋ねてきます。パルファンは「香り」の意味です。またアイスクリームの玉はブールbouleと言います。さてその香りですが、つぎのようなものが一般的です。Abricotアプリコ：「アンズ」、amandeアマンド：「アーモンド」、cassisカシス：「カシス、黒房スグリ」、chocolatショコラ：「チョコレート」、citronスィトロン：「レモン」、fraiseフレーズ：「イチゴ」、framboiseフランボワーズ：「フランボワーズ」、mangueマング：「マンゴ」、

pêcheペッシュ：「桃」、pistacheピスタッシュ：「ピスタッチオ」、vanilleヴァニーユ：「ヴァニラ」等。

Kouglof
クグロフ：「クグロフ」。アルザス地方のレーズン入りのブリオッシュ。朝食に食べます。

Macaron
マカロン：「マカロン」。木イチゴ、ピスタッチオ、ヴァニラ、チョコレートなどの風味をきかせて、アーモンドパウダーと卵白をベースにした、小さな丸い焼き菓子で、一般には2枚合わせで売られています。

Marron glacé
マロン・グラセ：「マロングラセ」。大栗をゆでて渋皮を剥いたものをシロップに漬けて煮込み、表面に糖衣を被せたもの。

Millefeuille
ミルフィーユ：「ミルフィーユ」。薄く焼いたパイにクリームを挟んで重ねたもの。

Œufs à la neige
ウ・ア・ラ・ネージュ：「ウ・ア・ラ・ネージュ」。かたく泡立てた卵白を牛乳でゆでて冷まし、この煮汁でクレーム・アングレーズを作って添えたもの。

Omelette
オムレット：「オムレツ」。オムレツは料理だけではなく、甘口にしてアントルメとしても供されます。

Omelette flambée
オムレット・フランベ：「オムレツのフランベ」。砂糖と塩を入れて焼いたオムレツに温めたラム酒をかけてフランベしたもの。

Omelette reine Pédauque
オムレット・レーヌ・ペドーク：「オムレツのレーヌ・ペドーク風」。アーモンドパウダー、クリーム、砂糖、塩を入れて焼いた2枚の平オムレツの間にリンゴのシロップ煮を挟んだもの。

Omelette soufflée
オムレット・スフレ：「オムレツのスフレ」。オムレツの溶き卵に泡立てた卵白を混ぜて、オーヴンで焼いたもの。

Omelette sucrée à la normande
オムレット・シュクレ・ア・ラ・ノルマンド：「甘いオムレツ、ノルマンディ風」。オムレツに、バターで炒めたリンゴを巻いたもの。

Opéra
オペラ：「オペラ」。アーモンドパウダーの入ったビスキュイ・ジョコンドbiscuit Jocondo（ジョコンドビスケット）に濃いコーヒーシロップを浸み込ませて、バタークリームとチョコレートクリーム（ガナッシュganache）を挟んだ菓子で、表面にチョコレートのコーティングをして金箔でOpéraと書いてあります。

Pain
パン：「パン」。ここでパンについてまとめておきましょう。

食事のときに食べるパンとしては、バゲットbaguette、バタールbatard（バゲットより太め）、フィセールficelle（細いバゲット）、パン・ドゥ・カンパーニュpain de campagne（灰褐色の小麦粉を使って焼き、皮が黒く、小麦粉が振ってある）、パン・オ・セレアルpain aux céréales（雑穀入りパン）、パン・ドゥ・セーグルpain de seigle（ライ麦のパン）、パン・ドゥ・ソンpain de son（外皮入りパン）、プティ・パンpetit pain（プティパン）などがあります。

ヴィエノワズリーviennoiseriesと呼ばれるその他のパンは、いわゆる菓子パンで、つぎのようなものがあります。ブリオッシュbrioche、ブレッツェル・オ・ザマンドbretzel aux amandes（アーモンド入りのアルザス地方の菓子パン）、ショッソン・オ・ポムchausson aux pommes（半円形のアップルパイ）、クロワッサンcroissant（もともとオーストリアのパン）、クグロフkouglof、ムッショワール・オ・ザマンドmouchoir aux amandes（ハンカチを2つに畳んだような形のアーモンド入りの菓子パン）、ムーラン・ア・ノワゼットmoulin à noisettes（風車のような形をしたノワゼット入りのパン）、パン・オ・ショコラpain au chocolat（チョコレート入りのパン）、パン・オ・レーpain au lait（ミルクパン）、パン・オ・レザンpain aux raisins（レーズンパン）、パン・ドゥ・ミpain de mie（食パン）、パルミエpalmier（ハート

に見える棕櫚パン)。意外かもしれませんが、フランスでは食事に食パンを食べる習慣はありません。

Pain d'épice
パン・デピス:「パン・デピス」。小麦粉、蜂蜜、スパイス、香料にベーキングパウダーを入れて焼いた菓子。語源的には「スパイス入りのパン」。昔はシャンパンの産地であり、代々の国王が戴冠式を行ったカテドラルのあるランスReimsが中心地でしたが、現在はディジョンの名物になっています。

Pain perdu
パン・ペルデュ:「フレンチトースト」。かたくなったパン、ブリオッシュ、ミルクパンを薄く切って砂糖を入れた牛乳に浸し、溶き卵にくぐらせてバターで焼いたもの。

Pannequet
パヌケ:「パヌケ」。具を刻んで、クレープで巻いたもの。

Pannequets à la cévenole
パヌケ・ア・ラ・セヴノル:「セヴェンヌ風パヌケ」。マロングラセの混じった栗のピューレにクリームを混ぜ、クレープに塗って巻き、砂糖を振ってオーヴンで焼いたもの。

Pannequets à la créole
パヌケ・ア・ラ・クレオル:「パヌケ、クレオル風」。ラム酒風味のクリームにパイナップルを刻んで入れ、クレープに塗って巻き、砂糖を振ってオーヴンで焼いたもの。

Pannequets aux abricots
パヌケ・オ・ザブリコ:「アンズのパヌケ」。熟したアンズを切って焼いたクレープに巻き、砂糖を振ってオーヴンで仕上げたもの。

Paris-Brest
パリ・ブレスト:「パリ=ブレスト」。シュー生地を焼いて作ったリングのなかに、クリームを入れ、アーモンドを散らしたもの。ブレストはブルターニュ半島の先端にある都市名。

Pont-neuf
ポン・ヌフ:「ポンヌフ」。パリのお菓子で、タルトレット型に生地とクリームを詰め、十文字に生地をかけて焼いたもの。ポ

ン=ヌフはパリで最も古い橋（ただし原義は新橋）。

Profiteroles au chocolat
プロフィットロール・オ・ショコラ：「プロフィットロールのチョコレートかけ」。小さなシュークリームをクープに盛り、上から熱いチョコレートをかけたもの。

Pudding
プディング：「プリン」。イギリス起源のデザートです。

Pudding à l'américaine
プディング・ア・ラメリケーヌ：「アメリカ風プリン」。かたくなったパン、小麦粉、砂糖、牛の骨髄、砂糖漬けの果実、卵、ラム酒を混ぜ合わせ、シャルロット型に入れて蒸焼きにしたもの。

Pudding au pain à la française
プディング・オ・パン・ア・ラ・フランセーズ：「パンのプリン、フランス風」。ブリオッシュと牛乳、レーズン、砂糖漬けの果実、ラム酒、アンズジャム、洋ナシの薄切りなどを型に入れて、蒸焼きにしたもの。

Pudding aux pommes à l'anglaise
プディング・オ・ポム・ア・ラングレーズ：「リンゴのプリン、イギリス風」。パイ生地を型に貼り、薄く切ってシナモンとレモンで風味付けをしたリンゴを入れ、パイ生地で蓋をして蒸したもの。

Pudding du pêcheur Saint-Michel-des-Saints
プディング・デュ・ペッシュール・サン・ミシェル・デ・サン：「サン=ミシェル=デ=サンの漁師のプリン」。油、砂糖、卵、牛乳、小麦粉を混ぜて型に流し込み、シロップをかけてオーヴンで焼いたもの。

Sorbet
ソルベ：「シャーベット」。アイスクリームとの違いは、クリームや牛乳が入っていないこと。もともと果物、蜂蜜、香味材料と雪を混ぜたものでした。今日ではつぎのようなシャーベットがあります。

Sorbet à la framboise
ソルベ・ア・ラ・フランボワーズ：「木イチゴ風味のシャーベッ

ト」。

Sorbet à la mangue
ソルベ・ア・ラ・マング:「マンゴのシャーベット」。

Sorbet à la poire
ソルベ・ア・ラ・ポワール:「洋ナシのシャーベット」。

Sorbet à la tomate
ソルベ・ア・ラ・トマート:「トマトのシャーベット」。

Sorbet au calvados
ソルベ・オ・カルヴァドス:「カルヴァドス風味のシャーベット」。

Sorbet au cassis
ソルベ・オ・カシス:「カシス風味のシャーベット」。

Sorbet au citron
ソルベ・オ・スィトロン:「レモン風味のシャーベット」。

Sorbet au thé
ソルベ・オ・テ:「紅茶のシャーベット」。

Sorbet aux fruits de la Passion
ソルベ・ア・ラ・フリュイ・ドゥ・ラ・パッション:「パッションフルーツのシャーベット」。

Soufflé
スフレ:「スフレ」。デザートとしてのスフレには、牛乳入りの生地をベースにしたスフレと、果実のピューレに卵白を泡立てて混ぜたものの2種類があります。

Soufflé ambassadrice
スフレ・アンバッサドリス:「スフレのアンバッサドリス風」。ケーキ用クリーム、牛乳、卵黄、小麦粉、砂糖、砕いたマカロン、スライスアーモンド、ラム酒を混ぜて、固く泡立てた卵白を加えて、型に入れオーヴンで焼いたもの。

Soufflé aux bananes
スフレ・オ・バナーヌ:「バナナのスフレ」。牛乳に小麦粉を加えて熱を加え冷ましたものに、裏漉しにしたバナナ、卵黄、バター、キルシュ酒を混ぜ、固く泡立てた卵白を加えて、型に入れオーヴンで焼いたもの。

Soufflé aux fraises
スフレ・オ・フレーズ:「イチゴのスフレ」。ケーキ用クリーム、牛乳、卵黄、小麦粉、砂糖、砕いたマカロン、スライスアーモンド、ラム酒を混ぜ、イチゴのピューレを加え、固く泡立てた卵白を加えて、型に入れオーヴンで焼いたもの。

Soufflé aux violettes
スフレ・オ・ヴィオレット:「スミレのスフレ」。スフレ生地にスミレのエッセンスを加え、スミレの花の砂糖漬けを入れて焼き上げたもの。

Soufflé Mont-Bry aux marrons
スフレ・モンブリ・オ・マロン:「栗のスフレ、モン=ブリ風」。牛乳、砂糖、小麦粉、卵黄、バター、栗のピューレ、マロングラセの小片を混ぜ、固く泡立てた卵白を加えて、型に入れオーヴンで焼いたもの。

Soufflé glacé
スフレ・グラセ:「スフレ・グラセ」。オーヴンで焼く本物のスフレに見立てた氷菓です。

Tarte
タルト:「タルト」。デザートとしてのタルトは、一般には生地のケースに甘口の果物を詰めたものです。タルトも地方の数だけ種類があると言われています。

Tarte alsacienne
タルト・アルザスィエンヌ:「アルザス風タルト」。アーモンドパウダー入りの生地に好みのジャムを詰めたもの。

Tarte au raisin frais
タルト・オ・レザン・フレ:「生のブドウの実のタルト」。

Tarte au riz
タルト・オ・リ:「米のタルト」。米を牛乳で煮込んで冷まし、生クリーム、刻んだ砂糖漬けの果実とラム酒を加えたものを、タルト生地を貼った型に入れて、オーヴンで焼いたもの。

Tarte aux abricots
タルト・オ・ザブリコ:「アンズのタルト」。

Tarte aux fraises
タルト・オ・フレーズ：「イチゴのタルト」。
Tarte meringuée au citron
タルト・ムランゲ・オ・スィトロン：「レモンのメレンゲ・タルト」。空焼きにしたタルトケースに、レモンの汁と皮を入れたシロップを詰め、固く泡立てた卵白をのせてオーヴンで仕上げたもの。
Tarte tatin
タルト・タタン：「タルト・タタン」。タルト型に、砂糖とバターをまぶしたリンゴを入れて焼き、粗熱がとれてから生地を被せて再度オーヴンで焼き、裏返して大皿に盛ったもの。

Tartelette
タルトレット：「小型タルト、タルトレット」。タルトとは、ケースの大きさだけの違いです。

Tourte
トゥルト：「トゥルト」。生地でケースを作り、同じ生地で蓋をして焼いたものを言います。
Tourte à la mode béarnaise
トゥルト・ア・ラ・モード・ベアルネーズ：「ベアルン風トゥルト」。一種のパン。生イースト、バター、グラニュー糖、卵、ラム酒、すり下ろしたレモンの皮で作った生地を発酵させてから、型に入れてオーヴンで焼いたもの。
Tourte au sirop d'érable
トゥルト・オ・スィロ・デラーブル：「メープルシロップ風味のトゥルト」。型にフリゼ生地を敷き、メープルシロップ、コーンスターチ、刻んだアーモンドを入れ、薄く延ばしたフリゼ生地を被せて焼いたもの。

Vacherin
ヴァシュラン：「ヴァシュラン」。リング状に焼いたメレンゲの中央に、アイスクリームとクレーム・シャンティーイを飾った氷菓。

10

Boisson
～飲み物～

ここではキャフェで渇いた喉を潤す場合の飲み物、レストランでの食事の際に飲むアペリティフやワインについての簡単な情報を挙げておきました。

　ワインもレストランで注文すると結構高くつきます。お酒好きの方は甘口のアペリティフで始め、料理に合ったワインを選び、最後にディジェスティフを愉しむのも良いかと思いますが、お酒の飲めない方は、無理をせずにお水で済ますのが賢明です。その分だけ高い料理を注文してみてはいかがですか。

　フランスではテーブルにお冷やを運んでくれる習慣がありませんので、最初にワインを注文する際にオーダーして下さい。

Apéritif
アペリティフ:「アペリティフ、食前酒」。食欲を増進させるために飲む、食前酒。一般に甘口。キールやパスティスだけではなく、甘口の白ワインもアペリティフとして飲まれます。

Armagnac
アルマニャック:「アルマニャック」。ガスコーニュ地方産の白ブドウから作ったブランデー。

Bière
ビエール:「ビール」。ビエールと注文すると小瓶が運ばれてきます。生ビールはアン・ドゥミun demiと言います。

Bière allemande
ビエール・アルマンド:「ドイツビール」。

Bière belge
ビエール・ベルジュ:「ベルギービール」。

Bière danoise
ビエール・ダノワーズ:「デンマークビール」。

Pression (à la) bière
プレッション・(ア・ラ・)ビエール:「生ビール」(Cf. Demi, p.262) なお、Un bock de bièreアン・ボック・ドゥ・ビエール:「ジョッキー杯のビール」、Un pichet de bièreアン・ピシェ・ドゥ・ビエール:「大ジョッキ(水差し)一杯のビール」という注文の仕方もあります。

Café
カフェ:「コーヒー」。アフリカのエチオピアとスーダンが原産地と言われています。コーヒーの木の赤い小さな実を煎って飲む習慣が、中東のアデンからコンスタンチノープル、ヴェネッツィアを経てフランスに伝わったのはルイ14世の時代、1669年のことです。今やコーヒーは世界の飲み物となっています。現在フランスでコーヒーといえばエスプレッソespressoです(フランス語ではエクスプレスexpress)。日本のようにフレッシュはつきません。砂糖(シュークルsucre)は日本のようにグラニュー糖ではなく、紙で包んだ角砂糖。食後のコーヒーには小さなビターチョコレートやプティ・フールpetit-fourが添えられています。ホテル

で朝食にカフェ・オ・レcafé au laitを注文すると、コーヒーと熱いミルクが運ばれてきます。キャフェでカフェ・クレームcafé crèmeと注文しても、エスプレッソに熱い牛乳を加えたミルクコーヒーが出てきますので、フランスでは日本式のコーヒーのサーヴィスはないと思ってください。

Calvados
カルヴァドス:「カルヴァドス」。リンゴのブランデー。ノルマンディの特産のシードル酒を蒸留したもの。

Cervoise
セルヴォワーズ:「セルヴォワーズ」。ケルト時代から伝わるホップの入らない穀物のビール。

Chocolat
ショコラ:「ココア」。チョコレートですが、飲み物としてはココア。寒い朝の熱いショコラは体が温まります。

Cidre
スィードル:「シードル」。ワインの産出の少ないノルマンディやブルターニュで作られているリンゴ酒。クレープやガレット(そば粉のクレープ)は、厚い陶磁器製のシードルカップに入れた辛口のスィードル・ブリュcidre brutを飲みながら食べます。

Citron pressé
スィトロン・プレッセ:「レモン絞り」。長い円筒形のグラスにレモンの絞り汁を入れ、水とグラニュー糖は別の容器で運ばれてきます。

Cognac
コニャック:「コニャック」。シャラント県のコニャック周辺で生産されるブドウのブランデー。

Demi
ドゥミ:「生ビール」。もともと半リットルでしたが、現在は4分の1リットル(グラス1杯分)。

Diabolo
ディアボロ:「ディアボロ」。シロップ入りのソーダ水。

Diabolo grenadine
ディアボロ・グルナディーヌ:「ザクロ風味のディアボロ」。

Diabolo menthe
ディアボロ・マント:「ミント風味のディアボロ」。なおミントを水で割ったものはマンタ・ロー Menthe à l'eau と言います。

Digestif
ディジェスティフ:「ディジェスティフ」。食後に飲む消化を促すリキュールや蒸留酒。

Eau
オ:「水」。前にも述べましたが、フランスではお冷のサーヴィスはありません。ワインと同時に注文するのが普通です。

Eau gazeuze
オ・ガズーズ:「気泡性ミネラルウオーター」。ペリエ Perrier やバドワ Badoit のような天然炭酸の含まれたもの。

Eau minérale
オ・ミネラル:「ミオネラルウオーター」。エヴィアン Évian だとかヴィッテル Vittel だとか、飲み慣れている銘柄を注文することもできます。レモン風味やオレンジ風味のミネラルウオーターも市販されています。

Eau nature
オ・ナテュール:「水道水」。フランスの水道水は消毒用のカルキの含有量が多いので、飲めない、あるいはまずいと言われています。確かに水道水をヤカンで沸かし続けていると、白いカルキが付着してきますが、短期間の滞在ではどうってことはありませんし、レストランによっては冷やした水道水をワインボトルに入れて出してくれるところもあります。公園などの水道にオ・ポタ－ブル eau potable と書かれていたら飲料水です。

Eau-de-vie
オ・ド・ヴィ:「蒸留酒」。錬金術師たちが「命の水」と呼んだ名前が残っているものです。ＡＯＣ（原産地管理呼称）をもつ３大蒸留酒アルマニャック、カルヴァドス、コニャックは、それぞれ熟成期間によってつぎのような呼称がつきます。

Armagnac：１）樽熟成期間が１年以上３年までのもの：Monopole（モノポル「専売」）、Sélection（セレクション「特選」）、Trois étoiles（トロワ・ゼトワール「三ツ星」）；２）熟成期間が

4年以上のもの：VO（ヴェ・オVery Old）、VSOP（ヴェ・エス・オ・ペVery Superior Old Pale）、Réserve（レゼルヴ「特別保存」）；3）熟成期間が5年以上のもの：Extra（エクストラ「極上」）、Napoléon（ナポレオン「超特級」）、Vieille réserve（ヴィエイユ・レゼルヴ「特別保存年代もの」）、Hors-d'âge（オール・ダージュ「超年代もの」）。

Calvados：1）熟成期間が2年のもの：Trois étoiles（トロワ・ゼトワール）、Trois pommes（トロワ・ポム「三つリンゴ」）；2）熟成期間が3年のもの：Vieux（ヴィュ「年代もの」）、Réserve（レゼルヴ）；3）熟成期間が4年のもの：VO（ヴェ・オ）、Vieille réserve（ヴィエイユ・レゼルヴ）；4）熟成期間が5年のもの；VSOP（ヴェ・エス・オ・ペ）；5）熟成期間が5年以上のもの：Extra（エクストラ）、Napoléon（ナポレオン）、Hors-d'âge（オール・ダージュ）Âge inconnu（アージュ・アンコニュ「年代不詳」）

Cognac：1）熟成期間が2年目のもの：Trois étoiles（トロワ・ゼトワール「三ツ星」）；2）熟成期間が4年以上のもの：VO（ヴェ・オ）、VSOP（ヴェ・エス・オ・ペ）、Réserve（レゼルヴ）；3）熟成期間が6年以上のもの：Extra（エクストラ）、Napoléon（ナポレオン）、Vieille réserve（ヴィエイユ・レゼルヴ）。

Express
エクスプレス：「エスプレッソ」。

Glaçons
グラソン：「氷（のカケラ）」。冷たいものに関する感覚はフランスと日本とではかなり違っているようです。氷を求める時は必ずデ・グラソンdes glaçonsと複数で言ってください。

Grog
グロッグ：「グロッグ」。冬の伝統的な飲み物で、ラム酒（ウイスキー、コニャックなど）に砂糖（蜂蜜）、レモン汁を入れ熱湯を注いだ飲み物。

Jus
ジュー：「ジュース」。

Jus d'orange
ジュー・ドランジュ:「オレンジジュース」。朝食前の絞りたてのオレンジジュースは格別です。

Jus de tomate
ジュー・ドゥ・トマート:「トマトジュース」。

Kir
キール:「キール」。典型的なアペリティフの一種で、カシスのエッセンスをブルゴーニュの白ワインで割ったもの。

Kir royal
キール・ロワイヤル:「キール・ロワイヤル」。カシスのエッセンスをシャンパンで割ったもの。

Lait
レ:「ミルク」。牛乳はレ・ドゥ・ヴァッシュLait de vache、山羊の乳はレ・ドゥ・シェーヴルlait de chèvre。日本と違ってミルクは一般に濃いので、飲みすぎに注意。

Limonade
リモナード:「レモネード」。レモンや酸味のある柑橘類のエッセンスを加えた無色の甘い飲み物。

Marc
マール:「マール・ブランデー」。ワイン醸造の際にできるブドウの絞りかすから作る、香りの強いブランデー。

Panaché
パナシェ:「パナシェ」。2種類の飲み物を同量ずつ混ぜたもの。一般にはビールとレモネード。これにミント(マントmenthe)やザクロ(グルナディーヌgrenadine)のエッセンスを加えることもあります。

Pastis
パスティス:「パスティス」。アニスanisと甘草レグリッスréglisseの入ったリクールで、水を加えると白く濁ります。フランスでは夏場の一般的なアペリティフです。

Thé
テ:「紅茶」。ポットに2杯分の熱湯と、紅茶パック(sachetサッシェ)が運ばれてきます。レモンティーはテ・オ・スィトロン

thé au citron、ミルクティーはテ・レthé au lait。中国茶はテ・ジャスマンthé jasmin、緑茶はテ・ヴェール thé vert。

Vin
ヴァン：「ワイン」。

ワインの色分け：一般的にワインは、赤vin rougeヴァン・ルージュ、白vin blancヴァン・ブラン、ロゼvin roséヴァン・ロゼの3種類とされていますが、ロゼの色の薄い灰色がかったものをvin grisヴァン・グリ（灰色のワイン）と呼ぶこともありますし、白ワインを黄色く熟成させたvin jauneヴァン・ジョーヌ（黄ワイン）もあります。

ワインの格付け：ワインは、AOC（ア・オ・セAppelation d'origine contrôlée＝原産地管理呼称）、VDQS（ヴェ・デ・キュ・エスVins délimités de qualité supérieureヴァン・デリミテ・ドゥ・カリテ・シュペリユール「優良品質限定ワイン」）、Vins de pays（ヴァン・ドゥ・ペイイ「地酒」）、Vins de table（ヴァン・ドゥ・ターブル「テーブルワイン」）の4つの格付けがあります。収穫年、生産地区などと一緒にラベル（エティケットétiquette）に明記されています。またグラン・クリュgrand cru（特級酒）、プルミエ・クリュpremier cru（一級酒）という区別もあります。

ワインの産地と銘柄：

★Alsace
アルザス：アルザスのワイン（Vin d'Alsace, Alsace）はラベルにスィルヴァネルSylvaner、ピノ・ブランPinot Blanc、リースリングRiesling、シャスラChasselasといったブドウの品種が書かれているのが特徴です。どれも魚料理に適した白ワインです。

★Bordeaux
ボルドー：1）ソーテルヌSauternesとバルサックBarsac地区は甘口の白。なかでもシャトー・イケムChâteau Yquemは最高級の白として有名。2）グラーヴGraves地区は白と赤。3）メドックMédoc地区はマルゴMargaux、ポイヤックPauillac、サン＝ジュリアンSaint-Julienなどの赤が知られており、なかでもシャトー・ラフィットChâteau Lafite、シャトー・マルゴChâteau

Margaux、シャトー・ラトゥールChâteau Latour、シャトー・ムトン・ロットシルドChâteau Mouton Rotschildなどは最高級。4）サン=テミリヨンSaint-Émilion地区は赤ワインのみが生産されています。

★Bourgogne
ブルゴーニュ：1）シャブリChablis地区ではもっぱら白だけを生産しています。シャブリは品質によって、シャブリ・グラン・クリュChablis grand cru（特級シャブリ）、シャブリ・プルミエ・クリュChablis premier cru（1級シャブリ）、シャブリChablis（上品質シャブリ）、プティ・シャブリPetit Chablis（中級シャブリ）に分けられます。2）コート・ドールCôte d'Or（黄金の丘）地区は、さらにコート・ドゥ・ニュイCôte de Nuits地区とコート・ドゥ・ボーヌCôte de Beaune地区に分けられます。コート・ドゥ・ニュイ地区は、ナポレオンが好んだシャンベルタンChambertin、クロ・ドゥ・ヴージョClos de Vougeot、ロマネRomanée、ロマネ・コンティRomanée-Contiなど最高級の赤だけではなく、量は少ないのですがクロ・ブラン・ドゥ・ヴージョClos Blanc de Vougeotやミュズィニ・ブランMusigny Blancなどの白も作られています。またコート・ドゥ・ボーヌ地区は、コート・ドゥ・ニュイに劣らぬポマールPommard、ヴォルネーVolnay、ボーヌBeauneなどの、赤だけではなく、モンラッシェMonrachet、ムルソーMeursaultなど最高級の白も知られています。3）コート・シャロネーズCôte Chalonnaise地区とマコネMâconnais地区は、白ワインの生産で知られています。モンタニーMontagny、プイイ・フュイッセPouilly-Fuissé、プイイ・ロシェPouilly-Loché、マコン・ヴィラージュMâcon-Villagesなどの白、またメルキュレーMercureyやジヴリGivryは赤と白があります。4）ボジョレBeaujolais地区のワインは大衆向けのもので、赤でも冷やして飲む新酒（プリムールprimeur、ヌヴォーnouveau）ですが、ムーラン・ナ・ヴァンMoulin-à-ventやモルガンMorganは5年近く保存が可能です。

★Corse
コルス（コルシカ）：太陽の恵みを受けているコルシカのワイン

Vin de Corseは、地酒として侮れません。

★Côtes du Rhône
コート・デュ・ローヌ（ローヌ川丘陵地帯）：1）北部のコート・デュ・ローヌCôte du Rhône地区のコート=ロティCôte-Rotieは赤、エルミタージュHermitageとクローズ・エルミタージュClozes Hermitageは赤と白の両方が知られています。2）南部のコート・デュ・ローヌ・ヴィラージュCôte du Rhône Villages地区では、ローヌ川の右岸ではロゼの王者タヴェルTavelが、左岸にはかつてのアヴィニョン法王庁御用達のシャトーヌフ=デュ=パップChâteauneuf-du-Papeや、甘口のミュスカ・ドゥ・ボーム・ドゥ・ヴニーズMuscat de Beaumes de Veniseが知られています。コート・デュ・ローヌ地区のワインは大量に生産されるので価格もそれほど高くはなく、質的にも優れていると言われています。

★Jura & Savoie
ジュラとサヴォワ：1）ジュラ地区では、赤、白、ロゼ以外に、発泡ワイン、黄ワインVin jaune（ヴァン・ジョーヌ）と藁ワインVin de paille（ヴァン・ドゥ・パイユ）を産出することで有名です。黄ワインは辛口のワインで、クラヴランclavelinという特殊なボトルに詰められています。ワインのなかで最も長期にわたって熟成されたものです。藁ワインは、収穫期の最後のブドウを3ヶ月間藁のなかで乾燥させて作った糖度とアルコール度の高いワインです。2）サヴォワ地区は白ワイン。ヴァン・ドゥ・サヴォワvin de Savoie、ルーセット=ドゥ=サヴォワRoussette-de-Savoieという名称で売り出されています。

★Languedoc & Roussillon
ラングドックとルッシヨン：地中海に沿ったこの地域は4つの地区に分けられます。1）ガールGard県地区ではクレレット・ドゥ・ベルガルドClairette de Bellegarde、コスティエール・デュ・ガールCostières du Gard、コトー・デュ・ラングドックCoteaux du Languedocが知られています。2）エロー県Hérault地区ではクレレット・デュ・ラングドックClairette du Languedoc、ミュスカ・ドゥ・サン=ジャン・デ・ミネルヴォワ

Muscat de Saint-Jean des Minervoisなど天然甘口の白ワインが知られています。3）オードAude県地区ではフィトゥーFitouの赤が有名です。ブランケット・ドゥ・リムーBlanquette de Limouxは16世紀から発泡酒が生産されており、フランスで最古のものであると言われています。またミネルヴォワMinervois、コルピエールCorbièresは、ローマの属州であった頃からワインが作り続けられています。4）ピレネ・オリヤンタルPyrénées orientales県地区では、コリウールCollioureのような赤もありますが、大部分はグラン・ルッシヨンGrand Roussion、バニュルス・グラン・クリュBanyuls grand cruのように甘口のものです。

★Provence

プロヴァンス：フェニキア人がブドウの栽培をガリアに伝えたのはプロヴァンス地方でした。コート=ドゥ=プロヴァンスCôtes-de-Provence、バンドールBandol、パレット・デクスPalette d'Aix、ベレ・ドゥ・ニースBellet de Niceなどが知られています。なかでもプロヴァンスのロゼは理想的な夏のワインとして愛されています。

★Sud-ouest

シュッド・ウエスト（南西部）：1）カオールCahors地区は、教皇の食卓に出されたと言われている渋みのある濃い赤ワインとして知られています。2）ジュランソンJurançon地区はフォワグラに最も適していると言われている甘口の白。3）ガイヤックGaillac地区はテーブルワインや発泡性ワイン。4）ベルジュラックBergerac地区は赤と白。

★Val de Loire

ヴァル・ドゥ・ロワール（ロワールの谷）：1）中央フランスCentre（サントル）地区はロワール河を挟んで、右岸にプイイ・シュール・ロワールPouilly sur Loire、左岸にサンセールSancerreという白ワインの産地が向かいあっています。2）「フランスの庭園」と言われているトゥーレーヌTouraine地区は、シノンChinonやブールグーイBourgueilの赤、ヴーヴレVouvrayとモンルイMontlouisの白が有名です。3）アンジューAnjouとソーミュールSaumur地区では、コトー・デュ・レイヨンCoteaux du

Layonやコトー・ドゥ・ロバンスCoteaux de l'Aubanceといった白、それに赤のシャンピニChampignyがありますが、この地区では何といってもロゼ・ダンジューRosé d'Anjouやカベルネ・ドゥ・ソーミュール・ロゼCabernet de Saumur Roséで知られるロゼです。4）ナント地方pays nantaisは辛口のミュスカデMuscadetが知られています。

ワインの適温：

　ワインにはそれぞれ飲む適温があります。昔は、赤は室温になじませて（シャンブレchambrer）飲むと言われました。つまりカーヴcave（ワイン貯蔵庫）で12,3度に保存されていたボトルを、16,7度の室温になじませることでしたが、住居の構造が変わり、室温が20度を越すようになった現在では、冷やす場合が多くなり、この語はあまり意味をもたなくなっていきているようです。レストランでは適温のものを出してくれますが、買い込んできてホテルの部屋で飲むような場合は、しかるべき人に訊ねるのが良いでしょう。赤でも低い温度で飲むものも少なくありません。

　白やロゼ、あるいはシャンパンは、ソーseau（ワインクーラー）で冷やして（frapperフラッペ）飲みます。これも5℃程度に冷やすものや、10℃前後が適温のものなど、産地や甘口doux（ドゥー）、辛口sec（セック）などによって異なります。

ボトルとグラス

　ワインはボトル（bouteilleブテイユ）の形によって産地を知ることができます。ボルドーはイカリ肩、ブルゴーニュ、コート・デュ・ローヌとアンジューはナデ肩、ジュランソンとアルザスはクビ長、プロヴァンスは胴のクビレがその特徴となっています。同様にグラス（ヴェールverre）も地方の特徴が分かります。

　レストランは、美味い料理を提供するだけではなく、客の注文に応えることのできるワインを常備しておくことも大切な役目で、それが客に対するサーヴィスにつながっていくからです。

　飲みきれないと分かっているのにボトル1本Une bouteille（ユヌ・ブテイユ）注文するのは勿体ないので、ハーフ・ボトル une demi-bouteille（ユヌ・ドゥミ・ブテイユ）にするのが賢明でしょう。レストランによってはかなり良いワインをグラス1杯

(un verreアン・ヴェール）でも出してくれるところもあります。また気の張らないレストランでは4分の1リットル（un quartアン・キャール）を注文することもできます。なお最近はレストランでもムニュ・ドゥ・デギュスタシヨンmenu de dégustationというワインを味わうことをメインにしたコースも用意されています。

Vin aromatisé
ヴァン・アロマティゼ：「フレーヴァードワイン」。ヴェルムートVermouth（ヴェルモット）などで香りをつけた、ワインベースのアペリティフに飲むワイン。

Vin chaud
ヴァン・ショ：「ホットワイン」。赤ワインをベースに砂糖、スパイスなどを加えた、冬に飲む熱いワイン。

Vin cuit
ヴァン・キュイ：「ヴァン・キュイ」。甘味の強いムーmoût（発酵前のブドウ液。マスト）を煮詰め、蒸留酒、スパイスを加えた煮酒。

Whisky
ウィスキー：「ウィスキー」。食事の後のディジェスティフはアルマニャックかコニャックかカルヴァドスでしょうが、疲れ休めや就眠前のウィスキーの水割りも乙なものです。

付録1　基本的な調理用語

Arroser
アロゼ：「（ソースなど）液体を具の上にかけること」
Assaisonner
アセゾネ：「塩やコショウで味をつけること」（過去分詞assaisonnéアセゾネ：「味のついた」）
Blanchir
ブランシール：「野菜や肉・内臓をゆでること」
Bouillir
ブイイール：「液体を沸騰させる。中身を煮ること」（過去分詞bouilliブイイ：「ゆでた、煮た」）
Braiser
ブレゼ：「材料を液体に浸して鍋に入れ、蓋をしてオーヴンで蒸し煮にすること」（過去分詞braiséブレゼ：「蒸し煮にした」）
Confit
コンフィ：「鴨や獣肉を脂で煮込んで保存食に加工したもの」
Cuire
キュイール：「火を通すこと（煮る、焼く、ゆでるなどなど）」（過去分詞cuitキュイ：「火を通した」。「生の、火を通してない」はcruクリュ）
Déglacer
デグラセ：「調理に使った鍋やフライパンに付着している煮汁や焼き汁を、ワインやフォンを加えて溶かすこと」
Dégraisser
デグレッセ：「余分な脂肪分（油）を取り除くこと」
Dorer
ドレ：「パイなどの表面に溶き卵を塗ってつやを出すこと」
Enrober
アンロベ：「包む、ソースを全体にかけること」
Étuver
エテュヴェ：「蒸し煮にすること、鍋に少量の油を入れて蓋をし、

材料が含んでいる水分を利用してゆっくりと蒸らすこと」

Faisandage
フザンダージュ：「小鳥以外の猟鳥を、冷所で一定期間寝かせて、肉を熟成させること」

Farcir
ファルスィール：「詰め物をすること」

Flamber
フランベ：「料理の仕上げ段階で、香り付けのためにワインやブランデーを振りかけ、火をつけてアルコール分を飛ばすこと。鳥類の下ごしらえの際に、羽毛を焼いて取り除くこと」

Fond
フォン：「料理のベースとなる出し汁」

Fondue
フォンデュ：「野菜を煮崩れるまで蒸し煮にしたもの」

Frire
フリール：「油で揚げること、フライにすること」（過去分詞frit フリ：「油で揚げた」）

Fumer
フュメ：「燻製にすること」（過去分詞fuméフュメ）「燻製の」）

Fumet (de poisson)
フュメ（ドゥ・ポワッソン）：「魚のアラを煮込んだ煮汁」

Garnir
ガルニール：「料理につけ合わせを添えること」（過去分詞garni ガルニ：「・・・を添えた」）

Glacer
グラセ：「照りを出すこと。液体を凍らせて固めること」

Gratiner
グラティネ：「グラタンにすること」

Griller
グリエ：「グリルで網目をつけて焼くこと」（過去分詞grilléグリエ：「グリルで焼いた」）

Hacher
アシェ：「微塵切りにすること」（過去分詞hachéアシェ：「微塵

切りの」)

Larder
ラルデ:「肉の塊に豚の背脂を刺し込むこと」

Lier
リエ:「ソースなどにとろみをつけること」

Macérer
マセレ:「果物をワインやリキュールに漬けること」

Mariner
マリネ:「魚や肉を漬け汁(マリナードmarinade)に漬けること」

Mijoter
ミジョテ:「弱火で煮ること」

Monter
モンテ:「卵白やクリームを泡立てること」

Nager
ナジェ:「具にたっぷりソースをかけ、具が泳いでいる状態にすること」

Napper
ナペ:「全体を覆うようにソースをかけること」

Pocher
ポシェ:「多めの液体で、沸騰直前の火加減でゆで煮にすること」

Poêler
ポワレ:「油やバターを入れてフライパンで焼くこと。材料を油脂と香味野菜だけを使って鍋に入れ、蓋をしてオーヴンで蒸し焼きにすること」

Raidir
レディール:「肉の表面を弱火で焼き固めること」

Revenir
ルヴニール:「油で材料の表面が色づくように炒めること」

Rissoler
リソレ:「肉を強火で、表面の色が変わるまで焼くこと。ジャガイモやマッシュルームなどを強火で炒めて色づけること」

Rôtir
ロティール:「液体を用いないで、肉の大きな塊を串に刺して直火で(あるいはオーヴンで)焼くこと」(過去分詞rôtiロティ:「焼いた」)
Saisir
セズィール:「肉汁を逃がさないために、肉の表面を熱した油ですばやく固めること。揚げ物の衣を高温の油で固めること」
Sauter
ソテ:「油やバターを使って強火で、中身を動かしながら炒めること」
Tourner
トゥルネ:「野菜などを面取りすること」
Trancher
トランシェ:「薄く切り分けること」
Tremper
トランペ:「液体に浸すこと」

付録2　調理用具と食器

Assiette
アッスィエット:「小皿」
Baguettes
バゲット:「箸」
Beurrier
ブーリエ:「バター入れ」(beurreブール:バター)
Bouilloire
ブイヨワール:「薬缶、湯沸し」
Cafetière
カフティエール:「コーヒーポット」(caféカフェ:コーヒー)
Casserole
カスロール:「片手鍋、カスロール」

Chinois
シノワ:「笠型の漉し器」
Cocotte
ココット:「両手鍋、ココット」
Congélateur
コンジェラトゥール:「冷凍庫」
Corbeille
コルベイユ:「かご」
Couteau
クトー:「ナイフ」
  couteau à découper
  クトー・ア・デクペ:「包丁」
Cuillère
キュイエール:「スプーン」
  cuillère en bois
  キュイエール・アン・ボワ:「木杓子」
Écumoire
エキュモワール:「穴杓子、灰汁取り」
Fouet
フエ:「泡だて器」
Four
フール:「オーヴン」
Fourchette
フールシェット:「フォーク」
Fourneau
フルノー:「カマド」
Marmite
マルミット:「ズンドウ鍋、マルミット」
Micro-ondes
ミクロオンド:「電子レンジ」
Mixeur
ミクスール:「ミキサー」

Moule
ムール:「型」
Moulin à poivre
ムーラン・ア・ポワーヴル:「コショウ挽き」
Nappe
ナップ:「テーブルクロス」
Panier
パニエ:「バスケット」
Passoire
パッソワール:「漉し器」
Planche à découper
プランシュ・ア・デクペ:「まな板」
Plat
プラ:「皿」
Plateau
プラトー:「盆」
Poêle
ポワール:「フライパン」
Réfrigérateur
レフリジェラトゥール:「冷蔵庫」(frigoフリゴ)
Saladière
サラディエール:「サラダ入れ」
Salière
サリエール:「塩入れ」(selセル:塩)
Sauteuse
ソトゥーズ:「ソトゥーズ鍋」
Serviette
セルヴィエット:「ナプキン」
Sucrier
スュクリエ:「砂糖入れ」(sucreスュクル:砂糖)
Tamis
タミ:「裏漉器」

Tasse
タッス:「カップ」(demi-tasse ドゥミ・タス「デミタス」)
Thétière
テティエール:「ティーポット」(thé テ:茶)
Tire-bouchon
ティール・ブション:「栓抜き」
Verre
ヴェール:「グラス」

索 引 1

【A】

Abats d'agneau (de mouton) ······152
—de bœuf ······116
—de porc ······159
—de veau ······131
Abattis ······173
—Babylas ······173
—bonne femme ······173
—chasseur ······173
Abignades ······173
Abondance ······234
Abricot ······236
　Abricots au syrop ······236
　—Bourdaloue ······236
　—confits à l'eau-de-vie ······236
Acras ······11
—de morue ······11
Agneau aux pruneaux, au thé et aux amandes ······152
Agneau de lait farci ······153
Aiguillette ······116
—de bœuf à l'escarlate ······116
—de bœuf en gelée ······116
—de canard à la coriandre ······177
Ailerons de dindonneau farcis braisés ······182
Aillade de veau ······131
Albondigas ······17
Alose ······71
—au plat ······71
—aux betteraves et à l'estragon ···71
—grillée à l'oseille ······71
Alouette ······173
　Alouettes en brochettes ······173
—en croûte ······173
Aloyau à la d'Albufera ······116
Amourettes ······117
—en fritos (bœuf) ······117
—en fritos (veau) ······131
—en fritos (agneau et mouton) ···153
Ananas ······236
—en surprise ······236
—glacé à la bavaroise ······236
Anchois ······79
—frits ······80
—marinés ······80
Andouille ······160
Andouillette ······160
　Andouillettes à la lyonnaise ···160
—grillées ······160
Anguille ······71
—à l'anglaise en brochettes ······71
—à la bière ······72
—à la provençale ······72
—au vert ······72
Animelles (bœuf) ······117
—à la crème ······117
—frites ······117
Animelles (mouton) ······153
—à la crème ······153

―frites ·················· 153
Anon ·················· 80
Apéritif ·················· 261
Armagnac ·················· 261, 263
Artichaut ·················· 207
 Artichauts à la barigoule ········ 207
 ―à la bretonne ·················· 207
 ―à la diable ·················· 207
 ―Clamart ·················· 207
 ―Crécy ·················· 207
Asperge ·················· 39, 208
 Asperges à la flamande ···39, 208
 ―à la polonaise ··········· 39, 208
 ―au gratin ·················· 208
 ―en vinaigrette ·················· 39
Aspic ·················· 39
―d'asperge ·················· 39
―de crabe ·················· 39
―de foie gras ·················· 39
―de jambon et de veau ·········· 40
―de poisson ·················· 40
―de saumon fumé ·················· 40
Attereaux à la niçoise ·················· 80
―d'ananas ·················· 37
―d'huîtres ·················· 96
―de cervelles d'agneau à la Villeroi 153
―de foies de volaille à la mirepois
·················· 174
―de moules ·················· 102
Aubergine ·················· 208
 Aubergines à la crème ········ 208
 ―au cumin ·················· 40
 ―au gratin à la toulousaine ···208

―farcies ·················· 209
―farcies à l'italienne ··········· 209
―farcies à la catalane ········ 209
―sautées ·················· 209
―soufflées ·················· 209
Aumônières de homard aux morilles 95
Avocat ·················· 40
 Avocats en salade ·················· 40
 ―farcis à l'américaine ··········· 40
 ―farcis au crabe ·················· 41

【B】

Baba au rhum ·················· 242
Baekenofe ·················· 117, 153
Ballottine chaude d'anguille à la
bourguignonne ·················· 72
―chaude de lièvre à la périgourdine 169
―d'agneau braisée ·················· 153
―de caneton ·················· 179
―de poularde à brun ··········· 189
―de poularde en chaud-froid ···189
Banane ·················· 237
 Bananes à la créole gratinées 237
 ―Beauharnais ·················· 237
 ―flambées ·················· 237
 ―soufflées ·················· 237
Bar ·················· 81
―à la provençale ·················· 81
―aux petits oignons frais ········ 81
―grillé ·················· 81
Barbue ·················· 81
―à la bonne femme ·················· 81
―à la dieppoise ·················· 81
―au chambertin ·················· 81

—braisée ·····82
—cardinal ·····82
—marinée à la ciboulette et au Xérès 82
Barquette ·····41
   Barquettes au fromage ·····41
   —aux abricots ·····236
   —aux anchois ·····41
   —aux champignons ·····41
   —aux laitances ·····41
   —aux œufs brouillés et aux asperges ·····41
Bâtonnet au cumin ·····11
Baudroie ·····82
—et moules poêlées aux courgettes ·····82
Bavarois ·····242
—à la cévenole ·····242
—à la créole ·····243
—à la normande ·····243
—aux fruits ·····243
—rubané au chocolat et à la vanille ·····243
Bavette à l'échalote ·····117
Beaufort ·····234
Bécasse ·····174
—à la bordelaise ·····174
—à la fine champagne ·····174
—à la paysanne ·····174
—en casserole à la pergourdine 174
—en cocotte à la crème ·····174
—rôtie au naturel ·····175
—sautée à l'armagnac ·····175
—sautée Brillat-Savarin ·····175

—truffée rôtie ·····175
Beignet ·····41
   Beignets à la florentine ·····41
   —d'aubergine ·····41
   —d'huître ·····41
   —de banane ·····237
   —de cervelle ·····42
   —de champignons ·····42
   —de foie de raie ·····42
   —de foie gras, caramel de Porto ·····42
   —de langoustine ·····42
   —de ris de veau ·····42
   —soufflés à la toscane ·····42
Bette ·····209
   Bettes à l'italienne ·····209
   —à la béchamel ·····209
   —à la crème ·····210
   —au beurre ·····210
   —au jus ·····210
Betterave ·····210
Beuchelle à la tourangelle ·····131
Bière ·····261
—allemande ·····261
—belge ·····261
—danoise ·····261
Bifteck ·····117
—à l'ancienne ·····117
—à l'anglaise ·····117
—grillé aux choux de Bruxelles ·····118
   Biftecks à la bordelaise ·····118
   —aux oignons ·····118
   —farcis ·····118

—hachés aux céleris ············118	—aux champignons ············119
—sauce ravigote ···············118	—aux cornichons ···············119
Billy Bye ···································17	—froid à la mayonnaise ········120
Bisque ·····································17	—gratiné au jambon ············120
—d'écrevisses ·······················17	—gratiné aux champignons ···120
—d'étrilles ·····························17	*Bœuf braisé* ····························120
—de crevettes roses ···············17	—à la bourguignonne ············120
—de langoustines ···················17	—à la gardiane ····················120
Blaff de poisson ·························83	—au vin ·····························121
Blanc-manger ··························243	—aux oignons ·····················121
Blanquette de veau ····················131	—classique ·························121
Bleu d'Auvergne ······················233	—farci ·······························121
—de Sassenage ····················233	—jardinière ·······················121
—de Septmoncel ····················233	—porte-maillot ····················121
—des Causses ····················233	Bombe ···································243
Bœuf à la diable ·······················118	—Alhambra ························243
—à la ficelle ·························118	—archiduc ·························244
—à la hongroise ····················119	—Bourdaloue ·····················244
—à la mode ·························119	—Chateaubriand ··················244
—aux asperges ····················119	—diplomate ························244
—bourguignon ·····················120	—Doria ·····························244
—du Brandebourg ·················121	—duchesse ························244
—en gelée ··························121	—Monselet ·························244
—gratiné aux oignons ············121	—Montmorency ···················244
—gros sel (bœuf bouilli) ·········122	Bondelle ···································72
—mariné à l'orange ···············122	Bordure ··································245
—miroton ····························122	—de farce de veau aux amourettes
—salé ································122	ou à la cervelle de veau ········132
—Straganov ························122	—de riz à la créole ···············245
Bœuf bouilli ···························119	—de riz à la Montmorency ········245
—à la crème ·······················119	—de semoule aux fruits ············245
—à la provençale ·················119	Bortsch (Borchtch) ·····················17
—au curry ··························119	Bouchée ··································42

Bouchées à la bénédictine ·····43
—à la moelle ·····43
—à la reine ·····43
—aux champignons ·····43
—aux crevettes ·····43
—aux fruits de mer ·····43
—aux laitances ·····43
Boudin ·····160
—antillais ·····11, 160
—noir à la normande ·····160
Bouillabaisse ·····17, 83
—de Marseille ·····83
Bouilli de bœuf à la hongroise ·····120
Bouillon ·····18
—aux herbes ·····18
—d'escargot ·····18
—de légumes ·····18
—de queue de bœuf aux morilles ·····18
—de volaille Henri IV ·····18
Boulettes ·····122
—au curry ·····122
—de foie de génisse ·····122
—montagnardes ·····123
Bourride ·····18
—sétoise ·····18
Brandade de morue nîmoise ·····101
Brie de Meaulx ·····231
—de Melun ·····232
Brioche ·····11
  Brioches aux anchois ·····11
  —aux rillettes ·····11
  —fourrées ·····11

Broccio ·····231
Brochet ·····72
—au beurre blanc ·····73
—au gratin ·····73
Brochettes ·····153
—de cœur de bœuf ·····123
—de coquilles Saint-Jacques et d'huîtres à la Villeroi ·····88
—de filet de bœuf mariné ·····123
—de fruits de mer ·····93
—de maquereau au citron vert ·····99
—de ris d'agneau ·····153
—de ris de veau ·····132
—de rognons ·····154
Brocolis ·····210
—à la crème ·····210
Brouillade ·····197
—de truffes ·····43, 197
Brugnon ·····237
Buissons d'écrevisse ·····75
Bullinade à la catalane ·····19

【C】

Cabillaud ·····83
—à l'indienne ·····83
—braisé à la flamande ·····83
—étuvé à la crème ·····84
—mariné rôti ·····84
—rôti ·····84
—sauté à la crème ·····84
Café ·····261
Caille ·····175
  Cailles à la romaine ·····176
  —aux cerises ·····176

—aux raisins	176
—en casserole Cinq-Mars	176
—en chemises	176
—en compote	176
—en crapaudine	176
—en feuilles de vigne	176
—farcies à la perigourdine en gelée	177
—farcies en caisses	177
—farcies Monselet	177
—grillées petit-duc	177
—rôties	177
Caillettes	161
Caldeirada	19
Calmar	84
Calmars à l'andalouse	84
—à la romaine	84
—au citron	84
—farcis	84
—sautés à la basquaise	85
Calvados	262,264
Camembert de Normandie	232
Canapé	11
Canapés à l'anguille fumée	12
—à la bayonnaise	12
—à la langouste	12
—à la parisienne	12
—au homard	12
—au saumon fumé	12
—aux anchois	12
—aux crevettes	12
—aux laitances	13
Canard	177
—à l'agenaise	178
—à l'ananas	178
—rouennais en chemise	178
—Voisin	178
Canard sauvage	179
—au chambertin	179
—au porto	179
Caneton	179
—à la bigarade	179
Cannelé	245
Cantal	234
Capucin	43
Carbonades de bœuf à la flamande	123
Cardon	210
Cardons à la moelle	210
Cari d'agneau	154
—de lotte à la créole	98
Caroline	13
Carolines à la hollandaise	13
Carotte	210
Carottes aux raisins	211
—glacées	211
—Vichy	211
Carpaccio	43
Carpe	73
—à la bière	73
—à la Chambord	73
—à la chinoise	74
—en gelée à la juive	74
Carré	132
—d'agneau	154
—d'agneau à la bordelaise	154
—d'agneau à la languedocienne	154

—d'agneau à la niçoise ·······154	—de bœuf en meurette ·······123
—de porc à l'alsacienne ·······161	*Cervelles* à la meunière (agneau) ·······154
—de veau à l'italienne ·······132	—de veau en meurette ·······132
—de veau à la crème ·······132	—de veau en panier ·······133
—de veau Choisy ·······132	—de veau frites à l'anglaise ···133
Carrelet ·······85	—de veau meunière ·······133
—à la niçoise ·······85	—frites au bacon (veau) ·······133
—en matelote à la normande ·····85	Cervoise ·······262
Cassoulet ·······154, 161, 180	Chabichou du Poitou ·······235
—de supions à la sétoise ·······85	Champignon ·······212
Caudière ·······19	*Champignons* à l'anglaise ·····213
Caviars d'aubergine ·······44	—au beurre ·······213
Céleri ·······211	—farcis ·······213
—à la crème ·······211	Chaource ·······232
—en rémoulade ·······44, 211	Chapon ·······180
—farci à la paysanne ·······211	—belle alliance ·······180
Céleri-branche à la milanaise ·····211	—Saint-Sylvestre ·······180
Cèpe ·······44, 211	Charlotte ·······245
—*Cèpes* à la bordelaise ·······212	—à la Chantilly ·······245
—à la hongroise ·······212	—aux framboises ·······245
—à la mode béarnaise ·······212	—aux fruits exotiques ·······246
—à la provençale ·······212	Chateaubriand ·······123
—au gratin ·······212	Chaud-froid de faisan ·······183
—en terrine ·······44	—de poulet ·······192
—grillés ·······212	—de saumon ·······77
—marinés à chaud ·······44	Chaudrée ·······19
Cerfeuil ·······212	Chevreuil ·······167
Cerise ·······237	Chicorée ·······213
Cerises flambées à la bourguignonne ·······238	Chiffonnade ·······213
—jubilées ·······238	—d'endives à la crème ·······217
Cervelas farcis aux épinards ·····161	—d'oseille ·······221
Cervelle ·······132	—de chou ·······213

―de laitue cuite ···219
Chinchard ···85
―à la moutarde à l'ancienne ···85
Chocolat ···262
Chou (entrée) ···44
 Choux à la mousse de foie gras 44
 ―à la Nantua ···44
 ―au fromage ···45
 ―vert-pré ···45
Chou (légume) ···213
―farci ···213
Chou chinois ···214
―à la pékinoise ···214
―à la sichuanaise ···214
Chou de Bruxelles ···214
 Choux de Bruxelles à l'anglaise 214
 ―en purée ···214
 ―gratinés ···214
Chou-fleur ···214
―à la polonaise ···214
―au gratin ···215
Chou rouge ···215
―à la flamande ···215
―à la limousine ···215
Choucroute à l'alsacienne ···161
―aux poissons ···86
Cidre ···262
Cigale de mer ···86
 Cigales de mer au safran en brochette ···86
Cipaille au lièvre ···169
Citron ···238
―farci ···45

―givré ···238
―pressé ···262
―soufflé ···238
Citrouille ···215
Civet de chevreuil ···167
―de homard ···95
―de lièvre à la française ···169
―de marcassin ···170
Cochon de lait à la peau mielée aux épices ···161
Cocktail ···45
Cocochas ···86
Cœur ···133
―d'agneau à l'anglaise ···154
―de bœuf ···123
―de veau braisés ···133
―de veau en casserole à la bonne femme ···133
―de veau farci ···133
―de veau grillé en brochettes ···133
―de veau sauté ···134
Cognac ···262,264
Coing ···238
 Coings au four ···238
Colin ···86
―à la boulangère ···86
―aux deux poivrons ···86
Collet de porc aux fèves des marais ···162
Colvert ···180
―sauce normande ···180
Cominée de gélines ···19
Compote ···246

—d'abricots étuvés	246
—d'airelle	246
—de cerise	246
—de figue sèche	246
—de fraise	246
—de marron	246
—de mirabelle	246
—de pêche	246
—de pruneau	246
—du vieux vigneron	246
—poire-pomme caramélisé	247
—rhubarbe	247
Comté	234
Concombre	215
Concombres à la crème	215
—farcis	215
Confit d'oie	186
—à la landaise	186
Confiture	247
—d'abricot	247
—d'orange	247
—de citron	247
—de fraise	247
—de marron	247
—de mûre	247
—de reine-claude	247
—de rhubarbe	247
—de tomate rouge	248
—de tomate verte	248
Congre	87
—au bacon et sa chapelure d'herbes	87
Consommé	19
—à l'essence de céleri	19
—à l'estragon	19
—à l'impériale	20
—à la madrilène	20
—à la reine	20
—aux nids d'hirondelle	20
—aux œufs de saumon	20
—Bizet	20
—Brillat-Savarin	20
—Florette	20
—Nesselrode	21
—princesse	21
Coq	180
—à la bière	181
—au vin à la mode rustique	181
—en pâte	181
Coquillage	87
Coquille chaude de poisson à la Mornay	87
Coquilles de veau gratinées	134
—froides de homard	96
Coquille Saint-Jacques	88
Coquilles Saint-Jacques à la nage	88
—au gratin	88
—crues	88
Cornets	45
—de saumon fumé aux œufs de poisson	45
Côte	134
—de bœuf	124
—rôtie à la bouquetière	124
Côtes de porc Pilleverjus	162
Côtes de veau à la bolonaise	134

—à la gelée	134
—à la piémontaise	134
—aux petits pois	134
—en casserole à la paysanne	134
—Foyot	135
—grillées en portefeuille	135
—panées à la milanaise	135
—Pojarsky	135
—sautées à la provençale	135
Côtelettes d'agneau à l'anversoise	154
—de carpe	74
—de chevreuil sautées à la mode d'Uzès	168
—de saumon à la florentine	77
—de saumon glacées au cham-bertin	77
—de saumon Pojarsky	77
Cotriade	21
Coulis	21
—de crevettes	21
—de tomates	21
Courge	215
—au gratin	216
Courgette	216
Courgettes à la créole	216
—à la mentonnaise	216
—farcies	216
Couronne de lotte à l'aïoli	98
—de riz aux fruits de mer	93
Court-bouillon	21
Cous d'oie farcis	186
Cousinette	21

Crabe	89
—à la bretonne	89
—créole aux gombos	89, 219
—en bouillon	89
—farcie à la martiniquaise	89
Crème	248
—au citron	248
—caramel	248
—renversée	248
Crème-Potage	22
Crème aux marrons	22
—d'endive	22
—d'orge	22
—d'oursin	22
—de champignon	22
—de chou-fleur	22
—de crevettes	22
—de fenouil	22
—de fèves	22
—de haricots verts	22
—de maïs	23
—de navet	23
—de poireaux	23
—de pommes de terre	23
—de radis	23
—de tomate	23
Crêpe	46, 248
Crêpes à l'œuf et au fromage	46
—au jambon	46
—au roquefort	46
—aux amandes	248
—aux cerises	248
—aux champignons	46

—Condé	249
—des chartreux	249
—gratinées aux épinards	46
—normandes	249
—Suzette	249
Crépinettes de lapin	169
—de porc	162
Cresson	216
—sauce moutarde	216
Crevette	89
Crevettes royales vapeur, crème de haricots	90
—sautées au whisky	90
Cromesquis	46
—à la bonne femme	46
—à la florentine	46
Croquette	47
Croquettes à la viennoise	47
—de bœuf	47
—de fromage	47
—de morue	47
—de pommes de terre	47
—de veau	135
—Montrouge	47
Crottin de Cavignol	235
Croustade	47
Croustades au roquefort	48
—de foie de volaille	48
—Montrouge	48
—vert-pré	48
Croûte	48
Croûtes à la diable	48
—à la livonienne	48
—à la moelle	48
—à la reine	49
—Brillat-Savarin	49
—cardinal	49
Crustacés	90
Cuisses de dindonneau braisées	182
—de grenouilles aux fines herbes	112
Cuisson de la viande	124
Cuissot de marcassin à l'aigre-doux	170
Cul de veau à l'angevine	135

【D】

Darioles de veau	136
Darnes de saumon Nantua	77
Dartois	49
—aux anchois	49
—aux fruits de mer	49
Daube de bœuf aux pruneaux	124
—de sanglier	170
Daurade	90
—royale au citron confit	90
—royale en croûte de sel de Guérande	90
Demi	262
Dés de bloc de foie gras et salade fraîche	51
Diablotin	13
Diablotins au fromage	13
—aux noix et au roquefort	13
Diabolo	262
—grenadine	262

—menthe	263
Digestif	263
Dinde	181
Dindonneau	182
—en daube à la bourgeoise	182
—rôti	182
—rôti farci au marron	182
—truffé	182
Diplomate	249
—au bavarois	249
—aux fruits confits	249
—aux pruneaux	250
Dodine de canard	178
Dolmas	49
Dorade à l'andalouse	91
—à la meunière	91
—farcie au fenouil	91
—poêlée et tapenade de pomme de terre	91
—rose aux citrons confits	91

【E】

Eau	263
—gazeuze	263
—minérale	263
—nature	263
Eau-de-vie	263
Échalote	217
Éclair	250
Écrevisses	74
—à la bordelaise	74
—à la crème	74
—à la nage	75
Émincée de veau à la zurichoise	136
Empanada	50
Enchaud	162
Endive	217
Endives au jambon	217
Entrecôte	124
—Bercy	124
—grand-mère	124
—grillée sauce béarnaise	124
—Mirabeau	125
—poêlée à la bourguignonne	125
—poêlée à la lyonnaise	125
—vert-pré	125
Épaule	136
—braisée et ses garnitures	155
—d'agneau	155
—d'agneau farcie à l'albigeoise	155
—de mouton	155
—de mouton en ballon (en musette)	155
—de mouton en pistache	155
—de porc au cinq-épices	162
—de veau aux carottes	136
—de veau braisée aux olives	136
—de veau farcie à l'anglaise	136
Éperlan	92
Éperlans au champagne et radis roses	92
—marinés	92
Épigrammes d'agneau	155
Épinard	217
Épinards au gratin	217
Époisses	232
Escabèche de féra du lac	75

Escalope ·····136	Fenouil ·····218
—de dinde aux oignons ·····181	—glacé ·····218
Escalopes à la milanaise ·····136	Feuilletés ·····50
—à la viennoise ·····137	—de foies de volaille ·····50
—Casimir ·····137	Feuilletons de veau à l'ancienne 138
—de veau à l'andalouse ·····137	Fève ·····218
—de veau à l'anversoise ·····137	*Fèves* à la provençale ·····218
—de veau au roquefort ·····137	—au homard ·····218
—de veau braisées ·····137	Figue ·····218, 238
—de veau gourmandes ·····138	*Figues* à la mousse de framboise
—de veau roulées ·····138	·····238
—flambées au calvados ·····138	—au cabécou en coffret ···50, 218
—froides de foie gras au raisin et	Filet ·····125
aux truffes ·····184	—de bœuf à la forestière ·····125
—glacées ·····138	—de bœuf à la Frascati ·····126
Escargot ·····50, 111	—de bœuf à la Matignon ·····126
Escargots à la bourguignonne 111	—de bœuf en brioche ·····126
Estofinado ·····92	—de bœuf Prince Albert ·····126
Estouffade de bœuf ·····125	—de pintade aux fruits secs ·····189
Esturgeon ·····92	*Filets* d'anchois à la silésienne ···80
—à la Brimont ·····92	—d'anchois à la suédoise ·····80
Étouffée de veau à la vapeur de	—d'anon façon grenouilles ·····80
légumes ·····13	—de barbue à la créole ·····82
Express ·····264	—de bondelle à la neufchâteloise
【F】	·····72
Faisan ·····183	—de brochet chablisienne ·····73
—à la normande ·····183	—de canard rouennais glacés à
—au chou ·····183	l'orange ·····178
—rôti ·····183	—de canard sauvage à la biga-
Faisandage ·····183	rade ·····179
Falette ·····155	—de carpe façon meurette ·····74
Farci ·····162	—de chevreuil d'Anticosti ·····168
Faux-filet braisé à la bourgeoise 125	—de dorade à la julienne de

légumes ⋯91	Flanchet de veau à la niçoise ⋯138
—de flet au gingembre ⋯93	Flet ⋯93
—de hareng marinés à l'huile ⋯50, 95	Flétan ⋯93
—de limande aux deux raisins ⋯98	—en sauce d'olives ⋯93
—de maquereau à la dijonnaise ⋯99	Foie ⋯139
—de morue maître d'hôtel ⋯101	—d'agneau à l'ail ⋯156
—de perche à la piémontaise ⋯76	—de veau à l'ananas ⋯139
—de Saint-Pierre poêlés ⋯105	—de veau à l'anglaise ⋯139
—de sole à la cancalaise ⋯106	—de veau à la bordelaise ⋯139
—de sole à la panetière ⋯106	—de veau à la lyonnaise ⋯139
—de sole à la Riche ⋯106	—de veau braisé au porto ⋯139
—de sole à la vapeur au coulis de tomate ⋯106	—de veau cuit à la vapeur ⋯139
—de sole au basilic ⋯106	—de veau rôti ⋯139
—de sole au vermouth ⋯107	—de veau sauté à la florentine ⋯140
—de sole Daumont ⋯107	—de veau vendangeuse ⋯140
—de sole frits en goujon ⋯107	Foie gras ⋯51, 184
—de sole Joinville ⋯107	—chaud aux pommes de terre ⋯51
—de sole Marguery ⋯107	—chaud en feuille de chou ⋯51
—de sole Mornay ⋯107	—en brioche ⋯184
Filets mignons de chevreuil ⋯168	Fonds d'artichaut à la florentine ⋯207
—de veau au citron ⋯138	—étuvé au beurre ⋯207
Flamiche aux poireaux ⋯50	—Soubise ⋯208
Flan ⋯50, 250	Fondue bourguignonne ⋯126
—à la bordelaise ⋯51	Fondues belges au fromage ⋯52
—à la florentine ⋯51	Fontainebleau ⋯231
—aux pommes Grimaldi ⋯250	Forêt noire ⋯250
—de cerises à la danoise ⋯250	Fourme de Montbrison ⋯233
—de foies de volaille Chavette ⋯51	Fraise (veau) ⋯140
—meringué au citron ⋯250	—de veau à la poulette ⋯140
	—de veau frite ⋯140
	Fraise (fruit) ⋯239
	Fraises à la maltaise ⋯239
	—Condé ⋯239

Framboise ········239	—rôti aux ananas ········156
Fricandeau d'esturgeon à la hongroise ········92	—rôti en chevreuil ········156
—de veau à l'oseille ········140	Gigue de porc fraîche aux pistaches ········163
Fricassée d'agneau ········156	*Gigues* de chevreuil aux girolles ········168
—de grenouilles aux escargots ···112	Glace ········251
—de mer ········93	Glaçons ········264
—de poule à la sauce aux noix ···191	Godiveau ········140
Fritots de foies de volaille ········52	—à la crème ········140
Fromage à pâte molle et à croûte fleurie ········231	Gogues ········163
—à pâte molle et à croûte lavée 232	Gombos ········219
—à pâte persillée ········233	Gougère ········13
—à pâte pressée cuite ········234	—de céleri ········52
—à pâte pressée non cuite ········234	Goulache ········23, 126
—de chèvre ········235	Goyère ········52
—frais ········231	Gras-double ········126
Fruits de mer ········93	—de bœuf à la bourgeoise ········126

【G】

Galantine de volaille ········52	—de bœuf à la lyonnaise ········126
Galette ········251	Gratin d'œufs brouillés à l'antiboise ········197
Garbure ········23, 184	—de hareng ········95
Gaspacho(gazpacho) ········23	Gratinée ········23
Gâteau de foie de volaille ········52	—à l'auvergnate ········24
—de riz au caramel ········251	—à la bière ········24
Gaudes ········23	—aux noix ········24
Gelée luxembourgeoise de porcelet ········162	—de champignons ········24
Gigot ········156	—lyonnaise ········24
—à la boulangère ········156	—parisienne ········24
—à la broche persillé ········156	Grenade ········239
—bouilli à l'anglaise ········156	Grenadin ········141
—braisé à la bordelaise ········156	*Grenadins* de veau braisés ···141
	—de veau maraîchère ········141

—de veau ventadour	141
Grenouille	112
Grive	184
Grives à la bonne femme	184
—à la liégeoise	185
—à la polenta	185
—en croûte à l'ardennaise	185
—rôties	185
Grog	264
Grondin	94
Grondins au four	94
—aux amandes	94
Groseille	239

【H】

Hachis de bœuf	127
—à l'italienne	127
—en gratin aux aubergines	127
Haddock à l'indienne	94
—finois à la crème	94
Hareng	95
—au coulis de fenouil	95
Harengs à la diable	95
—marinés	52
Haricot de mouton	157
Haricots	219
—blancs	219
—rouges	219
—verts	219
Hochepot de queue de bœuf	127
Homard	95
—au court-bouillon	96
—cardinal	96
—grillé	96
Huître	96
Huîtres à la Boston	96
—frites	96
Hure de sanglier	170

【J】

Jambon	163
—braisé	163
—en gelée reine Pédauque	163
—persillé	52, 164
—poché en pâte à l'ancienne	164
Jambonnettes de volaille	185
Jarret	141
—de veau à la provençale	141
—de veau aux cêpes	141
Jésus	164
Joue de bœuf en daube	127
Jus	264
—d'orange	265
—de tomate	265

【K】

Kir	265
—royal	265
Kouglof	252
Koulibiac de saumon	53

【L】

Laguiole	234
Lait	265
Laitue	219
Lamproie	75
—à la bordelaise	75
Langouste	97
Langoustes grillées au porto	97
—Termidor	97

Langoustine ············97
   Langoustines au poivre vert ···97
   —frites aux légumes ············97
   —Ninon ············97
Langres ············232
Langue ············141
—de bœuf ············127
—de bœuf à l'alsacienne ············127
—de veau aux raisins ············142
—de veau en gelée ············142
—de veau grillée à la maître d'hôtel
············142
Lapin ············168
—aux girolles ············169
Lardon ············164
Le pressé de foie gras ············51
Lentille ············219
Lieu ············97
—jaune en écailles de pommes au calva ············98
Lièvre ············169
—en cabessal ············170
Limande ············98
Limonade ············265
Livarot ············232
Longe ············142
—de veau à l'auvergnate ············142
—de veau rôtie ············142
Lotte ············98
—à l'américaine ············99
Loup ············99

【 M 】

Macaron ············252
Maïs ············219
—frais à la béchamel ············220
—frais grillé ············220
Mandarine ············239
Mangue ············239
Maquereau ············99
   Maquereaux à la boulonnaise ···99
   —froids à la basquaise ············100
Marc ············265
Marcassin ············170
Mariné de loup de mer, saumon et noix de Saint-Jacques ············99
Maroilles ············232
Marron glacé ············252
Matefaim savoyard ············53
Matelote ············75
—d'anguille à la meunière ············72
Médaillons de volaille Beauharnais
············185
Melon ············240
—frappé ············53
Merlan ············100
—au vin blanc ············100
—frit ············100
   Merlans farcis à la provençale 100
Merlu ············100
—aux petits oignons ············100
Mérou ············100
Meurette de poisson ············75
Midia plaki ············25
Mignons de veau à la californienne
············142
Millefeuille ············252

—de betterave et maigre de chèvre 53
Minestrone 25
—à la génoise 25
Mirabelle 240
Morille 220
　Morilles à la crème 220
Morue 100
—à la bénédictine 101
—à la créole 101
—à la livournaise 101
—à la provençale 102
Mouclade 102
Moule 102
　Moules à la poulette 102
　　—frites 102
　　—marinières 102
　　—Victoria 102
Moussaka 220
Mousse 53
—de foie gras de canard 53
—de lièvre aux marrons 53
—de poisson 54
—froide de jambon 54
Munster-géromé 232
Mûre 240
Myrtille 240

【N】

Nage de pétoncles au thym citron 103
Navarin d'agneau 157
Navet 220
　Navets au gratin 220
—en choucroute 220
—farcis à la duxelles 220
Nectarine 240
Nèfle 240
Neufchâtel 232
Noisette 157
Noisettes d'agneau à la turque 157
Noix 142
—de veau à la Du Barry 142
—de veau aux épices 143
—de veau aux morilles 143
—de veau aux pêches de vignes 143
Noques à l'alsacienne 54

【O】

Œufs à la coque 197
—à la neige 252
—au miroir 197
—Bernis 197
—brouillés 197
—brouillés à la romaine 197
—brouillés Argenteuil 197
—brouillés aux crevettes 198
—brouillés Massenet 198
—brouillés Sagan 198
—de poisson grillés 54
—durs 198
—durs à la Chimay 198
—(durs) à la tripe 198
—en cocotte 198
—en cocotte à la rouennaise 198
—en cocotte Bérangère 199
—en meurette 199
—filés 199

—frits	199
—frits en bamboche	199
—mollets	199
—mollets à l'écossaise	199
—mollets à la florentine	199
—mollets à la provençale	199
—mollets Aladin	200
—mollets Amélie	200
—mollets Brillat-Savarin	200
—mollets Brimont	200
—mollets Carême	200
—moulés	200
—moulés en chartreuse	200
—pochés	201
—poêlés	201
—poêlés à la catalane	201
—Rachel	201
—sur le plat	201
—sur le plat à la lorraine	201
—sur le plat à la maraîchère	201
Oie	186
—à l'alsacienne	186
—braisée au cidre	186
Oignon	221
Oignons farcis	221
Okras	221
Omble chevalier	75
—à l'ancienne	76
—à la crème	76
Omelette	201, 252
—aux dés de fromage	201
—aux moules	202
—brayaude	202
—Diane	202
—Du Barry	202
—flambée	252
—garnie aux fines herbes	202
—mousseline	202
—nature	202
—plate à la lorraine	203
—reine Pédauque	252
—soufflée	252
—sucrée à la normande	253
Onglet poêlé à l'échalote	127
Opéra	253
Orange	240
Oreilles	143
—de veau braisées à la mirepois	143
—de veau grillées à la diable	143
Ormeau	103
Oseille	221
Ossau-iraty-brebis-Pyrénées	234
Osso-buco	143
—à la milanaise	143
Oyonnade	186

【P】

Pain	253
Pain d'épice	254
Pain de poisson	54
Pain de viande	54
Pain perdu	254
Palette de porc aux haricots blancs	164
Palombe	187
Pamplemousses aux crevettes	54
Panaché	265

Panade	25
—royale	25
Pannequet	54, 254
Pannequets à la cévenole	254
—à la créole	254
—à potage	54
—au fromage	55
—aux abricots	254
—aux anchois	55
—panés et frits	55
Papet vaudois aux poireaux	164
Paris-Brest	254
Pascaline	157
Pastèque	240
Pastèques à la provençale	55
Pastis	265
Pâté	55
—chaud de bécassine Lucullus	55
—d'alouette en terrine	55
—d'anguille	55
—de foie gras truffé	56
—de lamproie à la bordelaise	56
—de lièvre	56
—de porc à la hongroise	56
—de ris de veau	56, 144
—de saumon	56
—de veau et de jambon en croûte	56
—pantin de volaille	56
Paupiette	144
Paupiettes de bœuf Sainte-Menehould	128
—de veau à la hussarde	144
—en surprise	144
Pêche	240
—Melba	241
Pêches à la bordelaise	241
—dame blanche	241
Perche	76
—rôtie à la broche	76
Perdreau	187
—à la coque	187
—en pistache	187
Perdreaux à la vigneronne	187
—farcis à la gelée	187
—Monselet	188
Perdrix	188
—au chou	188
—farcies terre et mer	188
Persil	221
—frit	221
Petit salé	164
Petite bourride de baudroie	83
Petite marmite à la parisienne	128
Petites timbales à la piémontaise	66
Petits œufs de caille en coque d'oursin	203
Petits pois	221
—à la bonne femme	221
—à la française	222
Pétoncle	103
Pétoncles grillés et huîtres sautées au whisky canadien	103
Pflutters	56
Picodon de la Drôme	235
Pie au bœuf et aux rognons	128
Pièce de bœuf braisée à l'ancienne	

...128
Pieds ...144
—de mouton à la poulette ...157
—de veau à la chalossaise ...144
—de veau à la Custine ...144
—de veau à la tartare ...144
—de veau en crépinettes ...145
Pigeon ...188
   Pigeons à la niçoise ...188
   —en compote ...188
   —rôtis, vinaigre à l'échalote ...189
Pigeonneau ...189
—à la minute ...189
   Pigeonneaux aux petits pois ...189
Piment ...222
Pintade ...189
Pirojki ...57
—caucasiens ...57
—feuilletés ...57
Pissaladière ...57
Pizza napolitaine ...57
Plateau de fruits de mer ...94
Pochouse ...76
Pointes d'asperges au beurre ...39
Poire ...241
—Savarin ...57
   Poires Joinville ...241
Poireau ...222
   Poireaux au gratin ...222
   —braisés ...222
Pois ...222
Pois chiches ...222
—à la catalane ...222

Poissons marinés à la grecque ...103
Poitrine ...145, 157
—d'agneau farcie ...158
—de mouton à l'ariégeoise ...158
—de veau farcie à l'auvergnate ...145
—de veau farcie aux herbes ...145
—de veau farcie braisée ...145
—roulée salée ...164
Poivron ...223
   Poivrons à la piémontaise ...223
—farcis ...223
Pomme ...241
   Pommes soufflées ...241
Pommes Anna ...223
—dauphine ...223
—pont-neuf ...224
Pomme de terre ...223
   Pommes de terre boulangère 223
—farcies ...224
—frites ...224
—mousseline ...224
—soufflées ...224
Pont-l'évêque ...233
Pont-neuf ...254
Porc Soubise ...164
Porée charentaise ...103
Potage ...25
—à l'œuf ...25
—à la dauphinoise ...25
—à la provençale ...26
—au basilic ...26
—au cerfeuil ...26
—au cresson ...26

—aux cèpes	26
—aux haricots blancs	26
—aux haricots verts	26
—aux légumes	26
—de poule aux champignons frais	26
—Doria	27
—en julienne	27
—froid à la russe	27
—portugais	27
—Saint-Germain	27
Pot-au-feu	27, 128
Potée d'escargots	111
—lorraine	165
Potiron	224
Potjevlesch	57
Poularde	189
—à l'estragon	190
—à la Chantilly	190
—à la parisienne	190
—au blanc	190
—au céleri	190
—au riz sauce suprême	190
—Clamart	190
—d'Albufera	191
—Demidof	191
—en gelée au champagne	191
—Nantua	191
—Rossini	191
Poule	191
—au pot à la béarnaise	191
Poulet	192
—à la bière	192
—au citron	192
—créole à l'ananas et au rhum	192
—en barbouille	192
—farci à la vapeur aux brocolis	192
—frit Maryland	193
—grillé à la tyrolienne	193
—sauté à blanc	193
—sauté à brun	193
—sauté à la bohémienne	193
—sauté au vinaigre	193
—sauté aux huîtres	193
—sauté chasseur	193
Pouligny-saint-pierre	235
Poulpe	103
Poupeton de dindonneau Brillat-Savarin	183
Poussin frit	194
Pression (à la) bière	261
Profiteroles au chocolat	255
—de petit-gris à l'oie fumée	111
Prune	242
Pruneau	242
Pruneaux au bacon	13
—au roquefort	13
Pudding	255
—à l'américaine	255
—au pain à la française	255
—aux pommes à l'anglaise	255
—du pêcheur Saint-Michel-des-Saints	255
Pulpe de tomates cerises glacée	27
Purée	224
—d'anchois froide	14
—d'oseille	224

—de carotte ……………………224	Ratatouille ……………………225
—de courgette …………………225	—de crustacés …………………58
—de fèves fraîches ……………225	—niçoise ………………………225
—de laitue ……………………225	Reblochon ……………………234
—de lentilles …………………225	Reine Claude …………………242
—de pomme de terre …………225	Rhubarbe ……………………226
—Soubise ………………………225	Rillettes de Tours ……………165

【Q】

Quasi ……………………………145	Rillons …………………………165
—de veau à la basquaise ……145	Ris de veau ……………………146
—de veau au citron ……………145	—à la financière ………………146
Quenelle …………………………57	—au pineau des Charentes …146
Quenelles de brochet ……57, 73	—braisés à blanc ………………146
—à la florentine ………………57	—braisés à brun ………………146
—à la lyonnaise …………………58	—braisés à Nantua ……………146
—mousseline …………………58	—Clamart ………………………147
—Nantua ………………………58	—Régence ……………………147
Quenelles de veau ……………58	Rissole …………………………58
—à la dauphinoise ……………146	*Rissoles* à la fermière …………58
Queue de bœuf grillée à la Sainte-	—Pompadour …………………58
Menehould ……………………128	Rocamadour …………………235
Quiche lorraine …………………58	Rognon …………………………147

【R】

Ragoût de crustacés …………90	*Rognons* d'agneau à l'anglaise
—de légumes à la printanière …225	………………………………158
—de veau au vin blanc ………146	—de veau au cidre ……………147
—des loyalistes ………………158	—de veau aux graines de moutarde
Raie ……………………………104	………………………………147
—au beurre noisette …………104	—de veau Honoré-d'Urfé ……147
Raisin …………………………242	—de veau sautés à la bordelaise
Raiteaux frits …………………104	………………………………147
Rascasse ………………………104	Roquefort ……………………233
—au fenouil …………………104	—aux abricots et noix …………59
	Rosbif …………………………128
	Rôti ……………………………148

—de cheval en chevreuil ……148
—de porc aux topinambours ……165
—de veau aux pruneaux ……148
—de veau farci au gruyère et au bacon ……148
—de veau farci aux olives ……148
—de veau froid à la Richelieu ……148
—de veau printanier ……148
Rouelle de veau au cidre ……148
Rouget ……104
—au four au fenouil ……104
—en papillote ……105

【S】

Saint-Jacques rôties aux cèpes ……88
Saint-nectaire ……235
Saint-Pierre ……105
—rôti, moelle et figue ……105
Sainte-maure-de-Touraine ……235
Salade ……59
—Ali-Bab ……61
—américaine ……61
—au concombre au yaourt ……59
—au roquefort ou à la fourme d'Ambert ……59
—aux anchois à la suédoise ……59
—bretonne ……61
—Carbonara ……62
—d'asperges au saumon fumé ……59
—d'épinards ……59
—de betterave à la scandinave ……60
—de bœuf ……60
—de carotte à l'orange ……60
—de chicorée aux lardons ……60
—de chou rouge ……60
—de choucroute à l'allemande ……60
—de crudités ……62
—de haricots verts ……60
—de lentilles tiède ……61
—de pissenlit au lard ……61
—de saucisson chaud de canard 61
—de topinambours aux noisettes 61
—de volaille à la chinoise ……61
—demi-deuil ……62
—Du Barry ……62
—Montfermeil ……62
—niçoise ……62
—Rachel ……62
—reine Pédauque ……62
—russe ……63
Salers ……235
Salmis de bécasse ……175
—de faisan ……183
—de palombes ……187
Salsifis ……226
—à la polonaise ……226
—au jus ……226
Sandre ……76
—grillé au cardon, filet d'huile d'olive et citron ……76
Sanglier ……170
Sardine ……105
Sardines au plat ……105
Saucisse ……165
Saucisses à la catalane ……166
—à la languedocienne ……166
—grillées ……166

Saucisson ··············166	—à la framboise ··············255
—en brioche à la lyonnaise ······166	—à la mangue ··············256
Saumon ··············76	—à la poire ··············256
—en croûte ··············77	—à la tomate ··············256
—en vessie de porc ··············77	—au calvados ··············256
—froid à la sauce mousseline au cresson ··············78	—au cassis ··············256
—glacé à la parisienne ··············78	—au citron ··············256
—mariné ··············78	—au thé ··············256
Sauté d'agneau ··············158	—aux fruits de la Passion ······256
—aux aubergines ··············158	Soufflé ··············63, 256
—chasseur ··············158	—à la volaille ··············63
Sauté de veau ··············149	—ambassadrice ··············256
—au vin rouge ··············149	—au crabe ··············63
—aux aubergines ··············149	—au gibier sauce Périgueux ······63
—chasseur ··············149	—aux bananes ··············256
—Marengo ··············149	—aux foies de volaille ··············63
Sébaste ··············105	—aux fraises ··············257
Selle de chevreuil grand veneur ···168	—aux violettes ··············257
Selles-sur-cher ··············236	—de canard rouennais ··············179
Sobronade ··············28	—de cervelle à la chanoinesse ···63
Soja ··············226	—de filets de sole aux asperges···109
Sole ··············106	—de poisson au cresson ··············64
—à la dieppoise ··············107	—glacé ··············257
—à la meunière ··············108	—Mont-Bry aux marrons ··············257
—à la normande ··············108	Soupe ··············28
—à la paysanne ··············108	—à l'oignon traditionnelle ··············28
—à la portugaise ··············108	—à la grecque ··············28
—au chablis ··············108	—à la perdrix ··············28
—diplomate ··············108	—à la queue de bœuf ··············28
—Dugléré ··············108	—albigeoise ··············28
—sur le plat ··············109	—allemande à l'anguille ··············29
Sorbet ··············255	—au gruau ··············29
	—au pistou ··············29

- —auvergnate aux pois ······ 29
- —aux boulettes de foie à la hongroise ······ 29
- —aux cerises ······ 29
- —aux clams ······ 29
- —aux fèves fraîches ······ 30
- —aux haricots à la niçoise ······ 30
- —aux haricots à la poitevine ······ 30
- —aux huîtres ······ 30
- —aux lentilles ······ 30
- —aux œufs de lump ······ 30
- —aux truffes noires ······ 30
- —chinoise aux pâtes ······ 31
- —danoise au gibier ······ 31
- —de congre ······ 31
- —de congre à l'indienne ······ 31
- —de fèves ······ 31
- —de Gascogne ······ 31
- —de légumes ······ 31
- —de lotte à la bretonne ······ 32
- —de merlu à la basquaise ······ 32
- —de moules à la crème ······ 32
- —de mouton ······ 32
- —de pois cassés à la viande ······ 32
- —de poisson ······ 32
- —de poisson à la mode de Crimée 32
- —de poisson à la roumaine ······ 33
- —de potiron ······ 33
- —de poulet à l'anglaise ······ 33
- —de tomate(glacée) ······ 33
- —espagnole à la langouste ······ 33
- —froide au concombre à la polonaise ······ 33
- —limousine au petit salé ······ 33
- —meusienne ······ 33
- —normande ······ 34
- —normande de mange-tout ······ 34
- —paysanne au lard ······ 34
- —paysanne aux brocolis ······ 34
- —paysanne aux cosses de pois ······ 34
- —russe au crabe ······ 34
- —suédoise aux pois ······ 34
- —verte au poisson ······ 35

Spaghetti aux fruits de mer ······ 94
Steak ······ 128
- —au poivre ······ 129
- —grillé au beurre d'anchois ······ 129
- —tartare (bœuf) ······ 129
- —tartare (cheval) ······ 167

Subrics ······ 64
- —d'épinards ······ 64
- —de pommes de terre ······ 64

Suprême de saumon de l'Atlantique ······ 78

Suprêmes de volaille ······ 194
- —à blanc ······ 194
- —aux morilles ······ 194

【 T 】

Tajine d'agneau de printemps ······ 158
- —de bœuf aux cardons ······ 129

Talmouse à l'ancienne ······ 64
Tartare de thon ······ 109
Tarte ······ 64, 257
- —à l'oignon ······ 64
- —alsacienne ······ 257
- —au fromage blanc ······ 64

—au raisin frais ··············257
—au riz ··············257
—aux abricots ··············257
—aux fraises ··············258
—cauchoise ··············65
—de sébaste à la tapenade ····106
—meringuée au citron ··············258
—tatin ··············258
Tartelette ··············258
—Agnès Sorel ·············· 65
Tendrons ··············149
—de veau à la bourgeoise ··············149
—de veau à la mode angevine ···149
—de veau aux aubergines ··············150
—de veau chasseur ··············150
Terrine ··············65
—de bœuf à l'ancienne ··············129
—de caneton ··············65
—de champignons forestière ·····65
—de sole ··············65
—de veau à l'orange ··············150
—de veau en gelée aux petits
 légumes printaniers ··············65
Tête ··············150
—de veau à l'ancienne ··············150
—de veau à l'occitane ··············150
—de veau à la vinaigrette ··············150
—de veau farcie ··············151
Thé ··············265
Thon ··············109
—en cocotte ··············109
—en daube à la provençale ··············109
—frais grillé aux herbes ··············110

—sauce aux amandes ··············110
Timbale ··············66
—de pâtes à la bolonaise ··············66
 Timbales de sandre aux écrevisses
 et mousseline de potiron ··············66
Tomate ··············226
 Tomates froides à la mozzarella
 ··············227
—soufflées ··············227
Tomate farcie ··············66
 Tomates farcies à la reine ······226
—chaudes à la bonne femme ···66
—chaudes en nid ··············66
—froides à la crème et aux
 ciboulettes ··············67
—froides au thon ··············67
Topinambour ··············227
—à l'anglaise ··············227
Tourin ··············35
—à la tomate ··············35
—blanchi ··············35
Tournedos ··············129
—Henri IV ··············129
—Masséna ··············129
—Opéra ··············130
—Rossini ··············130
Tourte ··············67, 258
—à la mode béarnaise ··············258
—au sirop d'érable ··············258
—de grives à la pergourdine ·····67
—de truffes à la pergourdine ·····67
Tourteau ··············110
 Tourteaux en feuilletés ··············110

Tourtière saguenéenne ·············67	—aux pointes d'asperges ············36
Tranches de colin à la duxelles ···87	—d'artichaut ·······················36
Tripes ····························130	Vichyssoise ························36
—à la mode de Caen ···············130	Vieille ···························110
—au cidre ························130	Vin ······························266
Truffes ···························227	—aromatisé ·······················271
Truite ····························78	—chaud ··························271
—de rivière au Riesling ············78	—cuit ····························271
—meunière ························79	Vitello tonnato ·····················151
—saumonée Beauharnais ············79	Vol-au-vent financière ··············68
Truites à la bourguignonne ······79	【W】
—au bleu ·························79	Waterzoï de poulet ················194
—aux amandes ····················79	—de saumon et de brochet ·········78
—frites ···························79	Whisky ···························271
Turbot ···························110	【Y】
—au champagne ····················110	Yassa de poulet ···················194
—rôti à l'arête gourmande de laurier	
································110	
【V】	
Vachelin du Haut-Doubs ········ 233	
Vacherin ··························258	
Veau à la normande ···············151	
—Orloff ···························151	
Velouté ···························35	
—à l'oseille ························35	
—au citron·························35	
—au laitue ·························35	
—aux champignons ················35	
—aux lentilles ······················36	
—aux merlans ······················36	
—aux navets ·······················36	

索 引 2

à l'agenaise	volaille	canard	178
à l'albigeoise	viande	épaule d'agneau	155
à l'allemande	entrée	salade	60
à l'alsacienne	entrée	noque	54
—	viande	langue de bœuf	127
—	viande	carré de porc	161
—	viande	choucroute	161
—	volaille	oie	186
à l'américaine	entrée	avocat	40
—	poisson	lotte	99
—	dessert	pudding	255
à l'ancienne	entrée	talmouse	64
—	poisson	omble chevalier	76
—	poisson	chinchard	85
—	viande	bifteck	117
—	viande	bœuf braisé	128
—	viande	terrine de bœuf	129
—	viande	feuilleton de veau	138
—	viande	tête de veau	150
—	viande	jambon	164
à l'andalouse	poisson	calmar	84
—	poisson	dorade	91
—	viande	escalope de veau	137
à l'angevine	viande	cul de veau	135
à l'anglaise	potage et soupe	soupe	33
—	poisson	anguille	71
—	viande	bifteck	117
—	viande	cervelle de veau	133
—	viande	épaule de veau	136
—	viande	foie de veau	139

—		viande	cœur d'agneau ·············154
—		viande	gigot ························156
—		viande	rognon d'agneau ···········158
—		légume	champignon ················213
—		légume	chou de Bruxelles ··········214
—		légume	topinambour ················227
—		dessert	pudding ·····················255
à l'antiboise	œuf	œuf ··························197
à l'anversoise	viande	escalope de veau ···········137
—		viande	côtelette d'agneau···········154
à l'ardennaise	volaille	grive ·························185
à l'ariégeoise	viande	poitrine de mouton···········158
à l'auvergnate	potage et soupe	gratinée ······················24
—		viande	longe de veau···············142
—		viande	poitrine de veau ·············145
à l'écossaise	œuf	œuf ··························199
à l'impériale	potage et soupe	consommé····················20
à l'indienne	potage et soupe	soupe ·························31
—		poisson	cabillaud ·····················83
—		poisson	haddock······················94
à l'italienne	viande	hachis de bœuf ·············127
—		viande	carré de veau ···············132
—		légume	aubergine ···················209
—		légume	bette ························209
à l'occitane	viande	tête de veau ·················150
à la barigoule	légume	artichaut ····················207
à la basquaise	potage et soupe	soupe ························32
—		poisson	calmar ·······················85
—		poisson	maquereau ··················100
—		viande	quasi de veau ···············145
à la bayonnaise	amuse-gueule	canapé ·······················12
à la béarnaise	volaille	poule ························191
à la bénédictine	entrée	bouchée······················43

—	poisson	morue	101
à la bohémienne	volaille	poulet	193
à la bolonaise	entrée	timbale	66
—	viande	côte de veau	134
à la bonne femme	entrée	cromesquis	46
—	entrée	tomate farcie	66
—	poisson	barbue	81
—	viande	cœur de veau	133
—	volaille	grive	184
—	légume	petit pois	221
à la bordelaise	entrée	flan	51
—	entrée	pâté	56
—	poisson	écrevisse	74
—	poisson	lamproie	75
—	viande	bifteck	118
—	viande	foie de veau	139
—	viande	rognon de veau	147
—	viande	carré d'agneau	154
—	viande	gigot	156
—	volaille	bécasse	174
—	légume	cèpe	212
—	fruit	pêche	241
à la Boston	poisson	huître	96
à la boulangère	poisson	colin	86
—	viande	gigot	156
à la boulonnaise	poisson	maquereau	99
à la bouquetière	viande	côte de bœuf	124
à la bourgeoise	viande	faux-filet de bœuf	125
—	viande	gras-double	126
—	viande	tendron de veau	149
—	volaille	dindonneau	182
à la bourguignonne	poisson	ballottine	72
—	poisson	truite	79

—	poisson	escargot	111
—	viande	bœuf braisé	120
—	viande	entrecôte de bœuf	125
—	fruit	cerise	238
à la bretonne	potage et soupe	soupe	32
—	poisson	crabe	89
—	légume	artichaut	207
à la Brimont	poisson	esturgeon	92
à la calfornienne	viande	mignon de veau	142
à la cancalaise	poisson	sole	106
à la catalane	potage et soupe	bullinade	19
—	viande	saucisse	166
—	œuf	œuf	201
—	légume	aubergine	209
—	légume	pois chiche	222
à la cévenole	dessert	bavarois	242
—	dessert	pannequet	254
à la chalossaise	viande	pied de veau	144
à la Chambord	poisson	carpe	73
à la chanoinesse	entrée	soufflé	63
à la Chantilly	volaille	poularde	190
—	dessert	charlotte	245
à la Chimay	œuf	œuf	198
à la chinoise	entrée	salade	61
—	poisson	carpe	74
à la créole	poisson	barbue	82
—	poisson	lotte	98
—	poisson	morue	101
—	légume	courgette	216
—	fruit	banane	237
—	dessert	bavarois	243
—	dessert	bordure	245
—	dessert	pannequet	254

à la Custine	viande	pied de veau	144
à la d'Albufera	viande	aloyau	116
à la danoise	dessert	flan	250
à la dauphinoise	potage et soupe	potage	25
—	viande	quenelle de veau	146
à la diable	entrée	croûte	48
—	poisson	hareng	95
—	viande	bœuf	118
—	viande	oreille de veau	143
—	légume	artichaut	207
à la dieppoise	poisson	barbue	81
—	poisson	sole	107
à la dijonnaise	poisson	maquereau	99
à la Du Barry	viande	noix de veau	142
à la duxelles	légume	navet	220
à la fermière	entrée	rissole	58
à la financière	viande	ris de veau	146
à la flamande	entrée	asperge	39
—	poisson	cabillaud	83
—	viande	carbonade de bœuf	123
—	légume	asperge	208
—	légume	chou rouge	215
à la florentine	entrée	beignet	41
—	entrée	cromesquis	46
—	entrée	flan	51
—	entrée	quenelle	57
—	poisson	saumon	77
—	viande	foie de veau	140
—	œuf	œuf	199
—	légume	artichaut	207
à la forestière	viande	filet de bœuf	125
à la française	viande	lièvre	169
—	légume	petit pois	222

—	dessert	pudding	255
à la Frascati	viande	filet de bœuf	126
à la gardiane	viande	bœuf braisé	120
à la génoise	potage et soupe	minestrone	25
à la grecque	potage et soupe	soupe	28
—	poisson	poisson	102
à la hollandaise	amuse-gueule	caroline	13
à la hongroise	potage et soupe	soupe	29
—	entrée	pâté	56
—	poisson	esturgeon	92
—	viande	bœuf	119
—	viande	bouilli de bœuf	120
—	légume	cèpe	212
à la hussarde	viande	paupiette de veau	144
à la juive	poisson	carpe	74
à la landaise	volaille	oie	186
à la languedocienne	viande	carré d'agneau	154
—	viande	saucisse	166
à la liégeoise	volaille	grive	185
à la limousine	légume	chou rouge	215
à la livonienne	entrée	croûte	48
à la livournaise	poisson	morue	101
à la lorraine	œuf	œuf	201
—	œuf	omelette	203
à la lyonnaise	entrée	quenelle	58
—	viande	entrecôte de bœuf	125
—	viande	gras-double	126
—	viande	foie de veau	139
—	viande	andouillette	160
—	viande	saucisson	166
à la madrilène	potage et soupe	consommé	20
à la maître d'hôtel	viande	langue de veau	142
à la maltaise	fruit	fraise	239

à la maraîchère	œuf	œuf	201
à la martiniquaise	poisson	crabe	89
à la Matignon	viande	filet de bœuf	126
à la mentonnaise	légume	courgette	216
à la milanaise	viande	côte de veau	135
—	viande	escalope de veau	136
—	viande	osso-buco	143
—	légume	céleri	211
à la mode	viande	bœuf	119
à la Montmorency	dessert	bordure	245
à la Mornay	poisson	coquille	87
à la Nantua	entrée	chou	44
à la neufchâteloise	poisson	bondelle	72
à la niçoise	potage et soupe	soupe	30
—	poisson	attereau	80
—	poisson	carrelet	85
—	viande	flanchet de veau	138
—	viande	carré d'agneau	154
—	volaille	pigeon	188
à la normande	poisson	carrelet	85
—	poisson	sole	108
—	viande	veau	151
—	viande	boudin	160
—	volaille	faisan	183
—	dessert	bavarois	243
—	dessert	omelette	253
à la parisienne	amuse-gueule	canapé	12
—	poisson	saumon	78
—	viande	bœuf	128
—	volaille	poularde	190
à la paysanne	poisson	sole	108
—	viande	côte de veau	134
—	volaille	bécasse	174

—	légume	céleri	211
à la pékinoise	légume	chou chinois	214
à la pergourdine	entrée	tourte	67
—	entrée	tourte	67
—	volaille	bécasse	174
—	volaille	caille	177
—	viande	ballottine	169
à la piémontaise	entrée	timbale	66
—	poisson	perche	76
—	viande	côte de veau	134
—	légume	poivron	223
à la poitevine	potage et soupe	soupe	30
à la polonaise	potage et soupe	soupe	33
—	entrée	asperge	39
—	légume	asperge	208
—	légume	chou-fleur	214
—	légume	salsifis	226
à la portugaise	poisson	sole	108
à la provençale	potage et soupe	potage	26
—	entrée	pastèque	55
—	poisson	anguille	72
—	poisson	bar	81
—	poisson	merlan	100
—	poisson	morue	102
—	poisson	thon	109
—	viande	bœuf bouilli	119
—	viande	côte de veau	135
—	viande	jarret de veau	141
—	œuf	œuf	199
—	légume	cèpe	212
—	légume	fève	218
à la reine	potage et soupe	consommé	20
—	entrée	bouchée	43

—		entrée	croûte ······ 49
—		légume	tomate ······ 226
à la Riche		poisson	sole ······ 106
à la Richelieu		viande	rôti de veau ······ 148
à la romaine		poisson	calmar ······ 84
—		volaille	caille ······ 176
—		œuf	œuf ······ 197
à la rouennaise		œuf	œuf ······ 198
à la roumaine		potage et soupe	soupe ······ 33
à la russe		potage et soupe	potage ······ 27
à la Sainte-Menehould		viande	queue de bœuf ······ 128
à la scandinave		entrée	salade ······ 60
à la sétoise		poisson	cassoulet ······ 85
à la sichuanaise		légume	chou chinois ······ 214
à la silésienne		poisson	anchois ······ 80
à la suédoise		entrée	salade ······ 59
—		poisson	anchois ······ 80
à la toscane		entrée	beignet ······ 42
à la toulousaine		légume	aubergine ······ 208
à la tourangelle		viande	beuchelle de veau ······ 131
à la turque		viande	noisette d'agneau ······ 157
à la tyrolienne		volaille	poulet ······ 193
à la viennoise		entrée	croquette ······ 47
—		viande	escalope de veau ······ 137
à la Villeroi		viande	agneau ······ 153
à la zurichoise		viande	émincée de veau ······ 136
Agnès Sorel		entrée	tartelette ······ 65
Aladin		œuf	œuf ······ 200
albigeoise		potage et soupe	soupe ······ 28
Alhambra		dessert	bombe ······ 243
Ali-Bab		entrée	salade ······ 61
allemande		potage et soupe	soupe ······ 29
alsacienne		dessert	tarte ······ 257

ambassadrice	dessert	soufflé	256
Amélie	œuf	œuf	200
américaine	entrée	salade	61
angevine (à la mode)	viande	tendron de veau	149
Anna	légume	pomme de terre	223
Anticosti	viande	chevreuil	168
antillais	amuse-gueule	boudin	11
—	viande	boudin	160
archiduc	dessert	bombe	244
Argenteuil	œuf	œuf	197
auvergnate	potage et soupe	soupe	29
Babylas	volaille	abattis	173
béarnaise (à la mode)	légume	cèpe	212
—	dessert	tourte	258
Beauharnais	poisson	truite	79
—	volaille	volaille	185
—	fruit	banane	237
belge	entrée	fondue	52
belle alliance	volaille	chapon	180
Bérangère	œuf	œuf	199
Bercy	viande	entrecôte de bœuf	124
Bernis	œuf	œuf	197
Bizet	potage et soupe	consommé	20
bonne femme	volaille	abattis	173
boulangère	légume	pomme de terre	223
Bourdaloue	fruit	abricot	236
—	dessert	bombe	244
bourguignon	viande	bœuf	120
bourguignonne	viande	fondue	126
Brandebourg	viande	bœuf	121
bretonne	entrée	salade	61
Brillat-Savarin	potage et soupe	consommé	20
—	entrée	croûte	49

—	volaille	bécasse	175
—	volaille	dindonneau	183
—	œuf	œuf	200
Brimont	œuf	œuf	200
Caen (à la mode de)	viande	tripes de bœuf	131
cardinal	entrée	croûte	49
—	poisson	barbue	82
—	poisson	homard	96
Carême	œuf	œuf	200
Casimir	viande	escalope de veau	137
caucasien	entrée	pirojki	57
cauchoise	entrée	tarte	65
charantaise	poisson	porée	103
chartreux (des)	dessert	crêpe	249
chasseur	viande	veau	149
—	viande	tendron de veau	150
—	viande	agneau	158
—	volaille	abattis	173
—	volaille	poulet	193
Chateaubriand	dessert	bombe	244
Chavette	entrée	flan	51
chinoise	potage et soupe	soupe	31
Choisy	viande	carré de veau	132
Cinq-Mars	volaille	caille	176
Clamart	viande	ris de veau	147
—	volaille	poularde	190
—	légume	artichaut	207
Condé	fruit	fraise	239
—	dessert	crêpe	249
Crécy	légume	artichaut	207
Crimée (à la mode de)	potage et soupe	soupe	32
d'Albufera	volaille	poularde	191
dame blanche	fruit	pêche	241

danoise	potage et soupe	soupe	31
Daumont	poisson	sole	107
dauphine	légume	pomme de terre	223
Demidof	volaille	poularde	191
Diane	œuf	omelette	202
diplomate	poisson	sole	108
—	dessert	bombe	244
Doria	potage et soupe	potage	27
—	dessert	bombe	244
Du Barry	entrée	salade	62
—	œuf	omelette	202
duchesse	dessert	bombe	244
Dugléré	poisson	sole	108
en ballon	viande	épaule de mouton	155
en cabessal	viande	lièvre	170
en chartreuse	œuf	œuf	200
en surprise	viande	paupiette de veau	144
—	fruit	ananas	236
espagnole	potage et soupe	soupe	33
financière	entrée	vol-au-vent	68
Florette	potage et soupe	consommé	20
forestière	entrée	terrine	65
Foyot	viande	côte de veau	135
Gascogne	potage et soupe	soupe	31
grand-mère	viande	entrecôte de bœuf	124
Grimaldi	dessert	flan	250
Henri IV	potage et soupe	bouillon	18
—	viande	tournedos	129
Honoré-d'Urfé	viande	rognon de veau	147
jardinière	viande	bœuf braisé	121
Joinville	poisson	sole	107
—	fruit	poire	241
limousine	potage et soupe	soupe	33

lorraine	entrée	quiche	58
—	viande	potée	165
Lucullus	entrée	pâté	55
luxembourgeoise	viande	gelée de porcelet	162
lyonnaise	potage et soupe	gratinée	24
Marengo	viande	veau	149
Marguery	poisson	sole	107
Marseille	poisson	bouillabaisse	83
Maryland	volaille	poulet	193
Masséna	viande	tournedos	129
Massenet	œuf	œuf	198
Melba	fruit	pêche	241
meusienne	potage et soupe	soupe	33
Mirabeau	viande	entrecôte de bœuf	125
Monselet	volaille	caille	177
—	volaille	perdreau	188
—	dessert	bombe	244
montagnarde	viande	boulette de bœuf	122
Mont-Bry	dessert	soufflé	257
Montfermeil	entrée	salade	62
Montmorency	dessert	bombe	244
Montrouge	entrée	croquette	47
—	entrée	croustade	48
Mornay	poisson	sole	107
Nantua	entrée	quenelle	58
—	poisson	saumon	77
—	viande	ris de veau	146
—	volaille	poularde	191
napolitaine	entrée	pizza	57
Nesselrode	potage et soupe	consommé	21
niçoise	entrée	salade	62
—	légume	ratatouille	225
nîmoise	poisson	morue	101

Ninon	poisson	langoustine	97
normande	potage et soupe	soupe	34
—	potage et soupe	soupe	34
—	dessert	crêpe	249
Opéra	viande	tournedos	130
Orloff	viande	veau	151
parisienne	potage et soupe	gratinée	24
paysanne	potage et soupe	soupe	34
—	potage et soupe	soupe	34
—	potage et soupe	soupe	34
pêcheur Saint-Michel-des-Saints	dessert	pudding	255
Périgueux	sauce	soufflé	63
petit-duc	volaille	caille	177
Pilleverjus	viande	côte de porc	162
Pojarsky	poisson	saumon	77
—	viande	côte de veau	135
Pompadour	entrée	rissole	58
pont-neuf	légume	pomme de terre	224
porte-maillot	viande	bœuf braisé	121
portugais	potage et soupe	potage	27
Prince Albert	viande	filet de bœuf	126
princesse	potage et soupe	consommé	21
Rachel	entrée	salade	62
—	œuf	œuf	201
Régence	viande	ris de veau	147
reine Pédauque	entrée	salade	62
—	viande	jambon	163
—	dessert	omelette	252
Rossini	viande	tournedos	130
—	volaille	poularde	191
royale	potage et soupe	panade	25
russe	potage et soupe	soupe	34
rustique (à la mode)	volaille	coq au vin	181

Sagan	œuf	œuf ·················198
saguenéenne	entrée	tourtière ·················67
Sainte-Menehould	viande	paupiette de bœuf ·········128
Saint-Germain	potage et soupe	potage ·················27
Saint-Sylvestre	volaille	chapon ·················180
Savarin	entrée	poire ·················57
savoyard	entrée	matefaim ·················53
sétoise	potage et soupe	bourride ·················18
Soubise	viande	porc ·················164
—	légume	artichaut ·················208
—	légume	purée ·················225
Straganov	viande	bœuf ·················122
suédoise	potage et soupe	soupe ·················34
Suzette	dessert	crêpe ·················249
Termidor	poisson	langouste ·················97
terre et mer	volaille	perdrix ·················188
Tours	viande	rillette ·················165
Uzès (à la mode d')	viande	chevreuil ·················168
vert-pré	entrée	chou ·················45
—	entrée	croustade ·················48
—	viande	entrecôte de bœuf ·········125
Vichy	légume	carotte ·················211
Victoria	poisson	moule ·················102

あ と が き

　世界各国の料理がどこででも味わえるようになった現在でも、その洗練された優雅さにおいて、フランス料理は依然として王者の地位を譲ってはいないようである。ワインやチーズという強力な仲間の援護を受けてフランス料理は、味の芸術を求める人々の舌を堪能させ続けている。

　フランス文化のゼミで、一緒にルセットを読んだり訳したりしてきた学生たちから、あるいは一緒にフランスへ語学研修に行った学生たちから、詳細な料理の作り方よりも、食べるという立場から、どんな料理で、どんな食材が使われているのかだけが簡単に説明された仏和事典を書いてほしいとせがまれた。以来、学生との約束を果たせぬまま、随分と時が流れてしまった。

　このような事典があればと願っていたのは学生だけではなく、筆者自身も同様であった。美食の国フランスを訪れたとき、メニューを見ながらでも開いて読める簡便な事典があれば、予備知識をもった上で、不安なくシェフの芸術品を選ぶことができ、食べる楽しみも倍加するはずだとの思いは同じであった。以来、料理書を買い込み、読み漁り、フランスへ行くたびに実体験を重ね、分析的にメモをとってきた。

　諸々の雑務から解放されて、ようやく長年にわたって集めた資料やメモを整理する暇ができたことで、料理や食材のな

かで一般性のある項目を選び出し、簡単なコメントをつけて、学生たちとの約束も果たせそうな、何とか事典らしい形にまとめることができた。

　筆者は食いしん坊ではあるが、いわゆるフランス料理の実践的な研究家でもなく、ましてや職業的料理人ではない。ただフランス料理に、とりわけその歴史に関心があり、問題の料理あるいは素材が、いつごろ誕生し、どのように変貌して今に至ったかの経緯を、昔の史料を用いて証明することに手を染めているにすぎない。しかし実際に自分でまとめてみると、この種の仕事も思ったほど易しくはない。そんなとき、現在の筆者の研究資料が大きな助けになったことも事実である。

　本事典は、あくまでもレストランの入り口までの案内しかしていないので、詳細を知りたい方は、ぜひ専門の料理書をご覧いただきたい。

　先の『中世フランスの食』に続き、本書の出版を快諾くださった駿河台出版社社長井田洋二氏に、深く感謝する次第である。

　2005年　早春

　　　　　　　　　　　　　　　　　　　　森本　英夫

【著者略歴】

森本英夫（もりもと　ひでお）
1934年生まれ。
1962年早稲田大学大学院博士課程修了。
大阪市立大学・甲南女子大学名誉教授。

著書・訳書

『フランス語動詞時称記述の方法』（駿河台出版社）
『フランス語の社会学』（駿河台出版社）
『中世フランスの食』（駿河台出版社）
『フランスの料理人』（駿河台出版社）
ジャック・ル・ゴフ『聖王ルイ』（共訳、新評論）
アラン・デュカス『シェフ、食の大地を巡る』（共訳、原書房）

Design　㈱シービールート
Photographer　井田純代　Sumiyo IDA

ポケット・グルメ仏和事典

●——2005年5月20日　初版発行
　　2007年3月1日　2版発行
　　2010年7月10日　3版発行

著　者——森本英夫
発行者——井田洋二
発行所——株式会社　駿河台出版社
　　〒101-0062　東京都千代田区神田駿河台3－7
　　電話03(3291)1676番(代)／FAX03(3291)1675番
　　振替00190-3-56669
製版所——株式会社フォレスト

---

http://www.e-surugadai.com